全球战略观察报告
——国外智库看"亚投行"

王灵桂◎主编

中国社会科学出版社

图书在版编目（CIP）数据

全球战略观察报告：国外智库看"亚投行" / 王灵桂主编. —北京：
中国社会科学出版社，2016. 4
ISBN 978-7-5161-8015-0

Ⅰ.①全… Ⅱ.①王… Ⅲ.①国际投资银行—研究报告—亚洲
Ⅳ.①F833.03

中国版本图书馆 CIP 数据核字（2016）第 079749 号

出 版 人　赵剑英
责任编辑　喻　苗
特约编辑　胡新芳
责任校对　王福仓
责任印制　王　超

出　　　版　中国社会科学出版社
社　　　址　北京鼓楼西大街甲 158 号
邮　　　编　100720
网　　　址　http://www.csspw.com.cn
发 行 部　010-84083685
门 市 部　010-84029450
经　　　销　新华书店及其他书店

印刷装订　三河市君旺印务有限公司
版　　　次　2016 年 4 月第 1 版
印　　　次　2016 年 4 月第 1 次印刷

开　　　本　787×1092　1/16
印　　　张　19
插　　　页　2
字　　　数　255 千字
定　　　价　69.00 元

全球战略观察报告
编委会

前　言

本书是全球战略观察报告关于亚投行的第一部。

我们分析了美国、英国、加拿大、俄罗斯、瑞士、澳大利亚、新加坡、印度、日本、巴基斯坦、土耳其、阿富汗、孟加拉国、以色列 14 个国家 38 家国际战略智库关于亚投行的百余篇（部）研究报告。

所包含智库包括美国智库外交关系学会、卡内基国际和平基金会、布鲁金斯学会、全球发展中心、史汀生中心、美国和平研究所、新美国安全中心、大西洋委员会、自由之家，英国智库国际环境与发展研究所、英国国际战略研究所、国际发展中心，加拿大智库加拿大防御和国际事务研究所、加拿大亚太地区基金会，俄罗斯智库俄罗斯国际事务理事会、卡内基莫斯科中心、战略和科技分析中心，瑞士智库世界经济论坛，澳大利亚智库独立研究中心、国际事务澳大利亚研究所、洛伊国际政策研究所、战略和国防研究中心，新加坡智库东南亚研究所、拉惹勒南国际研究院，印度智库南亚分析集团、塔克西拉研究会，日本智库东京财团、日本国际交流中心，阿富汗智库阿富汗亚洲基金，巴基斯坦智库伊斯兰堡政策研究中心，孟加拉国智库政策对话研究中心，土耳其智库国际战略研究机构，以色列智库雷乌特研究所等。

信笔至此，已是猴年正月鞭炮声响起之时。在农历新年到来之时，特鸣谢如下：感谢景峰等组成的工作团队完成了本书英文材料的前期翻译工作；感谢本书系的顾问陆忠伟先生、编委会主任丁奎淞和各位编委们；感谢中国社会科学出版社重大项目出版中心的王茵主任和喻苗编辑，谨向他们高质量的专业水准和孜孜敬业精神致敬；感谢读者们的热情，望大家继续批评指正，俾资改进，不胜为盼。

王灵桂
2016 年 2 月 8 日
于香山麓听雨轩

目 录

上 篇

一　美国智库：应该通过鼓励日本加入亚投行来削弱

　　中国在亚投行中的主导地位 ……………………………（3）

二　英国智库：老牌殖民者眼里的亚投行 ………………（36）

三　加拿大智库：亚投行是中国实现民族复兴的组成部分 ……（41）

四　俄罗斯智库：亚投行的崛起为打破布雷顿森林体系在

　　发展金融领域的垄断提供了机会 ………………………（45）

五　瑞士智库：亚投行是一个受欢迎的倡议 ………………（61）

六　澳大利亚智库：中国十分渴望在全球

　　扮演低调的外交家角色 …………………………………（63）

七　新加坡智库：亚投行加入到全球金融

　　体系中是一种福音 ………………………………………（84）

八　印度智库：印度需要寻找一种合适的参与方法 …………（106）

九　日本智库：处于最尴尬位置的就是日本 ………………（114）

十　阿富汗智库：21世纪新型的多边银行 ………………（120）

十一　巴基斯坦智库：一个促进区域发展的工具 …………（123）

十二　孟加拉国智库：亚投行应该是透明的 ………………（126）

十三 土耳其智库：在中东实现战略互惠 ……………………（129）

十四 以色列：中国亚投行战略背后的真正意图………………（133）

下 篇

一 美国智库："再平衡"欢迎美国与中国

尽可能多地进行合作 ……………………………（141）

二 加拿大智库：未能加入亚投行是一个经典的

"乌龙球" ……………………………………（188）

三 英国智库：英国是中国在西方最好的伙伴 …………………（193）

四 比利时智库：世界不会因为欧盟的存在与否

而发展或者停止发展 ……………………………（207）

五 瑞士智库：中国的新贸易政策会对全球贸易

秩序的未来产生深刻影响 …………………………（217）

六 法国智库：世界一直在学习如何与经济和军力

日益强大的中国相处 ……………………………（221）

七 荷兰智库：中国正寻求在国际事务中发挥更大的

影响力，同时也准备承担更大的责任 ………………（223）

八 波兰智库："16+1"机制正在改变东欧 ………………（231）

九 丹麦智库：如何理解中国外交政策的新变化………………（237）

十 俄罗斯智库：中国和其他国家的崛起

标志着新秩序的开始 ……………………………（243）

十一 日本智库：美国制造业就业率的下降是

由于中国进口的竞争 ……………………………（257）

十二 德国智库：中国的议程更像一个温和的改革

而不是对已成立机构的正面攻击 …………………（259）

十三　澳大利亚智库：亚投行作为一个新兴的信贷机构
　　　无疑是亚洲经济发展的积极变化，中国正通过
　　　创建多边经济论坛建立其国际领导地位 ……………（260）

十四　新加坡智库：亚投行在很大程度上被看作
　　　是对亚洲开发银行（ADB）的一个挑战 ……………（270）

十五　印度智库：中国和印度在全球化进程中
　　　相互推进 ………………………………………………（274）

十六　孟加拉国智库：中国已经展示了其对亚洲
　　　投资金融规则的影响能力 ……………………………（281）

附录　亚洲基础设施投资银行候任行长金立群的
　　　演讲及答听众问记录稿 ………………………………（283）

上　篇

◇◇一 美国智库：应该通过鼓励日本加入亚投行来削弱中国在亚投行中的主导地位

总体上看，在亚投行的问题上，美国的智库更多的是一些懊恼与后悔。他们比较普遍地认为，亚投行的设计和成立，对美国的全球治理是一种补充而非挑战。如果目前美国暂时不能参加，也应该鼓励和支持其盟国参与亚投行的运作，以通过盟国的支持而获得对该行的实际控制和支配。对亚投行在双边关系的促进上，美国的智库认为，亚投行对新兴国家的未来发展是具正面意义的，也是新兴国家未来的政策选项之一，美国对此应持积极和支持的态度。在美国暂时不加入亚投行的情况下，美国应支持日本加入亚投行，以取得对该行的主导权。

1. 美国外交关系学会

美国外交关系学会发表的《美国应该克服对中国的不安》① 报告认为："亚投行的进展显示了中国正在采取影响亚太地区秩序的新方法，以便加快其和平复兴：利用贸易和投资吸引其邻国，使它们驶入中国的轨道；中国加快进行军事现代化建设，在必要的情况下，中国可以通过硬实力来确保自身的利益。"报告指出："虽然美国现在对亚投行表示欢迎，并提议让亚投行与现有的发展性机构（如世界银行和亚洲开发银行）进行合作，但是美国对亚投行进展的最初回应——最为明显的回

---

① 作者：阿里·维内（Ali Wyne），维基战略特约分析师，哈佛大学肯尼迪学院贝尔弗科学与国际关系研究中心研究员。来源：美国外交关系学会（美国智库），2015 年 4 月 6 日。

应包括批评英国总是'迁就'中国——加强了这种假设：美国试图挑战中国的崛起，或许有一天甚至会限制中国。"作者认为："美国应该着力推进自身的经济倡议，主要是跨太平洋伙伴关系协定（TPP），同时，美国也应该积极地影响中国的经济倡议。美国反对亚投行这样的机构十分不明智，因为这样的机构是对关键需求的回应。2013 年 1 月，麦肯锡全球研究所估计，如果要保持全球 GDP 的增长速度，那么从现在起到 2030 年的基础设施投资预计将需要 57 万亿美元。此外，中国将继续为一些项目融资，例如利用'丝路基金'和新开发银行来融资，这样中国就能弥补其当前在全球经济秩序支柱中的影响力空缺：中国在亚洲开发银行的投票权份额只有 6.47%，在世界银行为 5.17%，而在国际货币基金组织为 3.81%。"在结论中，报告指出："虽然美国能够（也应该）在影响亚洲经济区域化的进程中发挥重要作用，但是它无法（且也不应该）遏制中国当前的影响力水平，也无法阻止中国的邻国参与中国主导的经济倡议。"

该智库在《区域机构对全球政策有利》[①] 报告中基本持同样观点。报告认为："中国的新亚洲基础设施投资银行（AIIB，以下简称亚投行）已经导致其他国家对美国的亚洲政策提出质疑。中国的亚投行倡议旨在为亚洲筹集 500 亿至 1000 亿美元的资金，一些欧洲国家、韩国和澳大利亚已经表明愿意加入中国的这一倡议。虽然美国对这项中国主导的新倡议保持谨慎的态度，但是它应该接受其他国家加入亚投行。美国应该接受其他国家加入亚投行的原因有三点：首先，这些国家作为创始成员国加入亚投行之后，能够确保该银行的运营标准和程序符合并能

---

① 作者：希拉·A. 史密斯（Sheila A. Smith），哥伦比亚大学政治科学系硕士和博士。美国外交关系学会日本研究方面的高级研究员，日本政治和外交政策专家。研究领域包括日本国内政治和对外政策、东北亚地区安全以及亚太地区的国际关系。来源：美国外交关系学会（美国智库），2015 年 4 月 6 日。

够强化现有的多边金融准则。所有这些国家都是经济合作与发展组织中拥有丰富海外发展援助经验的国家，它们都致力于改善那些管理发展援助的准则，而且这些国家也都有能力对亚投行的项目进行监督。没有理由认为它们会支持或赞同破坏现有全球机构的做法。相反，它们的参与将确保亚投行成为发展融资的一个负责而且受欢迎的全球来源。其次，比起美国的欧洲盟友，澳大利亚加入亚投行的决定更能揭示出亚洲的新生复杂性。美国的其他亚洲盟友也看到了加入亚投行更有利于自身的利益，自身的利益支配着这些国家与中国进行商业、贸易以及发展方面的往来。再次，并不是所有的中国倡议都会挑战该地区的利益。"报告在结论中认为："美国应该认真考虑在继续鼓励中国对现有全球机构进行建设性参与的同时，如何参与新的区域性倡议。自 20 世纪 90 年代亚洲爆发金融危机以来，美国反对日本提出的合理且有帮助的提议——建立资产流动区域来源。此后，美国才意识到这个提议本来能够帮助那些需要资金的较小亚洲国家，并将成为一个意义重大的先例。设计能够满足经济蓬勃发展的亚洲需求，同时补充现有全球金融和开发性机构是可行的，这也应该是美国政策的基础。"

该智库还在《美国应该鼓励日本加入亚投行吗？》①报告中，就日本是否应该加入亚投行进行了讨论。作者认为，"奥巴马政府把亚投行看作中国试图取代美国构建的世界银行的机构，并曾游说这些国家不要加入亚投行。对奥巴马政府来说，其盟友不顾华盛顿的劝说加入亚投行的决定是美国外交的一个失败。这也在某种层面上反映了美国共和党主导的国会拒绝批准国际货币基金组织（IMF）治理改革方案是不正确

① 作者：本·斯泰尔（Benn Steil），美国外交关系学会高级研究员，国际经济学项目主任。其研究领域包括国际金融、金融市场和经济政策。黛娜·沃克尔（Dinah Walker），曾就读于哥伦比亚大学国际与公共事务学院，现任美国外交关系学会分析师。来源：美国外交关系学会（美国智库），2015 年 4 月 20 日。

的。这一拒绝使得中国更加容易信服利用新机构给予新兴国家公平的权利既必要又不可避免"。面对诸多盟友的"倒戈"，作者说："美国重要盟友中还有一个没有决定是否要加入亚投行，那就是日本。据推测，奥巴马政府依然反对日本加入亚投行；然而，在其他 G7 成员国决定支持亚投行之前，无论奥巴马政府对亚投行的政策进展如何，现在它都应该放弃反对亚投行的政策。因为这不再符合美国的利益。亚投行的治理结构目前还没有确定。据信，中国支持亚洲和非亚洲国家分别拥有 75% 和 25% 的投票权份额，亚洲国家之间和非亚洲国家之间再根据每个国家的国内生产总值分配投票权份额。"报告分析中国的亚投行政策说："为了说服美国的盟友加入亚投行，中国也宣布放弃否决权（美国在国际货币基金组织和世界银行中持有否决权）。在这样的治理结构之下，中国将在亚投行中保持高度的主导地位，因为中国将拥有 43% 的投票权份额，比亚投行第二大股东印度的投票权份额多出近 5 倍（如果按当前以美元计价的 GDP 决定投票权配额的话）。美国的盟友——英国、德国、法国和其他欧洲国家、亚太地区的澳大利亚和韩国——将只持有28% 的投票权配额。"报告认为："如果日本加入亚投行，美国的亲密盟友将共持有 41% 的投票权份额，超出中国 35% 的投票权份额。因此，就算美国继续选择不加入亚投行，在这一点上，它也应该通过鼓励日本加入亚投行来削弱中国在亚投行中的主导地位。"

美国外交关系学会在《俄罗斯在金砖国家轮值主席国期间的优先事项》①报告中认为："2015 年 7 月 8 日至 9 日，在乌法举行的第七届金砖国家峰会上，俄罗斯总统弗拉基米尔·普京主持巴西、印度、中国和南非的首脑会议。俄罗斯担任金砖国家组织的轮值主席国时，旨在寻求以下五个优先事项：加强国际和平与安全、促进多边金融合作以及改革

---

① 作者：谢尔盖·库利克（Sergey Kulik），当代发展研究所主任。来源：美国外交关系学会（美国智库），2015 年 7 月 7 日。

国际金融体系、加强经贸合作、扩大金砖国家的社会合作和深化人道主义影响。自那时以来，金砖国家集团已经扩大了其议程，超出了经济合作的范畴，更多关注国际和平与安全。俄罗斯尤其热衷于前三个优先事项，其可以划分成两个总体目标：扩大政治合作、加强经济建设。"报告认为："随着乌克兰危机出现、八国集团（G8）转化为七国集团（G7），俄罗斯所采取的举措：首先，需要建立一个共同平台以应对从武装冲突到网络战争的安全威胁。这其实是在向世界传递一个信息：金砖国家集团的统一，不仅在于社会经济发展和全球金融配置中的共同利益，而且它将作为一个寻求国际关系改革的联盟。这一信息可以总结为三个战略利益：加强国际法和联合国的中心地位、加强成员国之间的经济合作以促进社会经济的发展，并且逐步将金砖国家转变为一个协调机构，能够解决战略问题，而不仅仅是解决当前全球政治和经济挑战的问题。换句话说，金砖国家集团意在成为全球治理中有影响力的角色。当然，理想和现实有很大的差距。金砖国家集团仍处于这样一个阶段：其成员国利益的不同以及各国优先事项的不同，导致这一目标难以实现。至少从俄罗斯的角度来看，进一步发展的前提是增加其议程中的非经济成分。俄罗斯目前不只担任金砖国家的轮值主席国，同时也担任上海合作组织（SCO）的轮值主席国，涵盖欧亚国家在军事、政治和经济方面的合作。一年一度的上合组织峰会以及'金砖国家'峰会将在乌法举行。俄罗斯很有可能将借上海合作组织这个平台，通过促进莫斯科方面和北京方面的合作寻求上述战略利益，从而重新设计全球架构。俄罗斯和中国，以及印度（它是上合组织的观察员）都是这两个组织的成员国。在上合组织峰会中，俄罗斯同样热衷于推进其优先事项。其次，俄罗斯在新成立的金砖国家开发银行（NDB）和应急储备基金（CRA）的发展以及高效运作中所采取的措施。2013年，金砖国家领导人在德班峰会上明确同意建立'新的开发银行'。新开发银行的设立是为了制衡西方主导的世界银行和国际货币基金组织的影响力，旨在促进金砖国家五大新兴经济体的合作。起初俄罗斯并不热衷于这些由中国驱动的项目。但是当美国宣布暂停其在八国集团的成员国地位时，俄罗斯同意在2014年巴西金砖四国峰会之前，促进这些项目的实施。"报告指出，"在莫斯科，仍有许多人支持将经济问题优先提上议程。金砖国家开发银行可以作为一个重要的工具，在全球发展中提升金砖国家的影响力和吸引力，以及满足成员国自己的需求。对于俄罗斯来说，金砖国家开发银行是一个很有吸引力的项目，由于其在乌克兰东部和克里米亚的行为受到了国际制裁，从而限制了其融资渠道。这些制裁限制了几个领先的俄罗斯银行和石油公司、禁止军火交易并冻结了包括普京盟友在内的几十个人在欧盟的资产。但更重要的是，它限制了俄罗斯企业寻求向外国金融机构借钱的渠道。此外，其他的金砖国家有自己的国际融资渠道，所以俄罗斯会发现很难把注意力集中在自己的项目上。金砖国家开发银行至少需要四年才能全面运作。它必须积累足够的资产、制定和批准程序、评估项目以及解决人力资源等问题。此外，金砖国家开发银行将没有能力与世界银行或国际货币基金组织竞争，因为和这些已经建立好的全球金融机构相比，它获得长期融资的可能性很小。金砖国家开发银行的金融手段和获取专业知识的渠道将会非常有限，因此，对于金砖国家开发银行更现实的办法是与这些现有的金融机构进行合作而不是与之竞争"。报告认为："中国最近的一项倡议，亚洲基础设施投资银行，将可能影响金砖国家开发银行。虽然莫斯科否认亚投行发挥的作用将会与金砖国家开发银行重叠，但它明白这两个银行都是以中国为中心的，而且在某种程度上它们的相互作用将取决于中国的优先事项。试图结合这些金融项目的意图是在全球金融体系中，提升它们的影响力。金砖国家开始实施的雄心勃勃项目旨在改变全球事务的现状，并促进其自身的社会与经济发展。金砖国家的未来将会受到中俄关系的影响，尤其是俄罗斯准备与中国达成妥协。二十国集团把俄罗斯视为平等的合作伙伴十分重要。二十国集团很可能会加强全球协调的作用，并平衡汇率波动带来的影响。到目前为止，金砖国家在全球缺乏一个明确的身份。它的成立不是出于对现有国际规则的不满。然而，随着中国的崛起（甚至俄罗斯拥护金砖国家的人承认中国正在成为全球领导者）以及莫斯科的现状，全球秩序发生了变化。在不久的将来，金砖国家的努力仍将局限于提高其成员的协作能力等。鉴于成员国之间不同的经济状况、政治偏好、与发达国家的关系以及不同的价值观，这将没有那么简单。莫斯科认为，金砖国家已经在强化主权和制度化上找到了共同点。俄罗斯把金砖国家加强联合国和国际法的宗旨看作一个主要力量。在俄罗斯看来，另一个成就是金砖国家开发银行（NDB）和应急储备基金（CRA）的设立。此外，西方分析人士经常忽略的成就是建立一个动态的大平台，供专家、青年、商业团体和其他人进行对话。"报告认为："以前还不清楚这些国家是否会就建立一个新的、稳健的机构（以牺牲在全球舞台上的灵活性为代价）达成共识。金砖国家必须提供一个清晰的共同平台来明确其成员国正在寻求什么，而不仅仅是反对什么。这样一个平台更容易评估金砖国家作为一个机构的优缺点。相关分析人士在试图找到积极的和具体的建议，但这仍然需要一段时间才能看到有关金砖国家在全球所起作用的一个全面、详细的分析。"

2. 卡内基国际和平基金会

卡内基国际和平基金会则对金砖峰会和亚投行的关系尤其关心。在其《媒体访问：金砖峰会》[①] 报告中认为"金砖国家组织逐步自然发展，变得越来越成熟。没人会想到建立一个新的国际银行需要花费几个月或两年的时间。我们看到的第一个成果是新开发银行的成立。这个银行的总部设在上海，所以接下来将会进行一场长期而痛苦的谈判来协商第一批项目是什么、如何使用可利用的资金。此外，他们如何使用货币储备池还有待观察。俄罗斯试图扩大金砖组织传统金融构架问题之外的议程。它大概归纳了 130 个不同的问题，但是这绝对不会有太大的意义。上海合作组织的重大通告是印度和巴基斯坦的加入。然而，除了该组织的规模和其现在占全球 GDP 总值的 25%、占全球人口总数的 40% 之外，我们看不到该组织会进行太多的务实合作或进行新的实效项目。在乌法进行的双峰会期间，俄罗斯和中国会继续讨论如何将欧亚经济联盟和'一带一路'结合起来。习近平和普京于 5 月在莫斯科就合并或协调这两个项目达成共识，而在乌法峰会上，他们将讨论如何实际实现这一想法。这次的双峰会对俄罗斯的意义很大，或许是意义最大的一次。这是因为俄罗斯现在正面临着西方国家的制裁，该峰会能够很好地证明俄罗斯在世界上拥有强大的朋友和盟友。有趣的是，对中国来说，金砖银行和上合组织对中国的意义要么减弱，要么停滞不前，也就是说，

---

① 作者：亚历山大·加布耶夫（Alexander Gabuev），莫斯科国立大学中国历史学学士和硕士，俄罗斯国立高等经济学院股票市场与投资专业硕士。现任卡内基莫斯科中心亚太地区俄罗斯项目主管。研究领域包括俄罗斯对东亚和东南亚的政策、中国的政治趋势和思想动态、中国与其邻国特别是中亚邻国的关系。他还就职于欧洲对外关系委员会，并在莫斯科国立大学教授中国能源政策和政治文化课程。安德雷·莫夫昌（Andrey Movchan），莫斯科国立大学理科硕士，俄罗斯联邦政府财政金融大学金融学硕士，芝加哥大学布斯商学院工商管理学硕士。他是卡内基莫斯科中心经济政策项目主管。研究领域包括俄罗斯的经济、欧亚经济联盟和俄罗斯与欧盟的未来经济关系。来源：卡内基国际和平基金会（美国智库），2015 年 7 月 7 日。

它们对中国的意义没有增大。这是因为中国现在忙于发展自身的倡议——在全球金融架构方面，是亚洲基础设施投资银行；在提升本国经济在中亚地区的影响力方面，是'一带一路'"。

报告认为，"每个人都认为金砖国家组织是一种贸易联盟，金砖国家的 GDP 总值超过 17000 亿美元，外汇储备总值达 4 万亿美元。但是我们也能看到该组织有许多奇异的特点，正是这些特点使得金砖组织与欧盟和美国这两大团体存在巨大差异。金砖国家成员国之间的国际贸易额每年几乎都达不到 3000 亿美元，且这一数字在接下来的几年很有可能减少。欧盟国家、美国和金砖国家之间的贸易额比金砖国家之间的贸易额多 6.5 倍；中国与世界各国的贸易额比金砖国家之间的贸易额多 12.5 倍。这表明，金砖国家各成员国之间的贸易关系是非常薄弱的。进一步讲，除了俄罗斯，所有的金砖国家都太相似，以至于它们之间无法产生协同作用来促进彼此间的积极合作。它们的外债都比较低，外汇储备都比较高，所以它们不可能成为彼此的融资者。它们都与技术较发达的国家密切合作，具有低成本的生产模式。金砖国家出口商品的生产公司总部位于欧盟或美国等其他发达国家，这些公司的股东也来自这些国家，而不是金砖国家成员国。如果仔细计算就会发现，希腊危机在 1—2 年内（取决于希腊危机的发展趋势以及希腊将如何度过这场危机）涉及 500 亿—5000 亿美元。金砖国家新开发银行的资本还没有超过 100 亿美元，法定资本为 1000 亿美元。这意味着新开发银行还没有达到足以处理希腊危机的规模。如果希腊申请加入并遵守规则，它就既可以加入新开发银行，又可以加入货币储备池。然而，这必须得到五个成员国的一致同意，但这一定不会实现。所以俄罗斯不愿意支持希腊政府，中国还没准备好对希腊政府进行支持。中国做出的答复是，如果德国没有妥善处理希腊问题，我们为什么要涉足呢？"

报告认为，"金砖国家拥有较低的外债，社会支出额度对金砖国家预算没有负面影响，除了俄罗斯，其他金砖国家的经济增长稳定。金砖国家之间在讨论一种货币的问题，至少是在洲际贸易中统一货币，然而金砖国家从未打算实施这样的计划，因为欧洲危机的主要原因在于统一的货币政策。俄罗斯试图向世界展示自己并没有受到全世界的孤立，同时自己也是非西方世界的两极之一。俄罗斯参与创造替代布雷顿森林体系机构的架构，正在推出'欧亚'的概念，所以俄罗斯会努力宣传这一概念。在现实中，你会看到俄罗斯与中国的伙伴关系逐渐深化，这基本上是乌克兰危机的最佳结果。由于商品价格下跌以及俄罗斯国内的经济危机，其与世界各国的贸易额在减少。然而，俄罗斯与中国贸易额的下降速度远比其与欧盟和其他主要伙伴贸易额的下降速度小。自2014年以来，俄罗斯开始向中国出口天然气，虽然比预期的交易量低很多，但是天然气交易仍在进行中。中俄也签署了一些其他合同，如军火交易（F400导弹防御系统将从俄罗斯输向中国）；2014年中国在俄罗斯的投资增加了2.5倍。因此，俄罗斯确实发生了一些改变，但绝不是如普京和其他俄罗斯官员所说的那样"。

关于上合组织在区域以及全球安全中的作用问题，报告认为："自从奥巴马政府宣布从伊拉克撤军以来，上合组织就一直在讨论这个问题。然而，上合组织成员之间的实际合作是十分受限的。上合组织是俄罗斯和中国的战争游戏，其中包括一些成员国、前苏联国家和观察员国，它们尝试各种不同的手段，可能包括打击恐怖主义。然而，它们还没有真正研究ISIS的战术。最重要的事是分享情报，但是我们看到了它们之间存在许多不情愿，特别是乌兹别克斯坦。上合组织中的区域反恐结构实际上并不起作用，因为乌兹别克斯坦担心每个国家都在监视它以及自己得不到共享的情报。然而，俄罗斯和中国将伊斯兰国家看作对新疆和俄罗斯南部地区的真正威胁；对前苏联国家的稳定也是威胁，因为这些国家的社会分歧很大。"

关于上合组织与西方国家的关系，报告认为："这些峰会和组织在双边关系方面，通常没有意图和潜能来替代西方。虽然俄罗斯现在与西方国家存在嫌隙，但是其与欧洲国家的贸易额大约比其与中国的贸易额多4.5倍。在主要出口线路、石油和天然气方面，俄罗斯与西方的贸易关系远比其与金砖成员国的贸易关系要好。中国与西方国家的贸易额约为20亿美元，与金砖国家的贸易额低于2000亿美元。金砖国家的经济太过相似，它们之间很难发生协同作用。我想说，这些国家在全球范围内竞争着一个位置。如果不提协同作用，这些国家的经济存在很多差异：俄罗斯的经济基于出口矿产资源；中国的经济基于廉价劳动力；巴西的经济基于开发多元企业；印度的经济更多地受国内消费和地理因素的驱动。我们来看这些国家的人均GDP，印度人均GDP每年增加约100美元；中国约400美元；巴西超过了500美元；美国约1600美元。大家得明白，这些国家经济增长的速度不同，中国看起来是经济增长最快的国家，这是因为它是个大国，其经济也非常强。通常，中国的人均增长、人均GDP的绝对值是非常低的。这样的经济体不可能替代发达国家经济体，除非它的经济达到一定的规模。"在此基础上，报告针对中国的未来发展趋势做出预测："金砖银行和外汇储备池不是布雷顿森林体系机构的替代品。然而，这是中国在未来创建机构的测试模型，问题在于他们自己也不清楚要怎么做。他们不清楚自己能够提供怎样的替代机构。他们看到当前的体系运作不够良好，但是他们是否有任何新思路还是一个悬而未决的问题。"

卡内基国际和平基金会在《为什么巴西、俄罗斯、印度和中国需要金砖国家组织？》①报告中认为："中国政府支持金砖国家至少有三个理由：（1）对最大的发展中国家来说，要求西方改革全球金融架构是非常恰当的。国际货币基金组织的投票结构的确不能再反映当代的实际格局。此外，中国作为世界第二大经济体（按购买力平价计算是第一大经济体），追求更大的话语权是有道理的。然而，中国政府直到最近才表达出自己的诉求，且一直在寻找知名度高的公司和权威性的合作伙伴。因此，因金融危机而产生的金砖五国的形式使中国在代表发展中国家的同时，对本国权利的呼声加大，同时避免了与西方发生直接冲突。（2）中国政府缺乏如何组织全球金融架构的想法。因此，中国与其他想法类似的大国进行智力合作将有助于产生一些创造性的想法。此外，通过参与金砖国家银行和外汇储备池，中国将在实施发展项目方面获得宝贵的实践经验——这时，中国将发挥领导作用而不是辅助作用。（3）金砖五国的形式逐步使世界允许在全球金融架构中出现并行的中心力量，它也创造了一个基础构架，有助于推动人民币成为储备货币的一种。亚洲基础设施投资银行的出现是中国参与金砖国家的第一个实际成果。除了美国国会的固执和中国敞开的钱包，亚投行目前取得的成功归功于一种想法——在日益复杂的全球金融架构中再多一个机构实际上

---

① 作者：亚历山大·加布耶夫（Alexander Gabuev），莫斯科国立大学中国历史学学士和硕士，俄罗斯国立高等经济学院股票市场与投资专业硕士。现任卡内基莫斯科中心亚太地区俄罗斯项目主管。研究领域包括俄罗斯对东亚和东南亚的政策、中国的政治趋势和思想动态、中国与其邻国特别是中亚邻国的关系。他还就职于欧洲对外关系委员会，并在莫斯科国立大学教授中国能源政策和政治文化课程。塞奇·瓦西列夫（Sergei Vasiliev），卡内基莫斯科中心咨询委员会成员，俄罗斯国家发展外经贸银行副主席。安德雷·莫夫昌（Andrey Movchan），莫斯科国立大学理科硕士，俄罗斯联邦政府财政金融大学金融学硕士，芝加哥大学布斯商学院工商管理学硕士。他是卡内基莫斯科中心经济政策项目主管。研究领域包括俄罗斯的经济、欧亚经济联盟和俄罗斯与欧盟的未来经济关系。彼得·托皮契卡诺夫（Petr To-pychkanov），任职于卡内基莫斯科中心，是一位印度学者。来源：卡内基国际和平基金会（美国智库），2015 年 7 月 8 日。

是有好处的。此外，中国外交人员和财政官员在银行进程中构想和汲取的想法也有助于亚投行的成功。"

关于金砖银行的前景及与成员的关系，报告指出："金砖国家具有非正式性，这使得印度能够在不付出政治和经济代价的情况下，进一步发展其在国际舞台上的议程。印度议程中的政治部分包括印度政府试图在全球发挥作用。印度政治家意识到联合国改革将需要很长时间，他们也明白印度不会在短期内成为联合国安理会的一员。很明显，上海合作组织是一个区域性组织，而不是全球性组织。此外，印度将成为上合组织的正式成员。在经济方面，印度急需投资。该国将难以维持其目前的工业和农业增长。如果在这些领域不进行改革，印度将无法为其 21 世纪的全球性角色奠定经济基础。在这种情况下，印度将金砖国家组织和亚投行（在其保护伞下创立）视作新机遇的来源。"

报告对金砖银行和巴西的关系进行了讨论。作者认为："因参加金砖国家组织，巴西获得了一些经济利益。巴西最大的贸易伙伴之一是中国，而巴西也是俄罗斯在南美洲的最大贸易伙伴。巴西在南非也有很大的经济利益。另外，巴西的政治利益更为重要。巴西一直都有地缘政治野心，但由于其经济疲软和政治混乱，它一直未能实现这方面的野心。然而，在过去的 20 年里，巴西国内政治和经济稳定，使得该国的国际形象大大提升。巴西在世贸组织谈判中还曾发挥积极作用。巴西精英已经意识到'金砖五国'的形式非常适合于实现它的长期目标——特别是脱离美国对其的影响。同时，'金砖五国'的形式防止巴西与美国直接对抗。"

报告在结论中认为，组建金砖银行可行，但前景可能是昙花一现。作者认为："金砖国家正试图创建一个可能替代国际货币基金组织和世界银行的机构，这个机构将不直接依赖美国（当然，间接的依赖将继续存在）。尽管俄罗斯积极参与金砖国家项目，但是很难想象俄罗斯将会成为这一体系中最为重要的赞助国之一；毕竟，就其本国的经济规模和动态而言，俄罗斯远远落后于其他金砖成员国。然而，俄罗斯在未来可以利用金砖银行和外汇储备池来缓解本国的经济问题，并且不用考虑国际货币基金组织、国际金融公司和国际复兴开发银行提供财政援助的政治条件。出于对金砖成员国经济实际情况的考虑，俄罗斯实际上是试图建立一个受中国控制的体系，因为中国不像谨慎的美国，不对其伙伴的国内政策进行仔细审查。在任何情况下，俄罗斯都没有什么损失。该政权将自我保护视作本国的首要任务，将影响国内政策的任何外部做法视作主要威胁。这样看来，创建金砖国家金融机构是十分合理的，尽管成功的概率很低。"

卡内基国际和平基金会在《联盟对美国领导力很关键》① 报告中，围绕美国和俄罗斯关系的发展趋势进行了讨论。作者认为俄罗斯之于美国仍具有十分强大的战略意义。"在我的外交生涯中，我见过美俄之间存在巨大希望，也看到过它们之间存在尖锐分歧。俄罗斯吞并克里米亚、干预乌克兰东部地区、威胁其邻国以及不遵守《中程核力量条约》对欧洲构成最大威胁。我认为，俄罗斯可能给美国、美国的欧洲伙伴以及美国的其他盟友带来更广泛的挑战。虽然普京领导下的俄罗斯令人伤脑筋，也具有威胁性，但是俄罗斯依然十分重要，因为它是碳氢化合物

---

① 作者：威廉·J.伯恩斯（William J. Burns），拉萨尔大学历史学学士，英国牛津大学国际关系学硕士和博士。曾任美国副国务卿，现任卡内基国际和平基金会主席。2014 年从驻外事务处退休，结束其 33 年的外交生涯。1998—2001 年，曾任驻约旦大使；2001—2005 年，曾任负责近东事务的副国务卿；2005—2008 年，曾任驻俄罗斯大使。在驻外事务处担任的职务有：美国国务院的执行秘书，前国务卿沃伦·克里斯托弗和马德琳·奥尔布赖特的特别助理，在美国驻莫斯科大使馆负责政治事务的公使，美国国务院政策规划办公室的代理主任和副主任。他在布什内阁任职期间，对推动联合国安理会对伊朗实施新的制裁以及美印签署民用核协议方面发挥了作用。精通阿拉伯语、法语和俄语。来源：卡内基国际和平基金会（美国智库），2015 年 7 月 21 日。

的主要生产者，而且仍然是联合国安理会的常任理事国，并拥有世界上最大的核武器库。我认为美国不能无视俄罗斯的影响力，尽管俄罗斯在某些重要方面的影响力（人口或经济方面）日益减弱。美国在核问题或反恐方面努力与俄罗斯合作是十分重要的，美俄之间修复更广泛的关系会十分困难。意识到美俄之间的敌意不利于任何一方的利益需要时，最重要的是需要政治意愿和智慧。"

报告就亚投行在中美关系中的地位专门指出："亚太地区是 21 世纪发展最快和机遇最大的地区。这一时代的地缘政治趋势——中国崛起——在该地区随之展开。美国将必须与中国在多方面进行稳定合作，并与中国竞争，这将要求中美之间扩大共同利益、努力弥合分歧、加强伙伴关系并巩固区域结构。展望未来，中美关系将不仅仅是美国外交政策的核心，也是国际体系演变的核心。我认为，美国还将采取诸多应对中国的措施。在亚洲基础设施投资银行等问题上，只要我们不断完善现有的机构，如国际货币基金组织和亚洲开发银行，那么就存在容纳新机构的空间。新机构的出现无关紧要，重要的是这些机构的结构如何。我认为，美国和日本都应该积极地确保这些机构的标准能使各机构有效可行，这是目前最重要的问题。许多事情都取决于亚投行将如何演变，如果亚投行的标准有所改善，美国和日本在未来可能会考虑与亚投行深入合作，甚至加入亚投行。"

同时，作者也十分清醒地看到，美国在全世界实现领导力和影响力是受诸多条件局限的。报告认为，"不可否认的是，当前的国际局势变得越来越复杂，而且更加充满竞争力。但我对美国的领导力十分乐观，美国在与其盟友和伙伴合作时有能力影响区域和全球秩序，并在使国际社会受益的同时维护美国自身的利益。当与亲密盟友紧密合作时，美国是最具优势的。我一直都认为美日联盟有着重大意义，因为美日联盟是美国在亚洲实现战略目标的基石，当然美韩联盟也极为重要"。作者认为，"美国与日本的条约同盟关系现在是，而且将来也会是美国参与亚太地区和全球事务的基石。安倍说日本是和平的积极贡献者，奥巴马政府和美国国会对此表示支持。我认为，安倍在 2015 年 4 月受到美国国会的热情接待表明，加强双边关系具有坚实的两党基础。在每一项重大问题上——从朝鲜问题到中东地区的难民危机，从气候变化到可持续发展问题——美国和日本相互合作时所实现的目标远比分道扬镳时实现的要多"。至于在叙利亚局势问题上，作者认为，"阿拉伯国家存在严重的治理危机，近年来国内爆发动乱并未受外部干涉。阿拉伯社会一直在努力填补随之而来的空缺并确定接下来的计划。ISIS 引起逊尼派某些阿拉伯力量的不满，伊朗看到在逊尼世界中提升本国地位的机会。但是，伊斯兰国家是否能寻求多元化和经济现代化，最终并不是由美国或日本决定的"。

3. 布鲁金斯学会

美国布鲁金斯学会在其《中国崛起成为一个区域和全球大国：亚投行和"一带一路"》①报告中认为，"与世界其他地区相比，中国的经济增长展现其令人惊讶的一面，但这令人羡慕的背后存在一个事实，即中国的经济增长率已经放缓至约七个百分点。因此，在最近一段时期内，中国一直在进行更多的投资。这种增长模式体现了三个问题：首先，科技的进步已经放缓。其次，资本的边际产出正在下降。资本生产

① 作者：大卫·道勒（David Dollar），达特茅斯学院中国历史学和语言学学士，纽约大学经济学博士，1995—2004 年，在世界银行研究部门工作；2004—2009 年，担任中国和蒙古国地区总监；2009—2013 年，担任美国财政部驻中国经济金融特使；现任全球经济与外交政策高级研究员。美中经济关系专家，曾撰写大量有关中国经济改革、全球化和经济增长的文章。来源：美国布鲁金斯学会（美国智库），2015 年 7 月。

力下降的真实情况体现在空着的公寓楼、未使用的机场以及重要生产部门严重的产能过剩。最后，消费极低，特别是家庭消费——仅占国内生产总值（GDP）的1/3。中国从内外两个方面应对这种动态增长。就外部方面而言，在国内产能过剩时期，中国推出耗资巨大的新举措，如亚洲基础设施投资银行、金砖国家银行以及'一带一路'倡议，这并不是一个巧合。这些举措受到了亚洲邻国的欢迎。中国认为这些举措是解决中国产能过剩问题的一个主要方案，然而，这一想法在很大程度上具有误导性"。

报告分析说，美国政府认为"中国在亚洲的举措被视为阻碍美国的一个屏障。美国政府努力阻止其盟友加入亚投行，然而，美国的主要盟国，如英国、澳大利亚和韩国，最终都加入了中国的倡议，而日本正在认真考虑是否要成为亚投行成员国。然而，对美国来说，这很可能只是一个暂时的外交阻碍。美国在亚太的主要经济计划——跨太平洋伙伴关系协定（TPP）——从目前来看，这一计划可能会在2015年底完成。亚洲的许多主要经济体，如澳大利亚、新加坡、韩国和越南，希望成为中国倡议（亚投行和'一带一路'）的一员，也希望美国努力减少贸易壁垒"。作者看到，"促使中国推出新亚洲基础设施投资银行的动力是北京认为现有国际金融机构（IFIs）的治理结构发展太慢。中国提出的这一倡议旨在增加国际货币基金组织的资源，并提高快速发展的新兴市场的投票份额，美国国会对这一倡议暂缓搁置，而所有其他国家已经对此予以批准。具有讽刺意味的是，中国认为其他国家需要更多的资源，而且中国愿意贡献出这样的资源，但是美国政府不同意这种扩张形式"。

报告指出："亚投行将成立一个非常驻董事会，以定期在北京举行视频会议。由于亚投行极具新颖性，已经签约加入亚投行的国家可能会达成共识，即亚投行董事将会批准诸多初始项目，并最终授予管理层更多的决策权。亚洲的发展中国家对亚投行的热情反映出它们的一个想法，即一个新的多边开发银行（MDB）可以提供很好的保障，而且比现有机构更高效，更快捷。"报告认为："一些有关亚投行的西方评论称担心中国将利用亚投行实现其政治或经济目的。目前，近60个国家已经签署加入亚投行的协议。亚投行将有助于中国解决产能过剩问题的这一想法没有任何意义。如果亚投行非常成功，那么五年内就可能每年借出200亿美元——也就是说，这一数目堪比国际复兴开发银行（IBRD）的贷款规模"，"中国最近推出的经济举措似乎是北京的一次外交胜利，也是华盛顿的外交挫折。当然，美国要极力应对亚投行的出现。美国温和地劝阻其一些盟友不要加入亚投行，但之后当欧洲和其亚洲盟友选择加入亚投行时，美国显得有些措手不及。中国正在逐渐承担起一些全球责任，美国应该对此感到高兴。由于近60个国家加入了亚投行，亚投行很可能会制定与现有多边开发银行类似的治理标准，而且也很可能会通过竞争来提高这些多边开发银行的效率。亚投行不是美国主导的体制所面临的一个挑战，而可能是现有制度的有益补充。一般来讲，亚投行事件清楚地表明亚洲和欧洲国家不希望在中美之间做出选择，而且它们也没有任何理由这么做。美国在应对亚投行时犯了一个错误，但是我们不应该夸大这一事件的严重性"。

至于亚投行和TPP之间的关系，报告认为："亚投行将为基础设施建设——可以被称为是'硬件'的融合——提供资金，而'软件'也同样重要，即管理国际贸易和投资的规则和法规。TPP旨在扩大贸易，并进入新领域，如服务领域，同时为21世纪的贸易奠定基础。值得注意的是，如澳大利亚、新西兰、新加坡、韩国、马来西亚和越南等国家对参与中国的倡议还是美国的倡议并没有犹豫，这显然是个明智的策略，如越南，它加入亚投行将会改善本国的基础设施，而利用TPP框架则会使河内与广阔的、创新的美国经济融合在一起。由于中国在许多领域仍然十分封闭，所以中国将从加入 TPP 中获取极大的利益，而美国也将从加入亚投行中受益颇多，因为亚投行位于世界经济增长最快的地区，而且也是一个重要的新机构。"

4. 全球发展中心

全球发展中心在其《亚投行投票权》[1] 报告中认为："与美国和日本在多边开发银行的股权相比，中国在亚投行拥有更大股权。事实上，中国 26.06% 的投票权比美国和日本在亚洲开发银行的总投票权都要大。在类似这样的机构中，投票权拥有非常实在的功用，可以决定各国在银行业务上的话语权，这样一来，它可以成为一种衡量国家影响力的工具。我们估算了四个国家在亚洲这几个多边开发银行的影响力，并且展示了亚投行的出现对于各国影响力的影响。显然，中国的累积投票权已经超过日本，但仍低于美国。"报告在结论中公正地写道："从某种意义上讲，日本会继续考虑加入亚投行。区域影响力无疑是最重要的。相对权力的降低很可能会引起日本和美国的担忧。展望未来，在其他多边机构资本扩张跟不上步调的情况下，亚投行的发展可能会进一步削弱美国和日本在亚洲的影响力。"

---

[1] 作者：斯考特·莫里斯（Scott Morris），富兰克林与马歇尔学院学士，密歇根大学硕士。曾担任华盛顿特区经济发展委员会副总裁、奥巴马政府第一任期内的美国财政部副助理，也是美国国会众议院金融服务委员会委员，目前担任全球发展中心高级研究员。研究领域包括国际金融机构（IFI），特别是国际金融机构和美国之间的关系。守喜（Mamoru Higashikokubaru），毕业于乔治城大学公共政策学院，日本立教大学全球商业专业学士，是研究多边开发银行未来高级工作小组的暑假实习生。研究领域包括社会经济政策与日本的能源政策。来源：全球发展中心（美国智库），2015 年 7 月 9 日。

全球发展中心在《实现美国发展政策中的多边主义力量》① 报告中认为亚投行的出现并不是偶然的，而是有其必然的前提和时代背景。"美国在多边机构——如世界银行和区域开发银行——中的领导力正在逐步减弱。这些机构（全球范围内最有效的发展机构）为美国的地缘政治利益、成本效益以及最终获益提供了明显的优势，这就是美国在创建这些机构中起主导作用并多年来一直不断支持这些机构的原因。然而，现如今美国在这些机构中的地位具有不确定性。作为多边开发银行的参与者，美国已经落后于其他国家，它越来越被视为扩大多边开发银行资本以解决发展中国家的贷款和投资高需求的一个障碍"，"如今，由于世界银行以及区域开发银行的许多成员国正在将注意力转向新的机构，如中国主导的亚洲基础设施投资银行，所以美国在多边开发银行中往往采取防御姿态，这反过来又不断削弱多边开发银行的全球主导地位"。在这个背景下，当"世界银行和亚洲开发银行多年来一直努力寻求资本增长，以支持该地区更大的基础设施投资，这一努力失败后，中国主导的亚投行——拥有 57 个成员国——受到亚洲国家的热情追捧"。报告在结论中认为："基于这一情况，从根本上来讲，美国所坚持的防御姿态，事实上是对自己在多边机构的领导力感到力不从心。美国通过亚洲开发银行（美国是一个大股东）在亚洲获得的利益要比通过亚投行（美国甚至不是亚投行的成员国）获得的多。"

---

① 作者：斯考特·莫里斯（Scott Morris），富兰克林与马歇尔学院学士，密歇根大学硕士。曾担任华盛顿特区经济发展委员会副总裁、奥巴马政府第一任期内的美国财政部副助理，也是美国国会众议院金融服务委员会委员，目前担任全球发展中心高级研究员。研究领域包括国际金融机构（IFI），特别是国际金融机构和美国之间的关系。马德琳·格利夫（Madeleine Gleave），杨百翰大学政治学和经济学学士。来源：全球发展中心（美国智库），2015 年 7 月 20 日。

全球发展中心在其《白宫和世界》① 报告中，向未来的美国总统就全球发展问题建议说："几十年来，美国一直都是自由世界的领导者，扶持全球经济自由开放、国家现代化，建立国际制度和规则，使数百万人摆脱贫困。然而，美国的发展政策一直狭隘地集中于援助，作为一种促进国外社会繁荣的工具。就此问题而言，我们提出几个具体而实际的政策建议，包括贸易、能源、移民、投资、气候政策以及美国对外援助项目的成效等领域。这些建议将会确保美国作为全球发展与安全力量的优越地位。"

作者在报告中认为，"未来几十年中，有效的全球发展政策对于美国在全球保持主导地位、提升美国人民的生活水平以及美国不断增长的海外市场具有重要意义。下一届美国政府有责任保护美国人民、促进国家繁荣，而且必须制定并促进统一战略，以解决棘手的全球性威胁，同时需要维护美国商业及对外政策的利益。这种战略必须对美国的各种军事、外交及发展工具进行协调统一的部署"。报告认为，"美国的发展政策必须反映出全球动态。全球在过去几十年中发生了翻天覆地的变化，美国的发展战略及计划不足以应对这种变化。世界开始趋于多极

---

① 作者：南希·伯索尔（Nancy Birdsall），牛顿学院学士，约翰·霍普金斯大学高级国际研究硕士，耶鲁大学哲学博士。全球发展中心的创始主席，1993—1998年担任美洲开发银行副行长。在世界银行工作 14 年，曾担任研究、政策及管理等职位。曾担任卡内基国际和平基金会的经济改革项目主任，在那里主要研究全球化、不平等及国际金融机构改革。研究领域包括发展经济学、全球化和不平等、国际援助体系、国际金融机构、教育、拉丁美洲、气候融资等。本·里奥（Ben Leo），2011 年曾在非洲联盟任职，作为苏丹及南苏丹分裂谈判的促进者及技术专家；曾在白宫担任非洲事务主任；2008—2010 年，曾在非洲及中东领行思科业务开发工作；目前是全球发展中心高级研究员。研究专长是非洲、债务减免、国际金融机构、私人投资及援助选择。研究领域包括快速变化的融资环境，尤其关注私有资本流动、基础设施及债务动态。作品曾被国际及区域主流媒体引用，包括《纽约时报》、《华尔街日报》、《华盛顿邮报》及《金融时报》等。来源：全球发展中心（美国智库），2015 年 7 月 20 日。

化。中国正崛起成为区域大国，正在一些贫穷弱小的国家中不断扩大其影响力，并为广大发展中国家提供更多战略伙伴、商业关系、重大公共投资等领域的选择。例如，中国将会大力资助新成立的亚洲基础设施投资银行。亚投行将会成为第一个没有美国正式参与的全球金融机构，它的成立部分是由于许多新兴市场对美国现有多边金融体系改革不满。美国国会多次未能批准国际货币基金组织的改革方案，并抵制世界银行及其他区域发展银行就烦琐的流程及治理结构进行的进一步改革。协同其他50多个创始成员国（包括美国的盟友），亚投行的存在标志着时代的变迁。亚投行也可能为美国主导的全球金融及贸易体系带来巨大影响。事实上，中东、拉丁美洲及欧洲的大多数人相信中国会超越美国，成为世界超级大国。另外，美国有超过一半的人认为，美国的全球力量及影响力相比十年前有所下降"。为此，报告在结论中认为："在这个迅速变迁的世界中，援助仍然是美国发展政策的工具。美国在努力解决一系列对美国及发展中国家构成威胁的挑战，如影响健康的流行病、和平与安全、气候变化、全球金融诚信、传统多边机构及新兴机构（例如亚投行）。"

5. 美国和平研究所

美国和平研究所在其《克服美中合作障碍》① 报告中认为："2011年美国总统奥巴马宣布'重返亚太'计划。2012年，中国国家主席习近平表示，他希望与美国建立一种'新型大国关系'。对这一新型关

---

① 作者：马拉尔·尼瑞（Maral Noori），美国和平研究所项目专家。丹尼尔·贾斯珀（Daniel Jasper），美国公谊服务委员会亚洲方面公众教育和宣传协调员。詹森·托尔（Jason Tower），美国公谊服务委员会东亚贵格派国际事务代表。来源：美国和平研究所（美国智库），2015年8月24日。

系，中国的解释通常强调在全球治理方面与美国分享权力和话语权。迄今为止，许多美国官员认为中国的真实意图是挑战美国在亚洲的存在感，华盛顿试图巩固其在该区域的领导力。许多美国分析人士指出，中国的举措，如'一带一路'或亚洲基础设施投资银行，表明中国正在重塑国际制度并且积极地应对华盛顿的举措。中国专家指出，美国的外交行为破坏了中国的倡议，并且他们认为华盛顿正试图在亚洲遏制中国。中国专家还质疑美国的政策，他们认为这些政策加剧了该地区海上争端的紧张局势。这两个国家的指令都留有足够的空间来解释，并且这些指令增加了紧张的气氛。由于两国间的误解比比皆是，所以确定两国的共同点势在必行。然而，两国之间缺乏战略互信，从而妨碍了急需的生产合作。美国敦促中国承担更多的国际责任，通过坚持国际法和敦促战略合作伙伴，美国利用中国的崛起来增强自身力量。然而，中国政府坚持其不干涉原则，这受到美国尖锐的批评。中国采取一种更灵活的、积极主动的外交。与此同时，中国也关注美国的军事政策和外交活动，美国的这些行动似乎有针对性地包含中国或破坏中国在全球机构的影响力。确定共同点比以往任何时候都更加势在必行，中国所说的'新型大国关系'在合作框架、政策和联合倡议中得以体现。美国和中国需要建立战略互信，从而克服国内政策障碍，表明领导人参与国际社会的意愿，并更好地协调缩小全球治理和问题之间的差距。"

在国际道义问题上，美国正在试图采取一种让中国担负更大责任，而不让其发挥任何作用的机制，"华盛顿敦促北京承担更大的责任。从美国的角度看，中国应该通过支持国际法和寻求战略合作伙伴来增强自身实力。对叙利亚化学战争的回应是一个重要的例子，华盛顿敦促北京同意联合国对阿萨德政权进行干预。中国偏爱温和的方法并且严格遵守不干涉原则，这受到美国观察家尖锐的批评，他们将中国这样的行为定性为不负责任。从北京的角度来看，中国优先考虑国际贸易——特别是与美国的贸易和投资机制以重塑其外交，这两方面强调安全根植于发展。国际货币基金组织和世界银行不平衡的管理结构使中国在全球金融讨论中感到被冷落和不受欢迎。因此，在一些发展中国家的市场，中国国有企业的进入创造了竞争力，以前这些市场都是由美国和布雷顿森林机构适当地控制着。在发展援助、资本投资和贸易方面，中国对发展中国家有很少的限制条件，这对拉丁美洲和非洲来说是一个福音。亚洲基础设施投资银行的建立表明中国对自身新角色的理解。在全球参与中，中国重点发展经济贡献和投资，从而承担起应有的国际责任。美国努力阻止亚投行的建立，这一行为表明华盛顿不信任中国的外商投资并且加深这样一种看法——美国不希望看到中国的经济崛起。华盛顿断言中国所支持的社会和环境保护措施存在严重差距，这一说法引起了发展中国家公民社会代表的关注。在全球政策问题上，北京倾向于把重点放在经济方面，而华盛顿将重点放在安全方面。然而，这样的'劳动分工'没有使任何一方从中获益。在经济和安全方面，两国进行合作是很重要的。最近几个月，两国在全球非传统安全问题上的合作取得一定的成功。2015 年 4 月，中国公安部和美国国土安全部举行首次部长级会晤，这表明两国至少有共同努力的意愿。在西非的埃博拉病毒危机期间，中美两国进行合作——中国培养的利比里亚工程公司帮助美国建立了埃博拉治疗中心。这些措施可能看起来没什么特别之处，但其却在安全领域展现了友好态度。在一些更具争议的案例中（如缅甸事件），尽管两国进行了对话，但是能否达成合作仍难以捉摸。挑战不仅仅包括缺乏相互信任，还包括缅甸当局的关注。美国和中国需要找到共同点以建立更加信任的关系，这是中国和美国外交政策议程中需要优先考虑的事项"。

报告认为："尽管美国试图传播自由民主继续担当全球领导者的角色，但中国做出这样的承诺——中国国家主席习近平说'努力实现'在全球治理和全球事务中的积极参与。这个政策看起来是要重塑中国对外援助、贸易和投资的传统方法。华盛顿通常愿意在另一个国家的境内直面冲突并履行其作为全球领导者的责任。在一个不断变化的全球舞台上，中国和美国的关系是明确的，因为两国都在努力坚持自己的外交政策原则。中国和美国需要继续在外交政策上表现出灵活性。极端地遵守原则会破坏两国的建设性合作。或许两国是时候改变它们的政治表达技巧了，并且在国际社会中承担起它们的共享角色。因为亚投行的规则和指导方针还没有最终确定，所以亚投行为西方国家提供了一个与中国分享经验的机会，也为中国提供了一个整合发展方法的机会，从而与这些发达国家共同发展。合作的最终障碍就是能力。中国在和平与发展领域是'新手'，它还没有完全建立亚投行，最近，在联合国的维和行动中，中国成为主要的贡献者。与此同时，美国不能再为最不发达国家提供支持，因为这样的行为受到美国国会的阻碍，美国国会更重视国防而不是发展和人道主义援助。中国和美国可以互补。中国在工程、建筑和基础设施方面很强大，而美国在风险与安全指导方面很强大——中国和西方的分析人士已经在该领域指出中国方法存在的差距。为了达到最佳效果，两国需要协调其发展努力。随着亚洲的安全紧张局势继续上升以及中国开始推动全球行动，华盛顿和北京的合作势在必行。亚投行可能会是一个起点。2016年1月，57个国家签署成立亚投行，该行已经成为一个全球倡议，以重塑全球金融市场的前景。华盛顿最好加入亚投行，因为亚投行将目标定位于最不发达国家和热点冲突地区的基础设施建设和发展项目上，亚投行的新兴投资组合是中国和美国的合作契机。财政合作可以成为一个最低限度的政治敏感试验场。"

6. 史汀生国际中心

史汀生国际中心认为，国际社会可以改变亚投行的运行轨迹。在其

《国际社会如何改变中国的亚投行》[1] 报告中认为"对中国 2015 年在亚投行中地位的详细研究显示了国际社会的共同努力是如何塑造中国的行为。如今的亚投行不同于 2015 年 3 月中国设想的亚投行，这可以从一系列的问题中反映出来，如成员资格、出资情况、否决权、亚投行与中国自身经济发展议程之间的联系、银行的治理及标准等。首先，中国在决定亚投行成员尤其是域外成员的地位上发生显著转变。在早期阶段，中国并不计划允许域外成员国加入。2015 年 3 月 6 日，中国财政部部长指出，意向创始成员国优先向域内国家开放，目前暂不考虑域外国家的申请。然而六天后，英国就提交了申请。欧洲国家加入亚投行的热情对于中国是一个惊喜。中国迅速调整立场，转而欢迎欧洲、非洲及拉丁美洲的国家成为意向创始成员国。北京方面减少了对亚洲的关注，将亚投行的股份分为域内（75%）和域外（25%），以谋求更广泛的国际支持。

"其次，中国在该银行中做法的另一显著变化就是关于亚投行作为多边开发银行的性质，目前亚投行已经不同于中国早些时候声称的援助机构或者具有政策组合的商业银行。该'援助'的说法是，由于亚投行的大多数成员国都是欠发达的亚洲国家，中国需要在银行中发挥主导作用，因此，该银行可能会成为中国资助亚洲基础设施建设的另一渠道。一些金融家和财政官员则持反对意见：亚投行是一个以市场为导向的、追求利益的商业银行，中国成立该银行的目的不是为了赔钱，而是为了赚钱。亚投行最终的权力分配会避免两个极端，反映了平衡原则。根据协定规定，亚投行会是一个全新的多边开发银行，中国在其中会扮演很重要的角色，但不会主导该银行。在许多中国分析人士看来，这个规定使得亚投行既不是商业银行又不是援助机构，从而使其成为一个必

---

[1] 作者：孙云，史汀生中心东亚项目高级研究员。来源：史汀生中心（美国智库），2015 年 7 月 31 日。

须赢利的'准商业银行'。需要赢利就催生了这样的问题：该银行如何平衡基础设施项目与实际考虑的因素。开发基础设施资金周转的时间长、利润低，而且会有潜在的浪费和腐败。如果亚投行为其他银行拒绝提供贷款的项目提供贷款，那就需要承担较大风险，而且欠发达的亚洲国家国内经济不景气，政府政权也不稳定，这些国家的危机会更加严峻。对于任何银行来说，包括亚投行，贷款者还款都是一个大问题。

"国际社会和发达国家创始成员国迫使中国面临资金亏损项目与盈利之间的冲突。尽管中国分析家认识到亚投行面临的风险，而且有必要在运营过程中避免这些风险，但是外界达成一个共识：中国需要在获取高额利润的同时，避免投资那些不切实际的项目。国家发改委的一位高级研究员表示，亚投行的运营不会寻求高额利润，而是最低限度地赢利。这种说法私下里得到中国金融官员的回应，尽管面临很高的需求，但亚投行必须严格遵守各项金融标准，这些标准会与亚洲开发银行的标准很相似。外界对中国否决权的担忧已经得到缓解。早在 2014 年 10 月签署《谅解备忘录》时，中国就计划提供 50% 的银行资本，这使外界认为中国要在银行的重大问题上占据一票否决权。然而，随着越来越多的国家成为创始成员国，中国缩减其股本为 30%，投票权为 26.6%。根据协定规定，中国也将会在董事会、行长、资本、重大运营及金融政策中拥有一票否决权。中国保留一票否决权反映出中国控制银行关键领域的决心。

"否决权令许多人反感，但它可能不会像想象中那样危险。在接受新成员及普通贷款的决策等方面不需要得到多数投票。中国拥有一票否决权并不意味着北京方面可通过董事会为所欲为。而且，中国运用否决权的频率尚不清楚。银行的其他成员不可能在某些关键问题上公开反对中国，迫使中国使用否决权。鉴于中国在该银行中的地位优越，北京方面可能根本没有必要使用否决权。同时，有分析人士一致认为，中国会谨慎使用单边否决权，因为这可能对中国促进该银行成为多边机构的努力不利。在中国的特殊影响和特权下，这个银行不会显得那么不受约束，而且来自国际社会的监督和压力，再加上中国对声誉的担忧以及谋求认可的欲望，这会对中国的行动产生很大的影响。更重要的是，中国会在多大程度上利用亚投行来促进其国家利益，如在促进出口方面。只有亚投行未来的运作会告诉我们答案，但目前在中国政策界出现了一种争论：中国会在何种程度上利用亚投行追求自己的经济目标。中国成立亚投行最具争议的一个目标——促进能够吸收过剩产能的出口——已经逐渐从政府的陈述及媒体报道中消失。促进中国产品出口过剩产能面临着反倾销诉讼的危险，威胁习近平的经济重组计划。最重要的是，破坏亚投行的合法性与信誉。亚投行拥有50多个意向创始成员国，它们很难去支持中国的出口。中国官员也曾多次承认这一事实。

"北京方面在坚持管理亚投行标准和规定的同时，制定实际决策可能是北京方面根据国际考量需要解决的另一冲突。北京方面已经做出承诺，亚投行将会是'精干、廉洁、绿色'的。亚投行协定也承诺，亚投行会遵循国际社会在环境、社会、信息披露、采购、债务可持续方面的最佳做法，并遵循透明、公开、独立的原则监管机制。该银行的实际做法和运作将会成为其在这些领域的真正仲裁者。然而，来自国际社会的培养和关注将会塑造中国的行为和亚投行的各项规则。中国调整立场，接受一个不同于早期设计的亚投行的关键原因是受到来自国际社会的影响。这一关键事件就是发达的欧洲经济体于3月末决定加入亚投行。刚加入银行，意向创始成员国，包括发达经济体就有能力利用集体谈判权商讨、指导及塑造亚投行协定，并促使中国也关注国际准则和标准。中国调整了自身预期与立场，以满足不断变化的现实。这种灵活性就其本身而言是一种积极的发展。来自美国和日本的怀疑和反对也在遏制中国方面发挥了重要作用，北京方面在主张自己议程方面也如履薄冰。还有人认为，亚投行是对现有国际秩序的一种挑战，但有证据表明，现有秩序有能力制衡、影响并塑造这种挑战，以促使中国遵守规则。"

报告在结论中认为："亚投行的'游戏'才刚刚开始，协定中的许多'恶魔'在于细节，这些细节只有在该银行正式运作时才会出现。关于亚投行的问题就在于其是由中国主导的，而且中国将如何利用它作为一种实行政策的工具。世界各国会继续观察、评论及塑造亚投行的未来。"

7. 新美国安全中心

新美国安全中心在其《中国为何青睐于伊朗核协议》① 报告中，讨论了中伊在"一带一路"合作倡议和亚投行领域的合作可能与机遇。作者认为："在（美国）国会议员争辩是否支持伊朗核协议的同时，中国似乎成为一个'保证人'。解除制裁促使中国进一步加深与德黑兰的关系。中国明显看到其中的潜在经济利益，而且也看到了一个机会，即挑战美国在中东的影响力。中国是伊朗在核武器野心方面的重要评论家，以及核外交支持者。中国在与伊朗重新恢复关系的过程中看到一个具有战略意义的机遇，并有望在四个关键领域拓展双方的传统友谊，即

---

① 作者：伊丽莎白·罗森伯格（Elizabeth Rosenberg），柏林学院政治与宗教学士，纽约大学近东研究硕士。2009 年 5 月—2013 年 9 月，在美国财政部、能源部担任高级顾问，恐怖融资和金融犯罪部门助理秘书长，在此期间，她帮助制定和实施金融和能源制裁；2005—2009 年，在华盛顿阿格斯媒体担任能源政策记者，分析美国和中东能源政策、监管和贸易。目前，是新美国安全中心高级研究员，能源、经济与安全项目主任。亚历山大·苏里文（Alexander Sullivan），哥伦比亚大学东亚语言和文化学士，哥伦比亚大学中国历史学硕士，亚太安全项目助理研究员。研究领域包括中美关系、海上安全、区域军事现代化，之前的研究主要集中在中国对蒙古及中亚的经济与安全政策。来源：新美国安全中心（美国智库），2015 年 7 月 31 日。

基础设施发展、能源、有限的区域安全合作以及在该地区削弱美国影响力的政治合作。首先，通过'一带一路'倡议，中国旨在利用数万亿美元的基础设施投资将其与欧亚大陆和中东地区连接起来。经历制裁的伊朗，迫切需要新的基础设施，并渴望有人口及商业的跨境流动，伊朗在经济和地缘政治方面都是有利的投资目标，因为伊朗接近重要的能源运输路线。其次，由于制裁束缚着伊朗的外国能源公司，中国的能源巨头可以在后制裁阶段的环境中开发伊朗的石油和天然气。中国与伊朗的能源关系并不是没有分歧，中国会在伊朗遇到技术上更优越的欧洲企业。然而，伊朗和中国都会促进双边能源合作，这样做有利于实现两国在能源合作伙伴多样化、制衡沙特阿拉伯石油主导地位及未来能源战略贸易锁定等方面的目标。"

报告认为："中国和伊朗之间的安全合作是后制裁阶段的第三个重要特征。曾经强大的海军合作正在复苏，它们无疑会在陆地上合作，以稳定阿富汗局势。这两个国家在遏制 ISIS（伊斯兰国）进军阿富汗方面进行了大量投资，伊朗不会容忍其东部边境出现恐怖分子，而中国则担心激进分子扩散到新疆维吾尔自治区。事实上，中国国家主席习近平曾就对阿富汗的安全援助做出前所未有的承诺，而且据报道中国也曾一度促成阿富汗政府与塔利班的和谈。不幸的是，中伊合作的第四个领域可能会是对西方的一致反对，尤其是对美国。随着核障碍的解除，中国和伊朗很可能在外交上联合，指责美国对人权和国际行动的过度注重。北京方面可能会努力提升伊朗在亚洲基础设施投资银行以及上海合作组织中的地位。"

报告指出："某些形式的中伊合作也有利于美国的利益，如区域经济发展（包括伊朗），如果中伊能够依据国际惯例，帮助人们摆脱贫困，就会得到美国的欢迎。同样，如果在伊朗的帮助下，中国可以促进阿富汗的稳定，那就更好了。然而，其他形式的中伊合作可能会对美国在中东的政策构成威胁。中国和伊朗的联系可能最终会影响中美关系。平衡中伊合作的最佳方式就是保持中美在中东地区的建设性利益。对于美国来说，可以考虑将其企业驻扎在伊朗进行商业外交，同样应寻求与中国的区域安全合作，这样做有助于美国促进该地区的稳定，巩固其领导地位。"

8. 大西洋委员会

大西洋委员会就亚投行与刚刚结束的台湾地区"选举"联系起来思考，认为"一个关键的问题是，两岸的政治弹性如何。蔡英文为台湾寻求更多的国际空间，并希望使其经济多样化。北京可以让台湾加入跨太平洋伙伴关系协定（TPP）和中国主导的亚洲基础设施投资银行"。在其《台湾刚刚选出第一位女领导人》[①] 报告中，作者写道："蔡英文和台湾民进党（DPP）取得压倒性的胜利：蔡英文赢得了56.1%的选票，几乎是国民党（KMT）候选人朱立伦的两倍，民进党赢得 68 个议会席位。民进党（其宪章包含'中国独立'的目标）的选举胜利是一场政治大地震，而且对台湾经济、社会和政治、两岸关系以及美国—中国—台湾地区三角关系将产生巨大而不确定的影响。"

报告认为，"蔡英文的胜利使其成为台湾第一位女领袖，这也标志着自 1949 年以来民进党首次在'立法院'获多数席位。蔡英文的彻底胜利带来一种莫名的不安感。马英九领导国民党执政八年，在此期间台湾经济增长依赖于中国大陆。台湾地区在 20 世纪 80 年代被认为是'亚洲四小龙'之一，其他三个分别是新加坡、香港地区和韩国——2015

---

① 作者：罗勃特·A. 曼宁（Robert A. Manning），大西洋委员会布伦特斯考克罗夫特中心（Brent Scowcroft Center）国际安全领域高级研究员。来源：大西洋委员会（美国智库），2016 年 1 月 16 日。

年的经济增长率骤降到1%，青年失业率为13%，住房价格以及小型企业的技术竞争力和可行性是主要担忧的问题。北京将密切关注台湾的动态。由于民进党取得胜利，所以它对台湾命运的担忧已经上升到了一个狂热的程度。新华社（中国官方新闻机构）称，民进党的胜利给两岸关系带来新的挑战，并强调北京反对'独立派'。美国对民进党胜利的关注也十分明显。美国国务院发言人约翰·柯比（John Kirby）在一份声明中说：'在两岸和平稳定的延续中，我们和台湾人民共享深厚的利益。'此外，北京、台湾和华盛顿不会升级两岸紧张关系，因为蔡英文的成功或失败将由改革和振兴经济以及解决社会问题（如失业、住房、卫生保健）等来衡量"。

9. 自由之家

自由之家对亚投行未来可能会给独裁者提供帮助表示了担忧。在其《亚投行不应该支持独裁者》报告中认为："在过去的一年中，国际舞台上引人注目的事情是中国主导的两大开发银行的宣布及建立：亚洲基础设施投资银行（AIIB）和新开发银行（以前称为金砖国家开发银行）。美国和其他民主国家的许多观察人士警告称，这些多边组织可能会破坏世界银行（WB），并最终打乱就经济政策达成的'华盛顿共识'。对由中国主导的新银行的担忧核心是中国将取代美国的领导作用，专注于发展中国家的实际需求和欲望，而不是专注于改革发达工业国家的标准。然而，中国的双边援助实践记录表明，对于希望发展经济和扩大人权的国家来说，由中国主导的新机构可能会产生不利影响。正如经济合作与发展组织（OECD）（全球30个市场经济国家组成的政府间国际经济合作组织）所认为的，尽管这些机构、中国企业以及中国媒体故意使'援助'的意义含糊不清，但是中国国家开发银行和中国进出口银行是北京方面进行经济援助的主要工具。不像美国一样提供补助，这些银行主要提供约 2% 或 3% 利率的贷款。中国对外援助规模大，2013 年达到 3170 亿美元，相比之下，美国拨款约 230 亿美元用于人道主义援助和经济发展。然而，大约 75% 的援助是专注于物质基础设施和自然资源开采的（主要是化石燃料的开采）。北京方面显然对解决健康、教育和环境问题的社会项目没有兴趣。这种援助策略旨在使中国从表面的捐助中获益，通过建立必要的基础设施增加对中国原材料的出口，以及增加受援国对中国制成品的进口。基础设施项目本身是由中国公司管理的，尽管许多发展中国家抵制数千名中国工人的到来。"

报告认为："对基础设施的重视遵循中国的一句谚语：'要想富，先修路。'但是似乎目前的模式仅仅会使中国的精英阶层更加富有，而中国援助的发展中国家将面临巨大的环境损害、债务以及专制统治的负担。许多争论者认为，与世界银行、国际货币基金组织（IMF）以及美国的管理和改革条件相比，中国贷款没有任何附加条件，然而事实上他们忽略了许多复杂的情况与自助服务和中国式援助有关。由于认识到这一点，所以世界各地的许多主要经济体已经对这些国家进行制裁或者仅仅保留私人投资。中国政府对外援助实行'互不干涉'政策。中国的政策制定者认为，'不干涉'是尊重合作伙伴国及其公民的象征，但是主要的受益者是居住在这两个国家的精英。"

报告建议"中国的新合作伙伴必须做什么。由中国主导的两个新多边银行的创建，部分原因是中国在现有的机构如世界银行和亚洲开发银行（ADB）缺乏影响力。美国在世界银行的投票权是中国的 3 倍，日本和美国在亚开行的投票份额大约是中国的 5 倍。相比之下，新开发银行由五名成员组成——巴西、俄罗斯、印度、中国和南非——它们拥有平等的投票权，而且没有否决权。亚投行有 57 个来自亚洲、非洲、拉丁美洲和欧洲的潜在创始成员国。它们包括英国、意大利、西班牙、法国、新西兰、印度、巴西、韩国、德国、澳大利亚和其他几个民主国家，在国家层面，它们对人权有着强有力的承诺。事实上，中国在亚投行有 26.06% 的投票权，它已经显示出中国想要主导亚投行的愿望。不过，完全民主成员国总共拥有 41.92% 的投票权，如果一致行动，可以对有害的决定进行检验。正如自由之家报告所指出的：评估大国、发展民主国家，如印度和印度尼西亚（拥有很大的投票权），已经开始做出更大的努力来促进地区民主改革。它们可以而且应该团结一致，制定新银行政策，鼓励经济增长和良好的治理。

◇◇二　英国智库：老牌殖民者眼里的亚投行

英国智库发布的关于亚投行的报告有一个突出的特点：那就是作为亚投行的创始成员国，它似乎并不关心自己在亚投行的利益构成和利益取向，而是十分热衷于研究亚投行与气候变化融资政策、大国竞争模式、印度的外交取向，以及非洲国家领导人家乡受援等的关系。

1. 环境与发展研究所

环境与发展研究所认为，亚投行应该在应对气候变化问题上提供资金支持。在其《新兴开发银行是气候变化治理政策的推动者还是阻碍者？》[1] 报告中认为，"新兴开发银行既有可能帮助应对气候变化，也有

---

① 作者：艾德里安·芬顿（Adrian Fenton），发展规划及研究方法硕士。曾任国际环境与发展研究所顾问，目前是利兹大学可持续发展研究所研究员、国际气候变化与发展研究中心（ICCCAD）客座教授。来源：国际环境与发展研究所（英国智库），2015 年 7 月 6 日。

可能阻碍这一努力。由于发展融资受到亚的斯亚贝巴融资发展大会的审查，现在是时候考虑气候变化了。发展融资的协调将会是第三次国际发展融资会议上的重要议题，这次会议于本月末在埃塞俄比亚召开。这些会议曾经主要由诸如世界银行等机构主导，但现在随着新金融机构的兴起（许多都是由发展中国家创办的），这种格局也经历了翻天覆地的变化。这些新兴金融机构包括金砖国家开发银行和亚洲基础设施投资银行（AIIB），它们的资本存储量有望分别高达 2000 亿美元和 1000 多亿美元。它们会对未来全球经济产生显著影响，随之也会对全球气候产生影响。因此，这些银行以及其他开发银行在进行投资决策时，有必要充分考虑气候变化因素"。

报告认为，"联合国气候变化框架公约（UNFCCC）曾设定低于2℃的升温目标，由于实现这一目标的概率很低，因此气候问题迫在眉睫。最近机构专家对话（成立的目的是用于监测这一目标）的一份报告显示，全球为这一目标所做的努力还不够，应当采取及时果断行动，包括大力促进可持续发展，以实现预期目标。因此，这些旨在促进全球经济发展的开发银行就有必要促进全球向低碳经济的转型。根据全球经济和气候委员会制定的《新气候经济报告》，协调一致的政策在这次转型中发挥着重要作用。投资决定中应考虑的一个重要方面就是这些开发银行所使用的环境保障措施，这些银行不得将资金投资于不具备碳捕获技术的煤矿，而且不应当忽略可行的可再生能源项目。如果没有合适的保护措施，那么这些银行所筹办的项目会对气候变化产生不利影响"。

作者指出："气候融资指的是在联合国气候变化框架公约（UNFC-CC）下，为广大发展中国家减缓及适应气候变化提供资金。目前，在气候融资中出现了一个明显缺口，绿色气候基金 2014 年实现资本化，然而，在未来四年内，只有 100 亿美元的资金。据多次预计，这些资金再加上其他气候融资，在应对气候变化方面还远远不够。很显然，气候融资的水平需要继续提升，这不仅仅包括应寻求更多资金，也应该使现有资金的开发流动适应气候变化目标，使这些开发银行参与到应对气候变化中很可能会产生更多的影响。最终，气候融资的缺乏加大了对开发融资的需求，同时，有限的开发融资会需要更多的气候融资，因此这些融资真正需要的是目标一致。"

2. 英国国际战略研究所

英国国际战略研究所以亚投行为视角，审慎地分析了中国提升影响力的途径、亚洲基础设施投资银行的意义、大国之间的合作与竞争模式等问题。在其《大国竞争新模式》[①] 报告中认为："坦白讲，大国之间的竞争不可避免，问题是竞争将以什么样的形式进行。竞争的其中一种模式是大国利用一系列的国际规则和规范来加强它们的影响力，而且我们可以看到，中国是如何通过'2+7'合作框架（与欧盟联合成立）、'一带一路'以及'海上丝绸之路'倡议积极地与其他国家深化合作，并在亚洲各国广交朋友。中国的主要项目之一是亚洲基础设施投资银行（AIIB），显然，AIIB 将会提升中国在世界的影响力，而且它也会满足本国基础设施发展的现实而紧迫的需求。这是中国与其他 AIIB 成员国积极参与国际秩序的途径，这与美国和欧洲主导国际货币基金组织（IMF）和世界银行，以及日本主导亚洲开发银行的模式类似。AIIB 是

---

① 作者：李显龙（Lee Hsien Loong），新加坡现任总理（第三任），政治家，是新加坡第一任总理李光耀的长子。来源：英国国际战略研究所（英国智库），2015 年 5 月 29 日。

合理的，而且极具建设性，这就是为什么新加坡很早就对 AIIB 给予支持，以及为什么许多国家都对此表示欢迎并成为创始成员国的原因。这其中不仅包括亚洲国家，而且还包括英国、法国、德国、意大利和澳大利亚等其他国家。同样，美国正在实施'亚洲再平衡'战略以参与亚洲事务，而且美国提出了一个重大举措——跨太平洋伙伴关系协定（TPP）。作为一个亚洲国家以及 TPP 和 AIIB 的参与者，新加坡希望中国最终加入 TPP，而美国和日本加入 AIIB，这是一种合作模式。如果采取竞争模式，那么双方就很难实现双赢，并取得愉快的结果。以东海和南海的海域和领土争端为例，近年来这些争端日益加剧，平日里经常有船只和飞机的嗡嗡声在钓鱼岛周围响起。日本没有加入亚投行，但是最近它宣布为亚洲的基础设施发展提供 1100 亿美元的经济援助。大多数东南亚国家希望日本扮演一个积极的角色，但是它们不愿意卷入中日之争，而且希望中日可以解决历史上的战争问题。此外，印度是一个新兴的亚洲大国，所以它应该开放其经济，鼓励对外贸易和投资，并积极参与区域合作。莫迪政府已经为印度设立了一个新基调，而且印度期待与我们的深化合作。"

英国国际战略研究所对印度在亚投行中的地位和作用进行了研究，并认为莫迪的政策已经产生了积极的效果。在《亚太冲突并非不可避免》[①] 报告中，作者认为"印度对亚洲基础设施投资银行没有任何保留，因为亚投行明显是为发展中国家的项目提供资金的一种渠道。印度是位列中国之后的亚投行第二大股东。尽管印度不适合像中国那样制定吸引人的策略，但是印度的'周边优先'政策——主要集中在其周边

---

① 作者：威廉·钟（William Choong），澳大利亚国立大学中美威慑力研究博士，现任英国国际战略研究所香格里拉对话亚太安全高级研究员。研究领域包括亚洲国防、外交和美国的亚洲政策。来源：英国国际战略研究所（英国智库），2015年 7 月 22 日。

地区——已经收到效果。基于更宏大的连通性、更强大的合作以及更广泛的接触这一核心主题，印度已经解决了与孟加拉国存在的土地边界问题，而且为震后的尼泊尔做出巨大贡献，并继续与不丹建立良好的关系。在东盟，由于印度不断寻求与缅甸发展更好的互联互通机制，所以缅甸仍然是印度'向东看/向东行动'政策的门户。印度国内存在一种强烈、持续的认同感，即东盟在印度的全球化进程中发挥至关重要的作用。东盟主导的东亚峰会对印度来说非常重要，而且东盟在过去的25年中对新德里的外交政策有极大的影响。美印双方正在寻求投资流动、技能发展、健康和教育领域的深化合作，而且两国的协作防御、反恐、国土安全和情报共享已经达到一个'新高度'"。

3. 国际发展中心

国际发展中心通过微观实证研究，对中国的对非援助政策进行了分析，提出了一个很有意思的结论："中国的援助主要偏向于非洲领导人的家乡"，并质疑亚投行今后投资方向的公正性。在其《非洲领导人正在滥用中国的开发资金吗?》[①] 报告中认为："非洲领导人似乎很重视来自中国的援助，因为北京方面对非洲事务严格遵守'不干涉政策'，并尊重受援国管理它们自身发展政策的自主权。正如乌干达总统穆塞韦尼的解释，西方统治集团很自负，只为自己着想，而忽略我们的实际情况，中国则能设身处地地为别人着想。同样，来自南苏丹的一位官员称，美国和其他西方国家经常告诉我们需要什么，而中国则会倾听我们

---

① 作者：阿克苏·德雷尔（Axel Dreher），海德堡大学国际经济和发展政策的学科教授。研究领域包括发展经济学、全球化和政治经济。安德烈亚斯·富克斯（Andreas Fuchs），法兰克福大学及巴黎第九大学硕士，曾是贝塔斯曼基金会、欧洲委员会顾问。研究领域包括国际政治学、发展经济学、国际贸易和中国的政治经济。来源：国际发展中心（英国智库），2015年8月18日。

的想法。在一份名叫《援助需求：非洲领导人和中国对外援助的地理位置》的新文件中，我们研究了'丛林中的学校'究竟是一种巧合还是更广泛格局的代表。具体而言，我们调查了对非洲地区的外援是否合理及不合理的程度。我们认为，相比西方捐助者，中国的援助给予受援国更多的考虑空间。这种'援助需求'会促使受援国根据自身或政治需求为开发项目选址。为了了解中国对非洲特定国家的援助，我们根据地理特征对中国官方公布的对非援助数据进行了分类整理。产生的数据集由 1898 个省级编码的项目位置以及 1575 个县级编码的项目位置组成。中国在整个非洲大陆表现得非常活跃，而且中国在非洲各国的表现又各有不同。我们的实证结果表明，中国的援助主要偏向于非洲领导人的家乡，我们有充足的证据表明，在某位非洲领导人在职时，其出生地接受中国财政援助的可能性非常大。鼓励援助需求的实用方法之一就是提高透明度。事实上，随着中国在新的金融机构中，如亚洲基础设施投资银行以及金砖国家的新开发银行，扩展自己的双边援助项目并承担领导地位后，中国的援助需求的做法在未来几年会变得更为重要。"

◇◇三　加拿大智库：亚投行是中国实现民族复兴的组成部分

加拿大智库普遍认为，在中国实现民族复兴的进程中，亚投行是重要的代表政策之一，并构成了中国寻求复兴的整体路径。有的智库指出，亚投行的建立将有效地在中国西部周边国家构架起坚实的战略支撑，有效地改变中国过分依赖东部的现状，从而实现东西两个方向的战略主动。

1. 加拿大防御和国际事务研究所

加拿大防御和国际事务研究所认为，"亚投行是中国实现民族复兴的组成部分"。在其《亚投行——对美国经济挑战的开始》① 报告中指出："中国政府于 2015 年 6 月 29 日在北京正式推出由中国领导的亚洲基础设施投资银行，这被视为中国世纪的开始。联合国安全理事会五个常任理事国中有四个成员国加入亚投行，经济合作与发展组织（OECD）的 34 个成员国中有 18 个成员国加入亚投行，而且东盟的成员国已全部加入亚投行。此外，六个海湾合作委员会国家中有五个国家已经加入亚投行，南亚八国中有六个国家也加入其中。由中国领导的亚投行赢得了欧洲主要经济体的支持（尽管美国曾反对其加入亚投行），这使美国在世界上的主导地位遭到沉重打击，从而也提高了中国在国际经济舞台上的地位。"

报告分析说，"从本质上来说，中国、印度、俄罗斯和德国是亚投行的四大股东。亚投行的初始资本为 500 亿美元，后来提高到 1000 亿美元。由于中国在亚投行拥有 26.06% 的投票权，在亚投行的运营中，中国可以根据自己的意愿操控该银行。但是已经签署并加入亚投行的其他国家将会监督中国。据报道，印度将成为亚投行的第二大股东。自 2010 年以来，由于美国国会未能通过国际货币基金组织改革协议，因此其改革停滞不前。而中国对现有的金融秩序也无能为力。到 2050 年，在国内生产总值（购买力平价）方面，亚洲有 11 个国家将会排在世界的前 25 名。亚洲急需基础设施的投资。2010 年的一份报告显示，

---

① 作者：萨贾德·阿什拉夫（Sajjad Ashraf），新加坡国立大学李光耀公共政策学院副教授。1973—2008 年，曾担任巴基斯坦市对外服务成员。来源：加拿大防御和国际事务研究所（加拿大智库），2015 年 7 月 14 日。

亚洲开发银行（ADB）预计亚洲在未来十年将需要8万亿美元用于基础设施建设。世界银行（WB）和亚洲开发银行（ADB）既没有能力，同时也没有打算来满足这一需求。在亚洲，中国4万亿美元的外汇储备以及其政治体系将会派上用场"。"美国反对其盟友加入亚投行，并公开指责它们所做的决定，但是这并没有取得成功。在此之后，美国和日本进一步寻求其在亚洲的影响力。许多国家蜂拥而至加入亚投行，这远比专家们预测的要多得多。中国成功赢得其他国家对亚投行的支持，这使美国在国际金融体系中的领导地位受到威胁。当澳大利亚成为第一个签署亚投行协议的国家时，美国前财政部长拉里·萨默斯说：'美国失去了其作为全球经济体系担保人的地位。'而且，澳大利亚出资7亿美元，使其成为亚投行的第五大股东"。

报告认为："亚投行是中国实现民族复兴的一部分。由华盛顿领导的世界银行和国际货币基金组织在全球经济平衡中将不再发挥主导作用。在维护世界经济平衡中，中国现在有能力并且愿意贡献自己的力量。亚投行被视为世界银行和亚洲开发银行的竞争对手。亚投行是中国进行的第一次大胆尝试，中国将在世界各国的发展中承担更多的责任。金立群说：'亚投行是银行，而不是政治组织或政治联盟'。

"和中国一样，印度也认为布雷顿森林体系是不公平的。所以印度成为第一个接受亚投行的国家，这一点也不奇怪。然而，由于中印存在边界纠纷问题，并且中印争夺在印度洋的影响力，所以怀疑论者在质疑印度是否真的希望美国的主导地位被中国所取代。因此，在亚投行中，中国与印度如何相互配合、相互联系，将影响亚投行的发展。印度破旧不堪的基础设施是其经济增长的最大障碍。莫迪的'印度制造'很大程度上依赖于中国的道路、港口、机场和电力供应。为了使其经济得到发展，印度需要依靠像亚投行这样的机构，而不管它是否存在潜在的强权政治。由于印度是第五大煤炭储备国，所以印度计划建立燃煤发电厂。然而，此计划并没有成功，因为自2013年以来，美国和世界银行严格限制投资燃煤发电厂。总而言之，印度需要外界的帮助来填补基础设施融资缺口，而加入亚投行正好可以解决这一问题。印度加入亚投行，使中国可以和印度共事，而且这也促进了中印两国友好关系的发展。同时这也表明印度和中国准备共同为亚洲大陆的发展而努力。虽然印度可能没有积极回应中国的'一带一路'倡议，但是，通过加入亚投行，印度成为中国的合作伙伴。中国在缅甸、斯里兰卡和巴基斯坦建设港口，可能是为了通过港口建设，寻求其在印度洋的军事存在，这使印度对中国的意图持谨慎态度。不管是印度还是中国，这对它们来说都是一个挑战。它们都属于亚洲，并且两国的利益是一致的，而且两国在追求自身利益方面可以进行合作。此外，在某种程度上来说，两国应该给彼此留有一定的空间，毕竟，军事准备或扩张所付出的代价肯定要比让步付出的代价大得多。"

2. 加拿大亚太地区基金会

加拿大亚太地区基金会认为亚投行将有助于中国在中亚、南亚地区构建战略支撑。在《中国西部边疆的重要战略价值》[1]报告中，作者认为："随着中国在现代全球经济中日趋成熟，其处理全球外交的做法也在不断完善，因为它想要为自己在国际秩序中争取更为重要的地位。据称，中华人民共和国伟大的新地缘政治聚焦于西部边界——瞄准新疆和西部地区、中亚及南亚的经济潜力。新疆是中国西北部的自治区。它是中国最重要的天然气生产地之一，也是进入中亚和南亚的重要枢纽。新疆在中国的国家规划中发挥着越来越重要的作用。2015年初，中巴经

---

[1] 作者：伊冯·刘（Yvonne Lau），卡尔加里大学政治学学士。来源：加拿大亚太地区基金会（加拿大智库），2015年8月18日。

济走廊（CPEC）计划成为头条新闻。该计划价值 460 亿美元。这条走廊将新疆喀什与巴基斯坦瓜达尔港连接起来，中国将向沿线国家的能源和基础设施进行大量投资。中巴经济走廊带给中国的好处是多方面的。比如，它会提供另一种贸易路线，这不同于美国控制的马六甲海峡。

"中国在南亚的影响力不仅限于中巴经济走廊和巴基斯坦，它在阿富汗调停进程中也扮演了重要角色。2015 年 5 月，中国组织了塔利班和阿富汗政府之间的对话。这体现了中国的经济影响力和日益增强的软实力。通过投资巴基斯坦和推动阿富汗和谈，中国旨在促使巴基斯坦总理纳瓦兹·谢里夫（Nawaz Sharif）和阿富汗总统阿什拉夫·加尼（Ashraf Ghani）在其境内阻止宗教激进主义。反过来，中国国家主席习近平希望这将有助于宗教激进主义学说和人员流向中国的西部地区。2013 年，中国石油天然气集团公司（CNPC）从哈萨克斯坦国有石油公司 KazMunai Gas 购买了世界上最昂贵的能源项目 8.33% 的股份，中国将提供 30 亿美元贷款，供哈萨克斯坦国有石油公司完成卡沙甘油田的二期开发。中国新推出的亚洲基础设施投资银行吸引了四个中亚国家（哈萨克斯坦、吉尔吉斯斯坦、塔吉克斯坦和乌兹别克斯坦）成为其创始成员，这进一步说明中国在中亚的影响力有所提升。"

◇◇四　俄罗斯智库：亚投行的崛起为打破布雷顿森林体系在发展金融领域的垄断提供了机会

俄罗斯对由美国主导的布雷顿森林体系持严重不满态度。亚投行的出现，被其视为改变或打破旧体制的一个重要契机，并认为亚投行的运作为建立公平公正的国际经济秩序奠定了现实基础。

1. 俄罗斯国际事务理事会

俄罗斯国际事务理事会在《亚投行的推出为发展金融领域的供应竞争奠定了基础》[①] 报告中认为，"2015 年 6 月 29 日在北京举行的签字仪式上，亚洲基础设施投资银行（AIIB，以下简称亚投行）正式启动。欧洲主要大国（包括英国、德国和法国）于 2015 年 3 月宣布它们决定加入亚投行时，亚投行首次在国际上获得举目关注。1966 年 12 月，亚洲开发银行（ADB）在马尼拉成立。如今俄罗斯和印度以及 50 多个其他创始成员国也加入了中国建立的第一个多边亚洲金融机构。因为迄今为止，亚洲地区缺乏整合的机制，所以亚投行的主要目标是缩小亚洲地区在基础设施融资方面的差距，促进整个地区的经济合作。相反的是，美国和日本的分析家，对中国不断增长的经济影响力十分警觉，已经发出警告称，亚投行会成为'中国支配的银行'。他们如此断言不仅因为亚投行的总部设在北京，由中国政府来管理监督，而且亚投行还对多边银行的良好治理做出'可疑'的承诺，亚投行将很快变成一个中国的杠杆，可以对抗西方势力在该地区的影响，以及追求自己的经济议程。实际上，亚洲地区正面临基础设施资金严重不足的问题，亚洲开发银行研究院预测，亚洲对基础设施资金的需求每年将超过 7000 亿美元。但那些对亚投行持谨慎态度的国家坚持认为，主要通过从现有的多边机构增加财政收入和促进其他公私合作模式（PPPs）不足以解决资金短缺的问题。虽然这些说法似乎是合理的，但是他们并没有考虑到更广泛的

---

① 作者：小林（Kazushige Kobayashi），财团法人本庄国际奖学财团博士学者，日内瓦国际关系及发展高等学院学者，RIAC 专家。曼努埃尔（Manuel A. J. Teehankee），日内瓦国际关系及发展高等学院，贸易和经济一体化中心研究员，前菲律宾驻日内瓦世贸组织大使。来源：俄罗斯国际事务理事会（俄罗斯智库），2015 年 7 月 14 日。

发展趋势将势在必行。首先，所谓的'中国控制风险'应该同其他'西方主导的'银行目前所做出实践活动相比较再做出判断。其次，这种消极评价没有考虑到国际竞争动态，亚投行的崛起将受到布雷顿森林政策制定者和亚投行管理者自身行为的限制。再次，对亚投行当前的争论主要围绕着债权人和其他现有的多边开发银行的角度进行的。争论的结果就是，此争论缺乏借款人的观点，也对增加基础设施投资将刺激亚投行对经济增长和扶贫的潜在影响这一观点没有给予太多关注"。

报告指出："打破垄断已经成为现代经济政策的焦点。事实上，通过竞争机制可以促进自由的市场经济和民主治理功能。然而，矛盾的是，当前的全球发展金融管理系统——主要由布雷顿森林体系和其他地区性银行负责——已经获得垄断地位。我们的论点不是这些机构是由掠夺性的贷款机构负责，这些贷款机构的唯一目的是在发展中国家发展下属机构；相反，我们认为当前系统缺乏确保向受益人提供更多选择的竞争机制。从这个意义上讲，亚投行的崛起为打破布雷顿森林体系在发展金融领域的垄断提供了一个机会，并在亚洲地区和其他地区形成一个更加公平和多元化的国际秩序。如果你想知道中国是否将在亚投行的管理方面拥有压倒性的影响，答案是肯定的。但是现在有一个更为恰当的且应该被考虑的问题是：与美国、欧洲和日本在布雷顿森林体系中的力量相比，中国在亚投行的地位是否会空前强大。事实上，新兴经济体如中国、俄罗斯和印度等经过多年的游说活动，现有的多边银行最终都要经历一个调整其投票权的漫长过程。中国会在新银行中占有一席之地并拥有更大话语权，但是这并不是独特的或是前所未有的。也许有人会说，因为亚投行的总部将设在北京，所以中国对银行的决策过程的影响将非常大。但是，如果我们还记得，世界银行距离美国财政部只有300米，且距离美国的首都白宫也仅800米，那么以上说法就被夸大了。同样有人可能会说，亚投行将指派一名中国官员作为其管理者，这说明中国会通过执行管理职位来达到自己的目的。但是这种做法可能是中国从美国学来的：自 1946 年以来，世界银行一直由 12 个总裁管理，且这 12 个人都是美国公民。世界银行的第一任总裁尤金·迈尔（Eugene Meyer）是美联储的主席，第五任总裁罗伯特·麦克纳马拉（Robert McNamara）曾是美国国防副部长，第十任总裁保罗·沃尔福威茨（Paul Wolfowitz）曾是美国国防部副部长，第十一任总裁罗伯特·佐利克（Robert Zoellick）曾是美国副国务卿。因此最终的考验是，新银行的高管，如世界银行的最高执行者，是否可以以其高水平的专业性来履行其职责，以及他们是否可以如期向受益人提供经济利益。"

报告指出："亚投行的崛起可能会相对削弱现有的多边银行的影响，更多的竞争意味着受益国家会有更多的选择。2015 年 5 月，亚投行的潜在创始成员国参加了新加坡会议，会议宣布了亚投行的协议草案，计划将 1000 亿美元作为其最初法定资本。中国预计会认购最多的股权，俄罗斯和印度也将成为新银行的主要股东。在资金方面，新亚投行在现有的多边开发银行中排名第二，并已认购资本 1630 亿美元，在亚洲开发银行中排名第一。2015 年，亚洲开发银行对公共基础设施的贷款达 111 亿美元，约占总贷款分配的 80%，其他资金被分配到金融部门、公共部门的管理部门、教育部门、农业部门和自然资源部门。目前，亚洲地区基础设施的资金也来源于其他多边开发银行，如世界银行和国际货币基金组织等。尽管它们的结合股权只有 550 亿美元，但是它们依然能够获得超过 3000 亿美元的贷款和其他金融工具。现有的开发银行的综合实力不足以满足亚洲对基础设施投资的需求。亚洲地区每年对基础设施的投资资金超过 7000 亿美元，虽然亚投行的建立并不表示它可以消除资金缺口，但是肯定有助于填补一部分的资金短缺。"

　　报告分析说："亚投行在促进该地区金融领域的发展中将发挥更大的作用，其所发挥的三个作用如下：首先，担心中国在亚洲的影响力将会不受控制增长的发达国家，将加倍努力以确保其在该地区的经济存在。发达国家现在已经有给受益国家增加资金的可用性（和改善贷款条件）的早期迹象。例如，2015 年 4 月，来自世界 50 个国家将加入亚投行的消息被宣布后不久，亚洲开发银行宣布其将批准简化程序以使贷款国更快获得资金。亚洲开发银行还宣布，它将提高其总贷款额度并批准每年以贷款 200 亿美元为上限，其中的 160 亿美元将被分配到基础设施领域。2015 年 5 月，日本首相安倍也宣布，未来五年内，日本政府将继续投入 1100 亿美元，与亚洲开发银行合作，旨在提供高质量的基础设施项目。正如一位分析师所说的那样，这一举动是针对中国的新亚洲基础设施投资银行所提出的。亚洲地区发展金融领域的竞争将会刺激新的和现有的债权人扩大其资金基础并加速他们的批准程序，还推动'投资竞赛'。事实上，金砖国家新开发银行也将加入此次竞赛，这加速了其行动时间表，与此同时，亚投行也正在酝酿加速其资本计划。

　　"其次，国际信用评级和财务杠杆机制也会影响亚投行管理者。如上所述，实现高股本贷款的转化率将使亚投行通过利用其财务基础给出更多贷款。尽管如此，亚投行管理者需要注意的是，实施良好的管理政策以及从最佳的实践活动中学到经验是达到 3A 信用评级的先决条件。亚投行正在采取强有力的步骤以进一步实现全球发展金融领域的区域化，主要发达经济体对亚投行的加入十分重要，因为它增加了亚投行的整体公信力和合法性。欧洲大国的参与也能促进亚投行设立高贷款标准。这样，一个新的亚投行不会浮在管理的真空中。如果亚投行希望优化其长期影响，其管理者就需要遵循既定的信用评级框架和其他国际经济惯例。这就是为什么我们很少关注新银行的具有'中国优势'的载体。如果亚投行成为金融独裁者，其借贷能力（以股本贷款转化率的形式）将大幅下降，这样将会侵蚀它在该地区的经济影响。此外，如果受益国认为亚投行提供的条件不公平，那么它们会转向亚洲开发银行或其他多边开发银行寻求帮助。这是另一种健康的经济竞争的优点，如果中国要实现亚投行的潜力，就需要接受金融市场运行规则的约束，以及维护其长期在国际金融舞台上作为可靠的投资者的声誉。

"最后，增加对基础设施资金的投入，应以提高生活水平和亚洲地区的经济活力为导向。这是中国的区域一体化计划，俄罗斯主导的欧亚经济联盟也开始发挥越来越重要的作用。如果有适当的投资被投入机场、港口、铁路、发电厂和收费公路，那么中国仅'丝绸之路'倡议的贸易额就可达到2.5万亿美元。鉴于许多中亚国家将成为亚投行的成员国，欧亚发展银行和亚投行之间的一致性也将成为一个主要的话题。总体而言，增加对基础设施的投资不会使区域迅速繁荣；区域内连贯的整合机制是用于补充新的银行贷款计划。"

报告在结论中认为："在发展金融领域，到目前为止权力中心一直都是西方大国主导的布雷顿森林机构。促进一个可供选择的金融机构（如亚投行）的发展会促进发展金融领域的区域化，这增加了现有的和新的多边开发银行的竞争。这种竞争可以抑制主要债权人的垄断行为，并为受益国增加可用资金。我们对中国将占有主导地位的言论表示怀疑，如果中国希望利用其借贷能力，它就必须遵循竞争规则。如果新银行与其他发展机构合作，它可以为接受国带来更大的利益、更好的设计方案以促进经济可持续发展和更高的生活水平。即将到来的挑战包括建立富有成效的竞争规则，以及在更广泛的区域经济一体化的框架下定位区域基础设施和发展金融领域。"

2. 卡内基莫斯科中心

卡内基莫斯科中心在《美国应该如何使用自己的力量》① 报告中认为："美国面临的国际形势是拥挤的、混乱的和有竞争性的。美国在全球所获得的优势可能不会永远持续下去。然而，在这种优势即将消失的情况下，美国押注将极其不明智。所有国家的标准指标预测，在未来几十年，美国将继续保持其在全球的发展优势。美国将有一个真正的战略机遇，重塑 21 世纪的国际秩序，反映新的经济现状和动态；对抗区域霸权国家和应对非政府组织带来的安全威胁；更新机构的制度以维护全球公共资源和维持美国的利益和价值观。"

报告分析说："在这个支离破碎的世界中，有三个组织原则应用于指导美国力量：首先，美国权力有效预测：美国需要加强自身经济、政治和道德基础。今天的美国正在不断更新需要，我们面临严峻的经济挑战。当我们在努力动员国外的联盟时，我们似乎不能在国内动员他们。只要我们没有成功保护我们所有公民的民事权利，我们成为别国范例的想法就会失败。其次，我们需要继续重新平衡我们在世界各地区的优先事项和战略投资。我们也需要重新平衡我们的力量组合——坚持由势力支持的优先外交，反对由外交支持的势力，坚持对发展援助和自由贸易

---

① 作者：威廉·J. 伯恩斯（William J. Burns），拉萨尔大学历史学学士，英国牛津大学国际关系学硕士和博士。曾任美国副国务卿，现任卡内基国际和平基金会主席。2014 年从驻外事务处退休，结束其 33 年的外交生涯。1998—2001 年，曾任驻约旦大使；2001—2005 年，曾任负责近东事务的副国务卿；2005—2008 年，曾任驻俄罗斯大使。在驻外事务处担任的职务有：美国国务院的执行秘书，前国务卿沃伦·克里斯托弗和马德琳·奥尔布赖特的特别助理，在美国驻莫斯科大使馆负责政治事务的公使，美国国务院政策规划办公室的代理主任和副主任。他在布什内阁任职期间，对推动联合国安理会对伊朗实施新的制裁以及美印签署民用核协议方面发挥了作用。精通阿拉伯语、法语和俄语。来源：卡内基莫斯科中心（俄罗斯智库），2015 年 8 月 24 日。

进行长期性投资，以及采取短期惩罚措施，如制裁。这就是为什么跨太平洋伙伴关系协定（TPP）如此关键的原因；这就是为什么我们找到了一种与崛起的中国保持稳定的竞争和合作的关系，和 TPP 对区域和国际秩序如此关键的原因；也是为什么投资印度战略伙伴关系的原因；还是为什么通过一项新的贸易协议来重振跨大西洋关系的原因；这也是美国为什么与伊朗签订核协议的原因，这样可以防止和阻止伊朗发展核武器——所以我们必须确保其严格执行该协议，并将其嵌入一个更广泛的战略中，来保障我们在中东地区盟友的安全，并反击伊朗的威胁行为。这也正是为什么在全球能源市场上，积极关注西半球，并抓住其作为世界上新兴中心所带来的机会是如此重要。最后，美国力量应该寻求重塑国际机构的规则以适应新的现实。我们不能等待其他势力和其他事件来重塑国际体系。因为美国迄今未能适应形势改革国际货币基金组织，或积极参与亚洲基础设施投资银行，所以在未来几年，美国在与国际货币基金组织和亚投行相关的商业、气候和网络领域内，仍会遇到很多问题。"

3. 战略和科技分析中心

战略和科技分析中心在《奖励印度良好的核不扩散行为》[1] 报告中指出："2015 年 6 月，印度又申请加入核供应国集团（NSG）并参与导弹技术控制制度（MTCR）。印度还长期申请加入瓦森纳协定和澳大利亚集团。这四个制度在达成共识的基础上，提出出口建议，以防止大规模杀伤性武器（WMDs）的扩散。印度因其遵守制度的精神，以及对美国与印度民用核协议负责的核不扩散行为，理应获得核供应国集团成员的身份。"

---

① 作者：凯利·沃兹沃思（Kelly Wadsworth），战略与国际研究中心太平洋论坛客座研究员。来源：战略和科技分析中心（俄罗斯智库），2015 年 8 月 20 日。

　　报告认为："有三个理由支持印度成为核供应国集团的成员：首先，印度已遵守美国与印度民用核协议。这个于 2006 年被签订的协议要求印度将其民用和军用核设施分离，并将其民用设施置于国际原子能协会（IAEA）的保障措施之下。随后，印度于 2008 年获得核供应国集团的豁免权，此后被允许与核供应国集团的成员国进行有限的核业务往来。印度可以完全成为核供应国集团的成员并从中受益，这将提高其从事核业务的能力，并为其他三个制度做好准备。其次，印度希望成为加入这些协定的国家的范例，遵守协定就是奖励。近十年来，印度一直想成为这些协定中的会员，并在全球核秩序中不断努力，以使自己有获得这些协定成员身份的资格。印度在不断努力寻求成为正式成员，印度想参与书写这些核规则，而不是受其限制。印度也因此一直努力证明自己良好的核不扩散行为。印度在遵守这些协定条款的基础上，不偏袒任何一方，并承认核供应国集团和其他协定的合法性，印度将作为正在从事重要核业务的非成员国的范例，如巴基斯坦，表明长期坚持遵守这些制度的指导方针，将会得到不加区别的奖励。最后，成为核供应国集团的成员，将允许印度进口其所需的铀和反应堆技术。虽然印度已是世界上第四大能源消费国，但是 2014 年由麦肯锡发布的报告表明，其能源消耗将持续增长，印度将成为世界上最依赖进口的国家。印度的核电工业在以指数的方式发展，其目标是于 2050 年，通过核能提供 25% 的电力。甚至在奥巴马总统和总理莫迪同意让美国公司在印度本土建立核发电厂之后，美国的两大核发电公司——美国通用电气公司和西屋公司都在犹豫是否要在印度建厂投资，从而使印度正式成为核供应国集团的成员，将会使印度在提升其民用核能合作迈出另一步，这正是莫迪和奥巴马所想。一些国家认为印度不应该加入核供应国集团，因为其拒绝签署《核不扩散条约》（NPT）。中国在印度没有签署《核不扩散条约》的基础上反对印度，因为中国正与巴基斯坦进行核交易，巴基斯坦也不是

《核不扩散条约》的缔约国。有人推测，因为中国害怕印度在该地区的影响力会越来越大，所以其反对印度成为核供应国集团的成员，这也是中国基于自身利益所采取的措施。印度作为中国最大的贸易伙伴，中国有利用贸易参与印度核电行业的机会。中国和印度在若干倡议下，一直致力于加强双边合作，包括中国发起的亚洲基础设施投资银行（AI-IB），印度是其中一个创始成员国。

"其他人认为，成为出口控制组织的成员国应该是受限的，而不是扩大，即使准成员国符合规定，也在担心成为成员国时，对这些出口指导方针达成共识上会变得更加困难，特别是当该组织包括非西方国家在内时。但是多样性反而可以获得群体的青睐。尽管对出口指导方针可能很难达成共识，但是印度获得成员资格可以帮助改善这些制度的形象，从以西方为中心的制度变成为全球谋利益的制度。中国是核供应国集团中唯一不支持印度成为该制度成员的成员国，美国、英国、法国甚至是俄罗斯都支持印度的申请。印度对其他的制度的申请也获得拥有核和非核武器国家的支持。例如，瑞典（也是导弹技术控制制度的关键成员国之一）首相劳文最近在印度访问期间，表示其支持印度加入导弹技术控制制度，以及成为联合国安理会（UNSC）常任理事国。签署《核不扩散条约》被视为正在进行核业务的国家获得成为核供应国集团成员资格的第一步。印度拒绝批准《核不扩散条约》中的规定和规范，已使其在这些制度中失去只有成员国才可享有的信息分享、贸易特权和声望。虽然印度没有签署《核不扩散条约》，但是美国和其他国家已经与印度达成双边协议。正式加入这些协定，特别是核供应国集团，将推动印度的能源独立进程并加大核电投资。虽然印度不大可能签署《核不扩散条约》，但是印度的行为比仅仅在《核不扩散条约》上签字更加重要。让印度获得成为核供应国集团和其他出口控制组织成员的资格，可以有不同的方式，该方式将其引入核不扩散机制，并对其遵守制度的行为进行奖励。出口控制组织的成员国应该想出办法让印度加入，而不是排斥它。"

战略和科技分析中心在《中国在南海发出敌对信号》① 报告中认为，"中国在南海争端问题上的立场一直是矛盾的。其旨在扩大与沿线国家合作关系的宏伟计划——'一带一路'倡议，可能会因其在南海咄咄逼人的姿态而受损。2015 年 7 月 8 日，海牙国际法庭开始审议各国对南海的管辖权，以解决菲律宾和中国在南海海域因海洋资源开发而引起的争端问题。在南海领域，双方有重叠的海域。菲律宾辩称，法院是进行诉讼程序的正确地点。中国不承认海牙国际法院判定的管辖权，并声称争端问题是主权问题，不是资源开发问题。虽然中国口头承诺对早期的谈判做出结论，而且'早期收获'计划也已经被讨论过，但是进展仍然缓慢。谈判提醒了观察员们，2002—2012 年，其已经用了 10 年对行为准则规范协议发起运动，并开始着手于东盟和中国之间的行为准则谈判。令人担忧的是，在达成协议前，行为规范谈判可能要进行 10 年或更久。2014 年 11 月 13 日，第十七次东盟/中国峰会在缅甸内比都举行，与会国同意实施'早期收获'措施，包括采用对行为规范磋商第一次达成一致的措施，在搜索和救援机构之间建立热线平台，在处理海上突发事件的外交部之间建立电话热线，以及进行搜索和营救演习，以促进和增强该地区的信任和信心"。

"就南海争端问题重新制定的原则，已于 2002 年被纳入宣言中。中国对这些问题展开讨论，因此导致东盟一些国家产生担忧，中国对搜索和营救（SAR）的关注，实际上可能会促进中国控制南海，存在的差异本来是可以避免的。在峰会上，中国总理李克强主张'双轨制'的做

---

① 作者：巴里·达斯克（Barry Desker），新加坡南洋理工大学拉惹勒南国际研究学院东南亚政策教授及特聘研究员。来源：战略和科技分析中心（俄罗斯智库），2015 年 8 月 24 日。

法，东盟和中国通过落实《南海各方行为宣言》，并在《南海各方行为宣言》的基础上进行协商，共同努力维护南海的和平与稳定。与此同时，各国家也可以基于历史事实、国际法和《南海各方行为宣言》，来解决争端问题。'双轨制'在解决海上领土争端的问题中，可有效排除第三方仲裁或调解"。

报告认为："中国战略带来的其中一个后果就是，在南海问题上，增加东盟内部的离心倾向。就主权声索国而言，菲律宾和越南都对中国采取坚定的立场，并抵制中国在南海海域的实际控制。马来西亚和文莱都忽略中国海军、海岸警卫队和渔业保护船，在中国所声称的属于中国领土的海域中，日渐增加存在感（虽然马来西亚在最近几个月已经采取坚定的立场）。印度尼西亚已公开表示，与中国没有领土重叠，尽管普通中国民众在纳土纳群岛北部的海域出现。虽然新加坡不是主权声索国，并对领土重叠持中立态度，却大力推动建立一个有效解决这些争端问题的框架。柬埔寨一直支持中国淡化领土争端问题，当其在 2012 年 7 月 2 日举办东盟部长级会议时，就防止任何人提及南海争端问题，这导致在东盟历史上第一次发布公报的失败。在随后的东盟内部讨论中，柬埔寨在这一问题上采取积极的态度。泰国、老挝和缅甸将东盟努力解决这些争端问题视为一种干扰，这可能破坏在中国与东盟间建立共同利益的努力，特别是在经济合作与发展问题上。这些在东南亚大陆的国家，将有可能采用中国的方法来讨论未来有关南海领土争端问题。东盟在南海问题上的统一也因此而显得脆弱。当东盟成员国经协商在东盟内部做出决定时，泰国、老挝和缅甸强调以后东盟可能会面临风险，未来的部长级会议，甚至东盟首脑会议都可能成为最低共同标准的会议。尽管东盟内部的裂缝已暴露，但是中国的利益将被保护。这导致一些东盟国家对美国的态度发生转变，后者被视为唯一能平衡中国力量国家。在 2014 年 11 月举行的美国/东盟峰会上，美国总统奥巴马呼吁各方停止引起争端，无论被称为'暂停'还是'落实行为规范的第五段'，这种干预行为都被中国视为由地区国家决定实施的外部干扰行为。

"在东南亚地区，越南和菲律宾已经向美国靠拢。越南共产党总书记阮富仲于7月5—10日访问美国并会见总统奥巴马，这是一次突破性的访问。虽然越南与中国的贸易和经济联系也大幅增加，但是其与美国的政治和外交关系，已经从最初的、在越南战争后形成的互疑状态转变为新兴的合作伙伴关系。当越南参与跨太平洋伙伴关系协定（TPP）谈判，并支持美国在该地区发挥更大的作用时，这些发展尤为突出。同样，菲律宾已经转变其立场，从煽动美国军队于1992年从克拉克空军基地和苏比克湾海军基地撤退，到重新与美国恢复军事联系，包括签署一项长达十年的加强防御合作协议（EDCA），作为一个主要的非北约盟国，菲律宾强烈支持美国重新平衡其安全利益与'重返亚洲'计划。这些反应是一个提醒，中国试图扩大与东盟国家合作关系的雄心勃勃的计划，由于其在南海的行为而被破坏。

"2013年10月，中国国家主席习近平访问印度尼西亚期间，提出'21世纪海上丝绸之路'倡议，旨在与东盟发展海上伙伴关系。习近平正式提出中国决定设立亚洲基础设施投资银行的倡议，注册资本为1000亿美元。最终，50个创始成员国，包括美国盟友，如英国、德国、法国和意大利签署协议，于2015年6月加入该银行。日本跟随美国没有加入亚投行，表面上看是因为治理问题。习主席也推动港口建设、物流服务的发展以及对公路和铁路的建设进行共同投资，以增强港口与腹地的交通连通性，以及在环境问题中的技术和科学合作。这些提议反映出中国由基础设施驱动的经济发展模式，以及将为中国顶级的基础设施公司提供更多扩展的机会。习近平在雅加达提出的倡议，与印尼总统佐科·维多多提出的升级印度尼西亚的海上基础设施的计划相一致，并在该地区受到欢迎。当亚投行被视为有助于克服该地区基础设施融资缺口时，尽管美国积极反对亚投行，东盟国家仍大力支持中国的这一倡议。'一带一路'支持推动中国的'新丝绸之路'倡议，旨在连接中亚和欧洲；'海上丝绸之路'倡议，旨在连接中亚、中东和欧洲。这些倡议旨在促进贸易、创造投资机会和发展基础设施建设网络。2014年10月，在亚太经合组织领导人非正式会议上，习近平宣布中国将出资400亿美元成立'丝路基金'，将资金投资于基础设施和自然资源开发。这两个'丝路'倡议将大家的注意力集中到中国战略规划的连续性及反映新兴风险的变化上。中国历来将目光集中于中亚，这是威胁中国政权的路基来源。然而，今天西部的主要威胁在于'东突独'和'藏独'。这些威胁主要发生在国内，而且是可控的。"

报告认为，"随着中国的崛起，中国政策的制定者们承认，唯一能威胁中国利益的是美国，这个唯一的超级大国，以及其联盟的网络关系。自二战以来，虽然美国的经济能力早已巩固其超级大国的地位，但因其强大的海军和空军力量，美国已经在国外成功地发挥其军事力量。这导致中国向太平洋倾斜以重新平衡其战略措施。在未来的十年里，中国将加强空中和海上防御能力，并重点与'海上丝绸之路'沿岸的国家建立更紧密的经济和政治关系"。

战略和科技分析中心以《新布雷顿森林体系的必要性》[①] 为题发表的报告认为："以美国为首的和以中国为首的机构之间的互补性，要求美国国会批准2010年国际货币基金组织（IMF）的治理改革。鉴于这一举措不可能马上实施，我们需要开始思考构建一个新的布雷顿森林体系。现在美国和中国正处于对亚洲地区架构影响的三轮博弈。第二轮博

---

① 作者：普拉达纳·B. 拉纳（Pradumna B. Rana），特里布文大学经济数学专业学士和硕士，密歇根州立大学经济学硕士，美国范德比尔特大学经济哲学博士。拉惹勒南国际研究院、新加坡南洋理工大学国际政治经济项目副教授兼协调员。曾担任亚洲开发银行高级主管。长期研究经济领域的问题。来源：战略和科技分析中心（俄罗斯智库），2015年8月27日。

弈，曾进行数月，中国占得上风。一些国家如英国、韩国和澳大利亚与美国分道扬镳，来自世界各地的 57 个国家，包括德国、法国、伊朗、阿联酋和尼泊尔都申请成为亚洲基础设施投资银行的创始成员。到目前为止，日本已向美国表明，它仍有兴趣加入亚投行，这一机构是新'一带一路'倡议的重要计划。最初美国曾以该机构存在治理不善来尝试劝阻潜在的申请人。但是在 2015 年 4 月，当美国国务卿访问北京时，整件事发生了戏剧性的转折。尽管美国仍然担心亚投行的治理问题，但是在亚洲地区，新的和现有的机构要满足足够多的基础设施需求。美国将愿意通过现有的金融机构，如亚洲开发银行（ADB）和世界银行与亚投行展开合作。几天后，世界银行行长发誓要找到'创新'的方式来与亚投行展开合作，并欢迎亚投行在发展金融世界成为一个'新的、重要的大玩家'。在第二轮博弈中，中国取得胜利。

"在鲜为人知的第一轮博弈中，1997—1998 年亚洲发生金融危机之后，美国和以美国为首的国际货币基金组织否决亚洲建立亚洲货币基金组织（AMF）的提议，美国败于中国。在那时，国际货币基金组织的监督未能充分地识别在该地区资本账户自由化不平衡的状况，以及银行业缺点所带来的风险。因此，国际货币基金组织最初误诊亚洲金融危机，并制定不恰当的政策，加剧危机的影响，导致货币回落，煽动这一危机的蔓延，使该地区经济陷入严重衰退。这也就导致该地区的国家开始采取区域'自救'措施来使事态得到控制。虽然建立亚洲货币基金组织的计划中断，但是亚洲地区已建立一个价值 2400 亿美元的危机管理基金，被称为清迈倡议多边化（CMIM），东盟+3 宏观经济研究办公室是清迈倡议多边化的'独立监督机构'。亚洲货币基金组织的想法不会被遗忘，它会不时出现在大家的视野中。中美第三轮博弈目前正在国际贸易领域中进行。以美国为首的跨太平洋伙伴关系协定（TPP）锁定中国，而中国以南盟与中国为首的区域全面经济伙伴关系（RCEP）锁定美国。

"美国谈判代表于 2015 年 7 月在夏威夷会面，希望在 TPP 谈判中获得突破，因为美国总统已经被给予'快速通道'授权，可通过立法的方式为通过 TPP 铺平道路。然而在 TPP 获得大量舆论支持和媒体进行令人鼓舞的初步报道后，部长们结束了他们的谈判并发布一项联合声明，声明中仅仅提及 TPP 要进行进一步会谈。据报道称，会谈因一系列问题，包括汽车、乳制品和糖的出口，以及新一代药物保护而陷入僵局。因此，第三轮博弈中，双方势均力敌。这是因为，除非谈判人员能尽快达成协议，否则将无法于 2015 年使美国国会批准 TPP。到那时，美国的总统选举可能使美国无心应对贸易谈判，TPP 的批准可能要等到下一个总统任期。如果不能结束 TPP 谈判，这将是美国在亚洲的另一个主要挫折，因为它是奥巴马总统'将重心转向亚洲'的重要举措。虽然在一场棒球比赛中，'三振出局'意味着'失败'，但是这并不适用于全球和区域外交，它只意味美国在该地区的影响力将下降，中国和美国的博弈将在未来继续下去。以中国为首的亚洲机构也不会对运行良好的国际货币基金组织和世界银行构成威胁。然而，这些机构将使全球经济治理复杂化，而且可能会更复杂。

"如果国际货币基金组织和世界银行能够以一种互补和无缝的方式与以中国为首的机构合作，问题就可以得到解决。一个恰当例子就是在欧元区实行三驾马车的方法，设计救助方案；由欧央行、欧盟委员会和国际货币基金组织资助和监督。但这种做法不适用于亚洲。这是因为欧洲对国际货币基金组织和世界银行是特别的，但是亚洲除外。欧洲在国际货币基金组织和世界银行董事会的 24 个席位中占有 10 个席位，而亚洲在这方面却处于弱势地位。国际货币基金组织的常务董事一直由欧洲人担任。美国国会必须批准这一协议，以改革曾由韩国举行的二十国集团首脑会议上达成的国际货币基金组织的管理措施，给予中国和其他新兴国家更多的话语权。2014 年 12 月，国际货币基金组织常务董事克里斯蒂娜·拉加德（Christine Lagarde）宣布：'应成员国的要求，我们将继续讨论推进配额和治理改革的替代选项。'如果以美国为首的和以中国为首的机构不能以互补的方式采取联合决策和进行相互合作，那么在原始布雷顿森林体系创立 70 年后，我们需要构建一个新的布雷顿森林体系，从全球中真正'具有系统重要性的国家'中选出一组国家来领导这一体系。"

◇◇五 瑞士智库：亚投行是一个受欢迎的倡议

以世界经济论坛为代表的瑞士智库，就中国经济实力的增长进行研究后认为，亚投行的建立既是水到渠成的结果，又是对西方国家控制现存国际金融机构的改变；亚投行在发展过程中将面临诸多挑战；中国可能利用亚投行为"新丝绸之路"倡议融资。他们在报告中，还就中国如何应对和回答外界对亚投行的担忧提出了建议。

在《中国如何改变全球治理》[①] 报告中，作者认为"中国已经成为世界上最大的出口商、制造商和国际储备资产所有者，今年中国一直在努力取代美国从而成为世界上最大的经济体（根据购买力平价计算）。现在中国正在运用其不断增长的影响力来改变全球的经济治理。中国和另外 20 个亚洲国家签署了建立一个新的多边发展银行——亚洲基础设施投资银行（AIIB）的谅解备忘录。由中国提出并主导建立的亚投行

---

① 作者：李正华（Lee Jong-Wha），韩国大学经济学学士和硕士，哈佛大学经济学硕士和博士。曾经担任亚洲开发银行区域经济一体化办公室首席经济学家和主任，是韩国前总统李明博的国际经济事务高级顾问；目前担任韩国大学经济学教授。研究领域包括经济一体化、经济危机和经济增长。来源：世界经济论坛（瑞士智库），2014 年 11 月 12 日。

被认为是第一个对世界银行和亚洲开发银行形成极大挑战的机构"。

报告继续分析说："考虑到对现存国际机构及其管理结构的广泛讨论——尤其是中国在这些机构中过小的影响力，这一转变并不令人惊奇。中国分别占到了国际货币基金组织和亚洲开发银行3.8%和5.5%的投票份额，美国分别占到了16.8%和12.8%的份额，日本则是6.2%和12.8%。另外，这些发达经济体一直坚持它们在这些机构中的领导权。自从二战后国际货币基金组织和世界银行建立以来，欧洲人一直主导着前者而美国人则控制着后者。同样，自从亚洲开发银行于1996年建立以来，一直是由日本人担任该行行长。与此同时，像中国这样的新兴经济体在提高其自身在这些机构中的资金贡献和地位的过程中遇到了极大的阻碍，并且对改革这种模式的广泛讨论也面临长期的拖延。例如，二十国集团领导人在2010年同意的国际货币基金组织份额和治理的改革至今仍未实施。遇到挫折的中国最终决心建立亚投行，在该组织中其将成为最大的股东，并拥有达50%的股份。不仅该行的第一任行长是中国人出任，并且该行的总部也将落户北京。中国可以利用其在亚投行的影响力增强其国际形象，尤其是加强其与发展中国家的关系。例如，很多亚洲发展中国家极度缺乏基础设施投资来促进它们经济的长期发展，因此，亚投行不仅可以为发展中国家提供更多的资源，而且比起现存的机构，它也具有更少的官僚障碍和更多的灵活性的优势，从而更加适合这些国家的需求。亚投行将会成为中国迅速发展的双边融资体系的补充，并且这一多边机构的成立将有助于确保该体系更好的治理和更高的运营标准。"

报告在结论中认为："很明确的一点是，中国已经做出努力来解决这些潜在问题，并反复强调亚投行是现存多边机构的补充，而不是它们的竞争对手。亚投行建立之后，中国国家主席习近平宣布'其将遵循多边法律和程序'并且应该从'现存多边发展机构的良好做法和有用经验'中学习。中国必须积极地承诺公平和有效的治理，以此来支持这些声明。确切地说，中国应该考虑降低其自身的投票权，引入行长轮换机制，并且将成员国资格扩展到亚洲发达国家。亚投行是一个受欢迎的倡议，但是考虑到中国与其区域邻国、美国之间深深的不信任和各种冲突，尤其是在安全、环境和人权方面，亚投行的成功很难得到保障。要确保亚投行实现其潜能，取决于中国做出聪明的抉择。而这也标志着，中国影响全球治理方式的进程已经开始。"

◇◇六　澳大利亚智库：中国十分渴望在全球扮演低调的外交家角色

在中美战略分歧扩大的情况下，澳大利亚的外交政策应该如何实现转圜？这个问题是近来澳大利亚智库比较关注的话题。因此，围绕亚投行问题，澳大利亚各智库进行了多层次、多角度的探究。

1. 独立研究中心

独立研究中心在《澳大利亚必须在中美之间做出选择》[①] 报告中认为："澳大利亚需要同时保持与中国和美国的重要外交关系一直是国内两党的共识。历届联合和劳动政府坚称，澳大利亚并不需要在美国和中国之间做出选择。陆克文（Kevin Rudd）、朱莉娅·吉拉德（Julia Gil-

---

① 作者：本杰明·赫斯科维奇（Benjamin Herscovitch），新南威尔士大学哲学学士、悉尼大学哲学博士，现任独立研究中心的政策分析员，是澳大利亚智库的重要人物。曾经任职于澳大利亚外交贸易部，主要负责巴基斯坦的公共外交项目。研究领域包括中澳关系、国际发展、亚洲文学、社会流动与多元文化。来源：独立研究中心（澳大利亚智库），2015 年 7 月 16 日。

lard）和托尼·阿博特（Tony Abbott）都与澳大利亚过去的领导人约翰·霍华德（John Howard）持有相同的观点：中国和美国之间不会有自发的冲突，任何对澳大利亚需要在两者之间进行选择的建议都是荒谬的，并且这不利于澳大利亚的长远利益。然而，随着与澳大利亚有利害关系的外交政策问题变得越来越多，这些共识正在逐渐瓦解，澳大利亚似乎无法避免在中国和美国之间的选择。

"2015 年早些时候，尽管美国表达了明确的反对态度，澳大利亚仍选择加入了中国主导的亚洲基础设施投资银行（AIIB，以下简称亚投行）。当然，澳大利亚与美国之间的深厚友谊并不会因两国在亚投行问题上的相异态度而有所改变。但美国总统奥巴马和国务卿约翰·克里（John Kerry）在澳大利亚的外交游说没有起到作用，这令人感到尴尬。他们希望澳大利亚不要加入亚投行，但堪培拉方面却决定选择中国，而不是美国。与此同时，在东海和南海问题上，澳大利亚却是美国最坚定的支持者之一。今年 5 月，美国空军飞越中国建造和控制的南海人工岛屿的领空。澳大利亚国防部部长凯文·安德鲁斯（Kevin Andrews）宣称澳大利亚认为，确保'自由无阻地'通过南海符合各国的最佳利益。在东海和南海问题上，澳大利亚支持美国的态度。

"澳大利亚与中国和美国都有着密切的经济联系，而其国家安全也与这两国联系紧密，在这种情况下，不在两者之间进行选择是明智的决定。然而，华盛顿和北京方面的强硬态度预示着澳大利亚将不得不面临更多艰难抉择。美国最新的《国家军事战略》包括一份国家清单，华盛顿方面认为这些国家试图修改国际秩序的关键部分，并以威胁美国国家安全利益的方式行事。战略上日益自信的中国将美国视为一个专横的霸权国家，意图干涉中国内政、阻挠中国的崛起。最近中国官方媒体机构的评论文章中写道，美国自称全球和平卫士，实际上是为了在南海问题上制造麻烦并诋毁中国。中美之间不会出现全面战争的噩梦，澳大利亚不需要完全支持两国中的一国。然而，中美战略分歧的扩大使澳大利亚必须以牺牲一方利益支持另一方的可能性增加了。长久以来，澳大利亚政坛也同样困惑于其外交愿望与现实困境之间的差距，希望澳大利亚总能同时深化与中国和美国的关系是徒劳的，澳大利亚政府现在必须解决的困难任务是确定明确和精准的国家利益，以判断出何时支持美国、何时追随中国。"

2. 国际事务澳大利亚研究所

国际事务澳大利亚研究所认为，印度尼西亚如果不改革其行政体制，将很难从亚投行获益。《印度尼西亚正式加入亚投行》① 报告中认为："印度尼西亚希望获得支持基础设施发展计划的资金，但在没有进行更多的官僚体制改革之前，它不太可能从中国主导的亚投行中完全获益。2015 年 6 月 29 日，亚洲基础设施投资银行 50 个创始成员国的政府官员代表签署了相关协议。相关协议的内容是由成员国于 2015 年 5 月在新加坡举行的会议上敲定的，亚投行预计将于 2015 年底建成。印度尼西亚于 2014 年 11 月表达了加入亚投行的兴趣，现已承诺在未来五年内出资 6.721 亿美元，这将使印度尼西亚成为该组织的第八大股东。股东投资的水平取决于该国经济规模（国内生产总值和购买力平价）的大小。作为亚投行的第八大股东，印度尼西亚将获得相应的投票权份额。印度尼西亚财政部希望亚投行能够帮助其克服在基础设施建设融资中存在的问题。印度尼西亚 2015 年在基础设施项目上的预算达到了创

① 作者：莫文·皮耶斯（Mervyn Piesse），澳大利亚科廷科技大学国际关系学学士，西澳大利亚大学国际关系学硕士，现任澳大利亚知名智库"未来国际方向"印度洋研究项目研究分析师。研究领域包括文化艺术、儿童、公民权利、社会行为、教育、健康、人权以及政治等问题。来源：国际事务澳大利亚研究所（澳大利亚智库），2015 年 7 月 3 日。

纪录的 220 亿美元。为了向私人投资者证明政府在认真对待这些项目，另有专门 30 亿美元的投资预算是针对国有企业参与基础设施建设的。印度尼西亚总统佐科·维多多认为国家为了改善其基础设施建设而进行的年均投资应在 800 亿美元左右，而 2015 年的预算仍然远低于这一数字。同时，过去政府实际开支也远低于计划开支。据《雅加达环球报》报道，2015 年前六个月，印度尼西亚在基础设施建设上只投入了 17 亿美元。由于官僚主义的繁文缛节，基础设施项目进展缓慢。因此，如果印度尼西亚不进行进一步的官僚体制改革，将很难从亚投行中完全获益，尤其是在其他东南亚的发展中国家都将竞争吸引亚投行资金的情况下。

"投资者已开始意识到政府在进一步发展其基础设施建设计划上的问题。印尼建筑公司 Karyas 在雅加达证券交易所上市，并进行了许多有关佐科威（佐科·维多多）基础设施计划的商业项目，这使其在过去一年，股票不断升值。然而最近几周，这些股票的价值已经下降，因为投资者越来越怀疑印尼政府吸引基础设施建设资金的能力。最近发布的《2015 年世界投资报告》表明，与 2013 年同期相比，2014 年在印度尼西亚的外国直接投资增加了 20%。而增加的外国直接投资大部分来自于东亚和东南亚国家。2015 年第一季度，中国成为印度尼西亚的第十大投资国。亚投行是由亚洲国家控制 75% 投票权份额的机构，所以亚投行对印尼进一步参与区域事务是有益的。印尼也可能受益于中日在对该地区影响力方面的竞争。日本政府决定增加对亚洲基础设施建设的投资。日本首相安倍晋三最近宣布计划投资 1100 亿美元，在亚洲地区建设'高质量'的基础设施项目。这样的发展项目肯定会受到缺乏基础设施建设资金国家的欢迎，如印度尼西亚。通过加入亚投行，印度尼西亚希望获得帮助其建设本国基础设施的资金。当前，印度尼西亚政府运作的繁文缛节阻碍了基础设施项目的发展，因此，加入亚投行可能不能完全解决其在基础设施开发项目上面临的问题。"

该研究所在《在资源繁荣末期，印度尼西亚能够在发展中求生存吗？》① 报告中认为，"印度尼西亚宏观经济发展面临重大挑战，当前正是处理发展中一些长期问题的机会。有大量的经济文献证明依赖资源出口的经济增长可能会有诸多消极后果。资源繁荣是暂时的，在资源繁荣期结束时，国家将需要进行经济方面的大调整。中国资源繁荣对印度尼西亚发展的影响是模糊的。在最好的情况下，民主政府执政的第一个十年将经历强劲的经济增长，也将遭遇许多经济管理上的困难。在最坏的情况下，新的民主政府将产生信心，即尽管采取疲弱的经济政策，良好的经济结果仍然可以达成。它还能使年轻的民主国家因借贷行为而担上重负，并倾向于推行贸易保护主义的监管干预措施，如当地的金属加工行业需要在资源繁荣期结束时付出昂贵的代价，进行艰难的调整。最终的资产负债表取决于印度尼西亚总统佐科威如何应对这些挑战。对印度尼西亚有利的一件事是，资源繁荣期后的国际环境有助于印度尼西亚进行维持经济增长的宏观经济调整。中国资源繁荣期的结束和美国收紧货币政策将导致汇率的贬值，这将提高印度尼西亚的竞争力。中国将逐步转变经济增长模式，更加重视消费领域，这将增加印度尼西亚制造业产品、高附加值食品和服务出口的机会。2014 年，全球石油和天然气价格大幅下降，这也给佐科威政府提供了机会抵消浪费的能源补贴，并扩大基础设施建设和其他公共产品方面的公共支出。中国主导的亚洲基础设施投资银行的建立将增加中国在印度尼西亚基础设施上的投资。在资

① 作者：罗斯·加诺特（Ross Garnaut），毕业于澳洲国立大学，经济学学士和博士，澳大利亚经济学家，现任澳洲国立大学亚太经济管理学院主任。1981—1983 年，任东盟与澳洲的经济关系研究计划研究室主任。1983—1985 年，任澳洲第 23 任总理霍克的高级经济顾问。1985—1988 年，任澳洲驻中国大使。1988—1995 年，任西澳银行董事长。1998 年，任亚太经济管理学院基金会董事。来源：国际事务澳大利亚研究所（澳大利亚智库），2015 年 8 月 13 日。

源繁荣期后，汽油补贴的取消和柴油补贴的减少是印度尼西亚经济调整的重大步骤。不幸的是，政府当前已经面临要求其放弃改革的政治压力。这些压力可能使政府延缓能源改革，进行其他必要的预算调整也将困难重重。印度尼西亚的矿藏租赁政策和税收政策并不合理，在煤炭行业，企业可以在某种程度上规避纳税法律义务，这将对宏观经济产生不利影响。多年来，印度尼西亚的税收收入增长低于经济增幅。进行基本的公共基础设施投资是必要的，但印度尼西亚缺乏一个更有效的税收制度来获得所需的预算盈余。这使政府难以控制预算赤字，维持在基础设施建设方面的公共开支，这意味着印度尼西亚需要从外部长期贷款来投资建设公共基础设施。实际汇率贬值对印度尼西亚的发展有利，而政府合理分配预算、推行相对宽松的货币政策有助于提供早期汇率贬值。实现经济的良好发展还需要取消扭曲市场的政策，包括资源和能源市场，这要求政治改革和经济监管。政府应该改变低效的税收和矿藏租赁制度，也需要限制在进口领域的小幅赢利投资活动——例如通过撤资的外国股票来赢利。然而最大的挑战在于印度尼西亚政府的政治与经济决策。在民主的形成阶段，资金将从矿产和煤炭资源领域流向私人手中，意味着私人财富将对经济政策有着较大的影响力。资源领域的成功改革将推动印度尼西亚在资源繁荣期结束后维持经济增长，加快本国发展"。

该智库在《亚投行延伸到亚洲以外的益处》[1] 报告中认为："亚洲基础设施投资银行将会给整个地区的经济社会发展提供机会，而且澳大利亚可以从中受益。如果亚洲为实现其在未来几十年里作为全球经济增

---

[1] 作者：凯特·卡内尔（Kate Carnell AO），澳大利亚工商总会的首席执行官，曾担任澳大利亚首都直辖区首席部长，研究领域包括企业和政府、国内经济、食品和农业、产业发展政策、税收、政府的国内关系、教育、就业和培训、健康等。来源：国际事务澳大利亚研究所（澳大利亚智库），2015 年 7 月 31 日。

长主要动力的潜力，那么它将需要数万亿美元用于新的基础设施建设。把邻国作为一个例子，其中包括印度和巴基斯坦。几年前，南亚区域合作联盟的一项研究表明，这里有很多交通项目需要继续建设——16个航空网络项目、10个海洋网络项目、10个区域公路走廊项目、5个区域铁路走廊项目以及2个区域内陆水路通道项目。亚洲基础设施缺口反映了世界各地的情况，全球各国之间的基础设施差距非常大。根据B20（二十国集团商务领袖会议），到2030年全球需要70万亿美元用于额外基础设施的建设。然而，当前可能只有45万亿美元，因此全球有高达25万亿美元的缺口。是什么阻碍了这些项目的建设？在很多情况下，是由于资金的缺乏。财政紧缩使政府不得不寻找其他替代方式来资助基础设施的建设。在这种背景下，由中国发起的亚投行（现在澳大利亚已经成为成员国）有可能改变整个地区的经济。亚投行1000亿美元的资本将会一定程度上弥补该地区的基础设施缺口，特别是如果它可以使用这些资金得到私营部门对该项目的支持。新的基础设施具有巨大的潜力来改善当地人民的生活水平。在亚洲，每年有数亿吨的食物不适宜人们食用，由于这个领域和消费者之间缺乏一个高效的供应链。投资于冷冻食品并形成冷却链可以帮助该地区克服粮食不安全的问题，从而使人们得到他们所需要的营养。基础设施建设是经济发展的重要推动力，可以促进不断壮大的中产阶级的城市化，并且有助于满足其对住房、道路、公共交通和商业住宿的需求。对于澳大利亚和其他国家（不太可能成为亚投行的直接资金接受者的国家）来说，亚投行的效益开始显现出来。随着这些地区的发展，其对商品和服务的需求将会不断增长，需要更多的资源和资本投入。例如，澳大利亚向那些挑剔的消费者提供高质量的食物，而且我们也可以提供技术和知识来满足人们的需求。由亚投行资助的项目有潜力增强贸易往来。改进港口和道路的建设意味着货物可以更有效地从生产者到达消费者，为进口商和出口商创造新的机遇。对亚洲基础设施的投资，特别是在港口、机场和能源供应等领域，将大大增加商业供应商和来自澳大利亚供应商的经验。对于一些中小企业来说，这种改进的基础设施将会使从事国际贸易和只注重国内市场的企业有着明显的不同。

"澳大利亚最初不愿加入亚投行，源于对中国主导机构的担忧。澳大利亚对加入亚投行采取谨慎的做法是正确的，而且坚持高标准治理对于机构的成功来说是非常必要的。联合声明称，澳大利亚将在五年内为亚投行注资 9.3 亿澳元（约合人民币 45 亿元）。亚投行将设立理事会、董事会和管理层三层管理架构，并将建立有效的监督机制，确保决策的高效、公开和透明。同时，澳大利亚应该利用其影响力，以确保亚投行基金的正确管理以及其透明度，而且澳大利亚将会促进这些目标的实现。如果亚投行试图补充现有机构，而不是与类似的机构进行竞争，如设立在悉尼的全球基础设施中心，亚投行的建立将是非常有意义的。设立在悉尼的全球基础设施中心会充当一个信息交流中心，汇集有关筹集商业资金用于新的公共工程的想法。基础设施的建设对于经济的持续增长和发展是至关重要的。B20 发现弥补全球基础设施缺口将会增加更多的就业机会，可以提供 1 亿个额外的工作机会，而且每年将会增加 6 万亿美元用于经济活动。亚投行的成立有助于促进这一目标的实现。亚投行的建立将推动亚洲地区基础设施的投资，推动亚洲经济的增长，并为世界经济增长做出贡献。"

国际事务澳大利亚研究所在《中国与美国如何应对航行自由？》[①] 报告中指出："南海航行自由是中国和美国口水战的主题，尽管最近美国进行了军事演习。10 月 26 日，美国拉森号导弹驱逐舰进入南海南沙

---

① 作者：贺恺（Kai He），澳大利亚格里菲斯大学亚洲研究所国际关系方面助理研究员，治理与公共政策中心助理研究员。来源：国际事务澳大利亚研究所（澳大利亚智库），2015 年 11 月 12 日。

群岛渚碧礁和美济礁 12 海里的水域内，这是美国海军充分准备的航行自由行动。《纽约时报》指出，行动的主要目的是挑战中国在南海的雄心。渚碧礁和美济礁是自 2013 年以来中国通过大规模填海造陆活动在有争议的南沙群岛建立起来的人工岛屿。中国的回应是经过精心校准过的。一方面，中国强烈地进行外交警告和抗议美国'非法侵入'南海附近海域，威胁到了中国的主权和安全利益。中国媒体发起了强大的反美国霸权活动以安抚国内公众。但是中国并没有从军事上拦截美国的军舰，尽管中国海军在安全距离之外一直监视和跟踪拉森号导弹驱逐舰的整个行动。中国应对美国挑战的行为是有约束的。

"为什么中国应对拉森号导弹驱逐舰仅仅是在口头上强烈但是在行为上却很务实呢？因为自由航行行动不会是美国海军在南海实施的最后一次行动，在下一次遭遇时中国会不会保持冷静？其他国家对处于变化中的美国—中国关系会采取什么样的态度呢？中国采取以上行为的主要原因是'时间'。中国现在还没有准备好军事回应美国的挑战。然而，如果其他国家参与其中，局势可能在很短时间内发生变化。如何在南海强化实用性的'法制'成了亚太地区国家决策者的必要任务。

"中国领导人可能不将美国在南海行动的目的认为是确保航海自由或者保证联合国海洋法公约，相反，这是现存霸权和崛起中大国的权力政治。中国是时候从军事上回应美国的挑战了吗？答案是否定的，至少有两个原因：首先，时间似乎站在中国这一边。自从 2008 年全球金融危机之后，中国强劲的经济发展成为世界复苏的引擎。中国发起的新经济倡议如'一带一路'项目和亚洲基础设施投资银行（AIIB）似乎吸引了全世界的注意。欧洲国家包括英国、德国和法国都排队欢迎中国的投资和经济合作。中国国家主席习近平的访英之旅似乎标志着中国世纪'黄金期'的到来。尽管习近平对美国的访问不怎么成功，美国和中国还是在安全协定方面达成了一致。当前中国领导人尤其是习近平正在取得这些外交胜利。根据行为经济学的前景理论，当处于不断获取的环境中时人们不大可能进行冒险行动。其次，与其前任不同，习近平上任时面临的政治约束和负担很有限。尽管西方国家将批评中国的政治自由和民主治理受到损害，但是习近平在中国社会中的政治威信正显著上升。人民已经开始将其与毛泽东相提并论。随着国际地位和国内支持率的上升，习近平绝对处于获益态势。美国在南海的航行自由行动尽管咄咄逼人，但并没有改变习近平的大体方针。不出意料的一点是，据称在习近平访问华盛顿时，美国总统奥巴马告诉习近平美国在南海打算采取的行动。因此，习近平可理解地'轻松应对拉森号导弹驱逐舰行动'，因为这不值得冒险。

"然而，这并不是说中国在应对美国南海行动时保持低调。两件事可能使习近平从获益态势转向损失态势。如果美国通过邀请其他国家参与巡逻，从而将航行自由行动扩大到一个新的层次，那么中国将走投无路。承认美国的军事首要地位是一种情况，而被其他国家'威胁'则是另一种情况。在中国文化中，'保持脸面'比物质收益更重要。美国可以以航行自由行动的名义再派一艘驱逐舰，而中国将仅仅像往常一样抗议。然而，如果美国促使其他国家加入巡逻，而中国继续忽略这些挑战，那么将在国内外失去面子。另一个情况是中国国内政治的显著变化。例如，如果经济恶化并且社会动乱威胁到共产党统治，习近平和中国领导层将失去国内权威和在社会中的政治合法性。此时，如果美国海军在南海实施航海自由行动，可能将成为迫使中国做出强有力回应的'最后一根稻草'。

"太平洋国家都声称遵守《联合国海洋法公约》，却各自有着不同的理解，这使得解决南海争端变得很困难。是时候考虑一些实用性的南海'法制'了。多年来东盟一直与中国就南海行为准则进行谈判。中国应该与东盟达成行为准则协定，这样通过共同的机制，中国和东盟有争议的国家可以约束和监督彼此的行为。尽管行为准则不会是解决南海争端的最后方法，但是这至少会平息混乱并且为和平解决争端提供一个先决条件。美国和中国都应该发展一些实用性的机制以加强未来在南海相遇的'交通规则'。美国和中国都于 2014 年签署了多国参与的《海上意外相遇规则》，这是一个没有约束力的协定，目的是防止海上遭遇事件的扩大化。强化军事对话甚至进行联合演习都是实施'交通规则'的方式，并且避免军事冲突。其他国家应该采取'保持距离'的策略远离这次竞争，尤其是在南海问题上。其他国家应该鼓励美国和中国进行政治、外交和军事互动。在中国或者美国之间选边站队都不是明智的，并且会导致局势恶化。美国与中国之间的竞争甚至冲突都不是可取的，但仍然是可管理的。历史告诉我们两个军事集团的对立将导致更多的冲突，尤其是代理人战争。其他国家应该让中国和美国清楚地明白无论双方将如何在亚太地区竞争甚至战斗，它们都应该遵从规则。绅士的规则之一是将间接损失减少到最小。"

3. 洛伊国际政策研究所

洛伊国际政策研究所致力于研究澳大利亚在中美之间的比较利益问题。在其《伟大的比赛不是一项群众运动》① 报告中认为，"澳大利亚将推动澳大利亚思想和文化在亚洲的传播。它将举办各种展览和节日庆

---

① 作者：米歇尔·富利洛夫（Michael Fullilove），悉尼大学及新南威尔士大学学士，牛津大学硕士、博士。洛伊国际政策研究所执行主任，自洛伊国际政策研究所成立之初起，便一直在此工作。2002 年，曾为研究所撰写可行性研究报告。2003—2012 年，出任研究所国际事务项目主管。此外，曾任布鲁金斯学会外交政策访问研究员以及澳大利亚前总理基廷顾问等职。研究领域包括亚洲及太平洋地区事务和澳大利亚外交政策等。曾发表《中澳亦友亦敌？》和《澳大利亚如何看待美国和中国》等著作。来源：洛伊国际政策研究所（澳大利亚智库），2015 年 12 月 5 日。

典，以促进澳大利亚教育、艺术、科学和体育的发展。中国不只是澳大利亚的主要贸易伙伴，也是其主要竞争对手。堪培拉方面与北京方面维持强大、积极与合作的关系都会为双方带来利益，关键是要找到合适的契合点。在中国邀请澳大利亚加入中国主导的亚洲基础设施投资银行（AIIB）后，澳大利亚用了很长时间才终于加入。最后，澳大利亚紧随英国之后加入亚投行。澳大利亚与美国加强同盟关系并不意味着澳大利亚应该放弃与中国建立关系，相反，澳大利亚应该推动中澳关系发展。当澳大利亚的利益与中国的利益重合时，双方应该对其合作有信心。双方应该拓展合作领域。有时美国会对中国的举措说'不'，但这时澳大利亚会说'好'。但是，当澳大利亚的利益和中国的利益出现分歧时——特别是在棘手的战略问题上——双方的合作之路也会出现分歧"。

洛伊国际政策研究所在《中国、二十国集团和全球经济治理》[①] 报告中，分析了布雷顿森林体系的发展及其与中国的关系，以及中国在多边机构中的角色与作用，进而分析了亚投行的现状与作用。作者认为："促使中国不断参与全球经济治理的主要原因似乎有三个：第一，中国在国际上不断增长的影响力（以及其他类似的新兴国家和发展中国家）可以被视为其自身发展的必然结果。目前全球的结构体系，特别是布雷顿森林体系，已经不再适用于 21 世纪全球经济比重的分配结构，对这些结构体系进行调整至少会产生一个更加适合当前经济现状的新体系。

---

① 作者：休奇·乔根森（Hugh Jorgensen），昆士兰大学经济与人文（政治/科学/国际关系）学士，目前正在欧洲攻读研究生课程。2008 年获得奖学金前往米兰博科尼大学学习经济学，2014 年获得欧盟的伊拉斯谟奖学金前往海牙鹿特丹大学攻读公共政策硕士学位。此前任洛伊研究所二十国集团研究中心助理研究员。研究领域包括二十国集团议程中的政治、经济和管理问题。丹妮拉·施特鲁布（Daniela Strube），荷兰马斯特里赫特大学经济学学士，欧洲学院经济学硕士。曾就职于欧盟委员会和德国联邦政府，目前供职于新南威尔士政府。研究领域包括宏观经济规模如何反映当地经济发展条件。来源：洛伊国际政策研究所（澳大利亚智库），2014 年 11 月 28 日。

第二，中国不断地扩大自身的影响力，就意味着有更强的实力应对未来可能会威胁甚至破坏中国利益的全球经济事务管理。即使中国在全球经济治理论坛中不做任何努力来提高其自身的地位，在面对'未知的未知'状况时，它仍然会增强自己的'存在感'。尽管如此，就像这种分析所得出的结果一样，很少有证据能支持这种理论：预计中国将把布雷顿森林体系作为其重组全球经济体系的一部分，这是基于一种'中国从目前的体系中获得了什么利益，将会获得什么利益'的普遍认知中得出的结论。第三，更多地迎合中国的意愿表明了其作为一个'负责任的大国'的积极目标。中国想要说服其他国家其政治和经济的发展将会是'和平崛起'，并且其严肃地承诺自己是发展中国家的拥护者。中国的分析家还提出其是抱着'边做边学'的心态，并且声称中国在加强经济外交和管理能力方面仍有待进一步提高。关于中国将会如何应对不断变化的全球经济管理体系的问题没有一个直截了当的答案，中国有三个主要选择：以'传统'参与者的身份不断增加在全球管理事务中的影响力，特别是布雷顿森林体系；将更多重心放在没有加入 G7 的国家身上，尤其是像金砖国家组织成员；或者是恢复成旧有的不参与甚至漠不关心的状态。这三个选择并不是完全不能互相融合，但是由于中国与全球经济高度互相依赖，所以最后一个选择是最不可能实现的。

"自 20 世纪 70 年代以来，中国就一直密切关注布雷顿森林机构，并且也与这些不同机构中'传统的'治理者分别建立了很深厚的联系，很明显，世界银行'为发展融资'的作用在中国产生的紧张感少于世界货币基金组织充满政治意味的货币交流。比如，尽管有分歧，但中国一直积极参与着世界银行和国际货币基金组织的对话。中国近期对于参与全球管理的态度似乎越来越积极，尤其是中国已经与一系列'新兴'管理者建立了密切的联系。过去 30 年中，中国已经成为布雷顿森林体系的积极一员，并且经常能使用这一机构的服务。实际上，尽管中国并不总是同意国际货币基金组织的评估，但其依然从国际货币基金组织的技术援助中获得巨大利益。中国也一直是世界银行贷款的主要接受者。15 年前，中国是国际复兴开发银行提供援助的第三大受援国，中国还是世界银行技术援助的主要受援国。

亚投行的初始认缴资本为 500 亿美元左右，并且有 21 个来自亚洲的创始成员国。AIIB 将提高中国与其他成员在为亚洲基础设施的建设融资时共同协作的能力，然而，由于亚投行章程尚未起草，因此，像澳大利亚和韩国等美国在亚太地区的盟友在接受加入这一机构的邀请之前都持'观望'的态度，表面上看这是由于相对于传统的多边机构，它们不确定亚投行是否拥有良好'治理能力和透明度'。这些新的多边机构——亚投行、上海合作组织银行并不被认为可以替代亚洲开发银行和世界银行。但是，金砖四国和亚投行被视为能够有效'对冲'布雷顿森林体系的机构，虽然中国专家声称'没必要舍弃像布雷顿森林体系这样的现有机构'，但是他们也强调，在新型机构和传统机构的管理者之间会有一些仲裁空间。"

洛伊国际政策研究所在《2014 年末的二十国集团》[①] 报告中，就二十国集团与亚投行的关系进行了研究。作者认为："虽然布里斯班峰会能使二十国集团（G20）重回正轨，但是其不能改善二十国集团和全球治理在近年来一直走下坡路的整体状态。随着二十国集团的进程越来越慢及其层次不断变低，人们已经感到失望同时更加愤世嫉俗。巴厘岛贸易协定和国际货币基金组织（IMF）改革所出现的问题导致在国际社会上出现了多个区域集团，其中的三个主要新兴集团为：金砖国家

---

① 作者：利昂·贝克尔曼斯（Leon Berkelmans），澳大利亚国立大学学士，哈佛大学经济学博士，现任洛伊国际政策研究所国际经济项目主任。曾是澳大利亚储备银行高级经理。研究领域包括中国和印度的经济、投资、贸易和金融市场。来源：洛伊国际政策研究所（澳大利亚智库），2015 年 5 月 5 日。

（BRICS）组织（巴西、俄罗斯、印度、中国和南非）、七国集团（G7）（美国、加拿大、德国、英国、日本、法国和意大利）、最近建立的MITKA（墨西哥、印度尼西亚、土耳其、韩国和澳大利亚）。这些集团有可能不利于全球经济的合作，并且阻碍为推动国际事务进展做出的必要妥协，这使得未来的二十国集团领导人的任务更加艰难。

"近年来也验证了来自新兴市场经济体尤其是中国所发出的明确信号，即它们有能力建立替代现有多边机构的金融体系，尤其是通过BRICS新开发银行和亚洲基础设施投资银行（AIIB）。这些机构的持续发展以及它们与现有金融体系的互动将会影响二十国集团作为聚集发达国家和发展中国家以达成集体经济成果的主要论坛的声誉。其中BRICS组织受到了更大的关注，对现有全球秩序的失望致使其成员国联合起来建立了BRICS新开发银行和货币储备池。另外，中国发起了AIIB。这些机构一般被认为是对现有秩序的挑战。BRICS新开发银行更多地被认为是一个地缘政治机构而不是经济层面的机构，因为相对于成员国的发展需要而言，该银行所拥有的资金相对较少。造成这种状况的部分原因是各成员国在如何反对现有秩序上并不很团结，并且这一组织在维持合作方面仍面临着持续的挑战。例如，南非坚持各国在BRICS新开发银行有同样的投票权，这将限制该银行的增长潜力。南非纳税人所提供资金的机会成本是很大的。目前尚不明确货币储备库对于每一个成员国将发挥什么作用，以及事实上将会产生什么效益。

"中国当前建立国际机构的做法并不意味着其是一个大国，相反中国的地位是一个新兴市场。该观点同其他金砖国家一样，认为中国认识到自身不是一个西方大国，并只能与西方国家就西方主导的全球性机构如IMF和世界银行进行谈判，除此之外别无选择。在此背景下，区域/跨区域倡议成为可行的替代方案。此外，中国参与现有区域体系的方式受到其对现有大国的不信任和竞争的影响。例如，AIIB使中国有潜力在亚洲推动中国利益及其国内优先事项的发展。由于一些条件的限制，ADB 和世界银行不能这么做。此外，中国认为其在基础设施方面拥有专门知识。有人指出现有机构和新兴机构有形成互补关系的潜力，ADB 行长欢迎 AIIB 作为为亚洲基础设施融资的另一个渠道。尽管 AIIB 和 BRICS 将不会消除多边主义，但是它们将可能影响像二十国集团这样的机构的有效性。另外，历史已经证明，多边机构必须发挥有效作用，如果它们希望长久地存在下去。"

报告在结论中建议："未来的二十国集团应该更多地关注国际论坛和全球性机构长期存在的跨境治理问题。应该更加关注税务合作，克服多边贸易中的政治僵局，加强金融监管，从政治上推动国际协调和更好的全球标准。"

该智库发表的《中国会从亚投行贷款吗？》① 报告提出了一个十分有意思的话题。报告认为，"中国的亚洲基础设施投资银行（AIIB）倡议激起了一系列的相关评论和分析。亚洲开发银行（ADB）于 2009 年估计，亚洲的基础设施建设将需要 8.22 万亿美元的投资，这一数据说明了亚投行的重要性。迄今为止，大多数人对亚投行的观点正如中国媒体新华社所报道的那样，亚投行是中国带给世界的一份礼物，而中国是主要债权人。但是，当我们更仔细地分析亚洲开发银行的数据以及中国与世界银行和亚开行的相互作用时，一个更有趣的可能性出现了，而这一可能性在目前没有得到人们的注意。中国是国土面积辽阔的发展中国家，所以中国可能是亚投行的主要借款人。2009 年亚洲开发银行做出估计，单单中国的基础设施建设需求就占亚洲基础设施总需求的一半以上。2014 年，中国是亚开行的第二大贷款国，印度是亚开行第一大贷

① 作者：马尔科姆·库克（Malcolm Cook），澳大利亚国立大学国际关系博士，日本国际大学国际关系硕士。是新加坡东南亚研究所高级研究员，洛伊国际政策研究所非常驻研究员。2003—2010 年，担任洛伊国际政策研究所东亚项目主任。从 2010 年起，担任弗林德斯大学国际研究学院院长。来源：洛伊国际政策研究所（澳大利亚智库），2015 年 6 月 15 日。

款国，2013 年的情况也是如此。同样地，中国是世界银行的第二大借款国（借款额为 172 亿美元），印度是世界银行的第一大借款国（借款额为 364 亿美元）。亚投行的贷款组合是否也会这样？亚洲目前的基础设施需求，以及中国对现有开发银行的使用情况，给予了肯定的答案"。

面对铺天盖地而来的"中国威胁论"、"中国崛起论"，洛伊国际政策研究所发表的《中国的记录显示它还没有准备好成为全球领导力》报告算是比较清醒的代表之一。报告认为，"到目前为止，中国政府一直在回避其成为全球领导力量的意图。相反，中国的政策制定者正在关注其区域级别的机构建设，以此作为中国'周边外交'的一部分。例如，上海合作组织（SCO）和亚洲基础设施投资银行（AIIB）就是区域机构。上合组织只有亚洲成员国和观察员国，而 AIIB 有区域和非区域成员国。新开发银行（被广泛称为"金砖国家银行"）符合中国认为自己在发展中国家中处于领先地位的观念。在现有的全球多边机构中——从联合国安全理事会到世界贸易组织（WTO）——中国一直相对比较低调，其重点是维护自身特定的国家利益。中国是 WTO 的一个后来者，其严格的贸易条例和政策使中国无法成为该机构的领导者，而是涉及世贸组织争端解决机制中最频繁的审理案件的国家。二十国集团建立了一个新的全球机构，以更好地承认中国和印度的崛起。在联合国安理会，中国很少会处于领导地位，或使用其否决权。皮尤研究中心最近的民意调查显示，当谈到判断中国的全球经济权重时，澳大利亚人似乎是一个全球局外人。57% 的澳大利亚人误认为中国是世界领先的经济强国，这一比例在接受调查的 40 个国家中最高。其他任何一个国家中认为中国是世界上最主要经济强国的比例都没有超过一半"。

该智库还发表了《中国准备领导世界吗？》。该报告认为："中国准备在全球扮演更大的角色吗？那么作为区域伙伴的澳大利亚是否会接受这个事实呢？显然不会，澳大利亚总理内阁秘书长索利于本月早些时候在堪培拉领导人论坛中表示，中国还没有准备好在政治、经济及安全领域承担责任，尽管中国还未准备创建一个全新的国际秩序，但其对现在的秩序或许并不满意。许多人都在质问中国是否会在安全、经济和政治领域主导全球。中国领导人也在一直就该问题进行回答。中国十分渴望在全球扮演低调的外交家，以至于曾有美国官员抱怨中国不能充当得力的国际伙伴，以及与其经济实力相配的角色。2008 年全球金融危机后，中国拒绝成为'G2'成员。中国曾于 2011 年在联合国否决了对叙利亚的军事行动。北京方面不愿意被孤立，而且也不愿将自己暴露在与自己国内利益无关的问题中。中国在与其战略有直接关系的问题中则表现得很积极，例如，南海、东海、台湾及其边境争端。一个促进多极化的国家不太可能采取单边行动，除非迫不得已。没有任何证据表明这个基本立场的改变。有一个很好的理由可以解释，尽管中国拥有可以使自己变得更加优越的机会，但其仍然保持这一立场。中国每次就国际地位表述其大胆设想时，美国的支持者及其他地区会有声音说，这是中国将其置于'全球霸主'的位置上。过去几个月里，亚洲基础设施投资银行（AIIB）使得全球出现了关于中国'霸气'和'霸权'的声音，那么会有人问，北京方面究竟是不是正在做这个事情？但许多国家是不会放弃北京方面提供的机遇的。美国对亚投行的否定使中国并不情愿扮演更强大的角色。中国会想，国内本身存在很多亟须解决的问题，何必要填补'敌人'或者竞争对手的'插槽'成为全球最强大的国家？中国就南海和东海的直接利益表现得更加强硬，我们从中可以看出中国的自信。但是在其他大多数的问题上，北京方面则按现有全球秩序行事。而中国并不会同意现有秩序。事实上，中国在区域稳定和发展方面稳操胜券。中国是联合国维和部队的主要供应国、世界贸易组织的重要成员、为 2008—2013 年全球 GDP 增长贡献 40% 的国家、与美国就环境问题签署重大协议的国家。

"中国会同意在现有全球体系中行动，但在某些领域，它为了维护自身权益，以获取更多的影响力及空间。最近的亚投行（AIIB）就是明例。我们说得最多的就是，中国的崛起制造了一个非常活跃的局面，而我们作为外来者只能作为合作伙伴参与其中。对北京方面最佳的回应是欢迎其所做的建设性贡献，并积极参与其中，同时清楚现有秩序中的因素需要修改这一事实。"

4. 战略和国防研究中心

战略和国防研究中心发表的《印度尼西亚的新战略政策》①报告中认为："有人预测佐科威将成为一个专注于国内事务的领导者，印度尼西亚新总统佐科威在就职七个月内，已经在地区和世界舞台上留下了自己的印记。佐科威希望印度尼西亚成为太平洋和印度洋间的'全球海上支点'，其政府已承诺增加国防开支，以及向众多国际合作伙伴寻求援助，以使印度尼西亚实现军事现代化。印度尼西亚还促进美国、中国、日本和印度的经济和国防合作。在国际上，佐科威和他的国防部长已经宣布决心支持打击伊斯兰激进势力。在亚洲地区，他已经表现出在海上安全的强硬立场，包括策划使三艘空越南渔船沉没，阻止其在印度尼西亚海域进行非法捕鱼，并组建国家海岸警卫队。佐科威如何定义印度尼西亚在该地区的作用，以及如何发展其战略政策才有利于澳大利亚的发展？

"佐科威肯定将采用发展印度尼西亚伙伴关系的国际主义方法和新

---

① 作者：伊夫林·戈赫（Evelyn Goh），战略政策研究所教授。研究领域包括东亚国家安全与国际关系、美—中外交历史和当代战略关系、战略政策研究、美国的东南亚新兴安全伙伴和战略外交。来源：战略和国防研究中心（澳大利亚智库），2015 年 5 月。

海上战略原则，这反映一种使外交政策全球化的趋势，佐科威紧跟其前任苏西洛·班邦·尤多约诺（SBY）的步伐。苏西洛·班邦·尤多约诺被视为有利市场运作的改革家，其在任期的后十年恰逢印度尼西亚从亚洲金融危机中复苏，每年的经济增长率为5%—6.5%。印度尼西亚的经济增长源于大宗商品的繁荣，但也反映其对年轻劳动力的乐观态度、不断增长的消费需求和投资潜力。虽然印度尼西亚是一个复杂的多民族群岛（也是世界上人口最多的伊斯兰国家），但是在民主发展方面取得了相当的成功。

"在进一步发展'印度—太平洋弧'的战略政策期间，澳大利亚应密切监测印度尼西亚的政治发展和战略思想，以指示这些是否可能帮助或阻碍澳大利亚的计划。佐科威'海上支点'的构想实际来说更广泛，除强调地区大国之外，还具有发展和文明的色彩。从这个意义上来说，佐科威的理念更与中国的'21世纪海上丝绸之路'的理念相近。'21世纪海上丝绸之路'构想是中国国家主席习近平基于历史，着眼中国与东盟建立战略伙伴关系十周年这一新的历史起点，为进一步深化中国与东盟的合作，构建更加紧密的命运共同体，为双方乃至本地区人民的福祉而提出的战略构想。中国外交部长王毅强调，中国希望'参与印度尼西亚的海洋经济发展和成为印度尼西亚最重要的合作伙伴'，来共同打造'海上丝绸之路'。这些亚洲战略思想，对亚洲各国的经济发展、政权合法性和国家安全产生明显影响。印度尼西亚迫切需要使其军事硬件和软件实现现代化，但是在未来五年，也同时需要7400亿美元完成基础设施建设项目，来帮助其实现每年经济增长7%的目标。基础设施建设是发展经济、安全和管理能力的关键。

"佐科威敦促中国（拥有庞大的外汇储备）对基础设施的发展进行投资。2015年1月，在首次双边高层经济会议中，中国同意与印度尼西亚在基础设施建设方面进行合作，并决定从发电厂项目开始。印度尼西亚也加入中国创立新亚洲基础设施投资银行（AIIB）的倡议。印度尼西亚与中国存在贸易赤字以及因经济逻辑支配而具有非排他性和多样性，因此在2014年11月举行的亚太经合组织峰会上，佐科威还将其发展计划推荐给其他世界领导人。2014年3月，在佐科威访日期间，为印度尼西亚的铁路网络建设获得超过10亿美元的政府开发援助。印度尼西亚与美国于2010年建立全面伙伴关系，于2013年与中国建立全面战略伙伴关系。雅加达方面希望从不同的关系中，得到技术、经济和国防领域的投资和援助。因为最终在该地区对抗军事侵略仍需要美国的主要援助，印度尼西亚像绝大多数邻国一样，不愿以失去美国为代价，同中国发展密切的关系。

　　"鉴于印度尼西亚在东盟的建立和运作中发挥核心作用，该机构和区域稳定将因印度尼西亚的撤出或参与的减少而受到明显的损害。然而，印度尼西亚不可能完全脱离东盟有三个原因：首先，印度尼西亚需要东盟，以实现佐科威雄心勃勃的全球战略的构想。印度尼西亚需要借助东盟向其邻国表达其良好的意图。东盟可为东南亚国家在领土争端中提供集体谈判权。一个顺利运作的东盟同样是一个平台，印度尼西亚可以借此放大其外交和经济政策，并投射到世界各地。其次，'后东盟'的论点更是一个超越东盟的核心的论点，而不是东盟本身。没有人希望印度尼西亚远离东盟，印度尼西亚承诺对东盟共同体建设项目提供非常重要的外交资源，以及在未来几年就南海各方行为准则进行谈判。换句话说，即使佐科威政府采用更广泛的外交政策，东盟也不会陷入零和博弈的困境。最后，佐科威在担任总统期间，很可能将更多的注意力放在国内事务上，因此可能会忽略对外战略政策。在这种情况下，印度尼西亚的外交政策将继续沿用东盟的轨道。由于这些原因，澳大利亚在探索与印度尼西亚进行双边战略合作潜力的情况下，还应继续与印度尼西亚和其他东南亚国家建立信任，并在预防地区冲突方面展开合作。"

◇◇七 新加坡智库：亚投行加入到全球
金融体系中是一种福音

在亚投行问题上，新加坡智库的第一个立场是东盟国家，第二个立场是亚洲国家。这两个立场的共同点是认为亚投行之于全球金融体系来说，是一种新的创造，可以称之为"福音"。但是，基于两个立场的不同，新加坡智库对于亚投行对地区国家的影响，表现出了有别于其他国家的谨慎。

1. 东南亚研究所

东南亚研究所就亚投行对缅甸的意义进行了论证。在其发布的《缅甸工业发展的优先事项》报告中，作者认为："全球金融的发展已经处在由中国领导并建立的两个多边发展银行的构架之下了，这两个多边银行的主要目标是为基础设施建设进行融资：2013 年在德班举行的金砖国家峰会上，金砖国家共同宣布建立新开发银行（NDB），2014 年 10 月亚洲基础设施投资银行（AIIB）在北京正式启动。在战后世界重建的过程中，世界银行于 1944 年建立，这是各类多边开发银行建立的开端。20 世纪 50 年代，欧洲和日本完成重建，世界银行也开始致力于为发展中国家提供金融帮助。随之而来的是区域开发银行的建立：美洲开发银行（IADB）于 1959 年建立，非洲开发银行（AfDB）于 1964 年建立，亚洲开发银行（ADB）于 1966 年建立，之后欧洲于 1991 年建立了欧洲复兴开发银行（EBRD）。多边开发银行的建立根植于 20 世纪地缘政治的两个方面：东西方之间的冷战和南北方发展的差异。

"从 20 世纪 50 年代至 90 年代，国际金融架构有三个主要支柱：国际货币基金组织（IMF）和代表多边政府的多边银行（MDBs）、工业化国家的官方援助机构，工业化国家的商业银行和个人形成的私人投资。但是，当今的私人商业流动大大超越了官方的商业流动，并且新的发展援助渠道也增加了好几倍，因为基金会、宗教组织和非政府组织成了官方援助机构的竞争对手。同时，南北鸿沟正在被打破，因为新兴市场经济体的兴起正在缩小这种发展差距。一些南半球的新兴力量需要的金融与技术援助非常少，中国对非洲的援助也超过了世界银行。但是二十国集团并不能根据经济实力的重新分配来对全球金融机构的架构进行改革。亚洲基础设施投资银行的主要任务是为基础设施建设进行融资，但是其服务的重点是在亚洲地区，并且将在 2015 年底之前正式营业。亚投行主要从事为基础设施建设而服务的以商业原则为基准的大规模经济融资，同时亚投行将与世界银行和亚洲开发银行这样拥有丰富经验的多边银行在不同方向上共同合作。在其他事务中，亚投行也有助于将基础设施建设的融资项目与 APEC 的总体规划相联系，从务实的合作中获得收益：改善贸易流通、更新交通设施、加强各机构之间的交流与民间的交流。比如，亚投行将出资改善亚太地区的机场与港口。基础设施建设的私募融资所占的比重需要增加，但是对于吸引全球资本市场的资金来说公共投资仍然十分必要。随着预估基础设施建设项目中潜在的具体利益与风险的准确性越来越高，越来越多的多边开发银行将被建立，以此来降低交易成本。

"延续中国的'走出去'战略或'新战略'愿景，中国国家开发银行（CDB）在全球开展的贷款业务已经远远超过世界银行和亚洲开发银行的总和。因此，中国新建立的这两个多边开发银行也表明其计划在海外大规模开展这种贷款业务，而这反过来也要求有新的方式来开展这些业务。中国国家开发银行以及新建立的这两个多边银行是否能使中国目前看待世界的方式有根本性的转变还是一个未知数，反过来，这也会影响缅甸在为其基础设施建设进行外部融资的时候该如何定位自己。中国国家开发银行在中国的'走出去'战略中占有独一无二的地位，因为它是中国唯一可以为国家战略需要而办理长期信贷业务的银行，其也一直在利用自身的金融资源保卫着中国的能源需求。全球金融危机为国开行提供了一个契机来充分扩大其以能源为基础的贷款投资组合业务。对基础设施建设的支持是必要的，因为中国需要能源和自然资源来支撑其工业化的发展，然而，中国的国有企业在谈判中的态度——它们要求各种让步，使用它们自己的工程师，甚至有时会要求使用自己的工人——这些都引起了东道国政府的关注。目前中国在亚太地区的对外直接投资的举措产生了相当大的政治阻力，因此中国不得不寻找一个解决方案。新开发银行和亚投行的建立及其多边股东的结构形式为其进一步开展必要的贷款业务提供了政治掩护。这两个银行的业务主要集中在基础设施的建设上，这与国开行的保卫能源和自然资源供应的目的所强调的重点不同，国开行的基础设施建设的业务只是一个附属品。所有这些内容都表明中国的战略思想已经超越了'走出去'战略，甚至体现出了一个新的战略图景。亚太地区有着巨大的基础设施建设的需求，而且在全球范围内，中国具有相当丰富的经验和融资能力，这使得中国完全能够在新多边银行中获得利益。中国国内的企业也会通过各种方式受益，包括从需求刺激中获利，并且由于要为基础设施建设进行大规模融资，中国就必须与各国通力合作，这样就减少了政治上的威胁。在亚太地区而不是在遥远的非洲或拉丁美洲进行基础设施建设的融资对中国来说是最有利的。但是中国崛起过程中遇到的政治阻力也都集中在亚太地区。此外，自全球金融危机以来所建立的全球金融秩序仍然存在很多问题：银行流动性的持续压力导致国际银行能插手的领域更加小并且其为大规模基础设施项目融资的能力大大减弱。"

报告指出："以上所有的分析都给了缅甸诸多警示，缅甸应该认真研究这两个由中国主导的新多边开发银行来为自己基础设施建设的需求服务。很有可能在 2015 年亚投行就可以开展贷款业务，并且新开发银行在 2016 年初就会开展业务。亚投行和新开发银行都声称自己的贷款业务是没有任何附加经济条件的。尽管多边开发银行普遍会花时间来开拓自己的贷款市场，但是，毫无疑问这两个银行有充足的实力来打开市场，正因为如此，才要提醒缅甸摆正自己的位置。另外一个重要的因素是由中国主导的新多边开发银行所采用的贷款操作模式将完全不同于国开行，国开行的模式是以中国国有企业为主导，是一个'国有'性质的机构，而亚投行和新开发银行将最有可能是'多国共有'的模式。如果这两个银行只打算贷款给中国的国有企业，那么就很难理解为什么其他国家要参与进来并成为股东。事实上，这也提出了一个问题，那就是仅仅在国开行资本充足、能够开展贷款业务的前提下，是否真的需要建立新的多边银行，就像政府国际金融公司与私营企业共同合作那样。因此，新的多边银行将有助于建立中国与东道国私营企业之间的关系（包括那些政府拥有股份的企业）。新开发银行很可能将贷款业务的重点放在金砖国家，至少在初始阶段是这样的，缅甸必须摆正自己的位置，抓住机会参与进这些与印度和中国有关的区域项目中去。"

报告认为："总体而言，亚投行及其在亚太地区的主要目标更有可能是成为更大的贷款提供方，像交通和通信领域的二次连接将会是一个重要的关注点。缅甸战略位置的重要性使其成为连接印度、东盟和中国的枢纽。缅甸新兴的中小企业将要求更多有效的渠道（公路、铁路和港口）进入广大市场，反过来这些渠道也会帮助这些中小企业进入现有的中国—中亚供应链。这些中小企业当然也会要求建设发电厂以及有效的供水设施和污水处理设施，这对于为 APEC、国际金融公司和亚洲开发银行这样的机构所制定出的现有项目工作是非常必要的，这也给缅甸带来了一系列的紧迫感，促使其建造为基础设施建设服务的可用管道，这也符合亚投行和新开发银行的贷款业务的需要。亚太地区的其他国家，比如泰国，已经做好了这些准备，并且已经做好了在接受中国贷款的事务上与缅甸竞争。自从苏哈托政权倒台后，印度尼西亚就一直忽视本国的基础设施的建设，但是新上任的总统似乎开始重视这一问题，并且其对基础设施建设的需求非常迫切，需求量也很大。因此，缅甸千万不要错失良机。

"从积极的一面来看，缅甸最初的基础设施融资需求不太大。一位与联邦巩固与发展党（USDP）高层领导有密切联系的商人认为，在五年内400亿—700亿美元足以为建设国家的对外竞争力做出重大贡献，并将带来经济腾飞。因此，缅甸的企业界大亨应该就建立'蓄势待发'的管道基础设施项目发挥领导作用。然而，他们还需要利用与政府的关系，以确保他们的目标是一致的。政府最好将重点放在改善这些地区治理方面，并且采取一些与促进融资相关的措施，降低外国金融家的风险。这意味着需要致力于改善'有利环境'，因为它涉及项目融资的提供。就如何改善基础设施融资的治理环境，政府应该大胆向捐赠国请求技术援助（TA）。同时，企业集团必须利用所有公共部门的项目信息来源和分析，包括所有多边开发银行（MDBs）和双边捐赠国，以帮助它们确定哪些项目能够'赚钱'。缅甸项目发起人成功获得来自新的由中国主导的多边开发银行（MDBs）的融资，将有助于改善整个基础设施融资环境。"

该智库在《大背景下的亚投行》①报告中指出："经历了近30年的两位数的经济增长后，中国经济的两大助推器——劳动力密集型的制造

---

① 作者：斯图亚特·拉金（Stuart Larkin），2014年5月26日至2014年9月25日担任东南亚研究所访问学者。来源：东南亚研究所（新加坡智库），2015年6月9日。

业和国内基础设施与房地产开发对全球经济形成了依赖。习近平被视为自邓小平以来最强硬的国家领导人,因为中国目前需要杰出的领导人及更加积极的方法应对国内外出现的变化。西方国家对 2008 年全球金融危机不合理的回应一直持续到今天。发达国家市场消费需求疲软与资本市场的大幅膨胀同时出现,并且大量投资资本中出现非常低的利率。简而言之,中国不能再拉动消费,依靠美国主导世界经济,转而应当通过推动亚洲崛起,以催生新的经济增长源。中国可以通过刺激区域基础设施发展来实现此目标。

"亚洲基础设施投资银行(AIIB)以及诸如新开发银行、应急储备基金以及'丝绸之路基金'的成立,都是由中国发起的倡议,尽管它们也只是在众多管理资本出口的现有机构中扮演补充角色。目前亚投行被视作两种角色:一种是作为贯彻落实习近平提出的'一带一路'的主要机构,另一种就是出口'公共产品'的软实力工具,可以有效满足该地区基础设施融资需求。然而,亚投行只有被放在中国国内外面临的经济环境中才可以被理解。既是出于需要,也是出于机遇,北京方面正在为中国下一阶段的崛起夯实基础。随着中国成为继美国之后的第二大经济体,并注定成为最大的,中国对于最终成为全球超级大国的渴望是可以理解的,成为一个区域大国是必要的中间步骤。北京方面常常宣扬民族复兴,正在恢复其曾经拥有的地位。

"'一带一路'是一项具有深远意义的经济发展计划,主要注重于促进亚太乃至更远地区的贸易、基础设施发展及其连通性。'丝绸之路经济带'是一项旨在建立连接中国、欧洲及其他主要欧亚地区交通走廊的倡议,这些地区包括中南半岛、南亚、西南亚等。'21 世纪海上丝绸之路'是一项港口开发倡议,旨在扩展中国的贸易通道,通往东南亚、南亚、中东、东非及地中海等沿海地区。中国正计划修建高速公路、高速铁路、管道及港口,并利用这些新通道将中国与该地区的其他国家连接起来。互联互通会带来引人注目的经济和商业利益，可以获取全球自然资源和海外市场，从而维持中国的经济扩张，但同时又会呈现出地缘政治和安全方面的隐含意义。目前，北京方面的首要任务就是管控中国经济放缓，促进经济结构转型发展，中国经济增速已降低至7%，但还未触底。当中国市场疲软时，中国必须减少向富裕国家出口的依赖，并减少对国内基础设施及房地产市场的依赖。中国需要重新定位国内市场在促进经济增长中所扮演的角色，但是，说起来容易做起来难，因为中国老百姓面临经济不安全的风险，而且储蓄存款利率一直保持在40%，居高不下。

"由于严格的资本控制，中国的高存款利率导致了另一问题——国内储蓄过剩，资源配置不均。国内投资的边际生产率下降如此之低，使得在宏观经济中需要用5元带来1元的GDP（国内生产总值）增长。中国经济放缓也揭示了其房地产市场的过剩，以及许多资本密集型行业，如水泥、钢铁等产能过剩。中国必须从国内经济中除掉过剩储蓄，以优化资源配置，增加投资回报。中国当今的资本输出可以追溯到2002年的'走出去'政策，现在的资本输出额正逐渐上升。经过多年的贸易顺差以及资金净流入，中国拥有了高额外汇储备，2014年12月达到3.84万亿美元。中国政府需要减少对低收入外国政府债券的购买，重新部署外汇储备，如美国国库券。中国'走出去'政策实行了十多年，旨在确保外部能源和矿产的供应，中国政府仔细考虑了其他能够在中长期适应大份额资产储备的资产等级。然而，如果中国经济步入减少外汇储备贸易赤字的行列，如果中国国内储蓄过剩下降，就有可能对'一带一路'计划的实施产生不利影响。假如不这样做，就继续寻找可用于投资的海外金融资产，给中国实体经济带来利益（例如建筑服务及建筑材料的出口）。

"自2008年全球金融危机以来，发达经济体的消费市场开始疲软，中国的出口增长放缓。许多国家银行的救助使得国债高筑，然后开始减少公共开支，而不是提高对富人的税额，导致需求疲软、失业率居高不下、工资下滑，尤其是中产阶级的职业面临来自技术和离岸外包的压力。量化宽松政策不是刺激银行放贷给实体经济企业，而是哄抬资产价格，尤其是房地产和股市。由于富人的存款越来越多，贫富差距进一步拉大，经济复苏受到阻碍。美国利用水力压裂技术降低能源成本，而其他发达经济体的复苏仍然很艰难（尽管这些国家会从石油跌价中受益）。凯恩斯需求刺激政策的缺失，使得发达国家的经济发展前景不容乐观。中国经济增速放缓，加速了长达 15 年的大宗商品超级周期的结束，而且降低了该地区其他经济体的增速，由于量化宽松（QE）逐渐退出，外资撤回，也给这些经济体带来一定的负面影响。总之，全球经济增长不容乐观，利率很可能在未来很长一段时间内保持较低水平。通常情况下，如果现有全球金融架构作为媒介将存款用于基础设施投资，那么这将有利于基础设施融资。

"全球及各地区明显都需要基础设施投资。全球基础设施融资每年的需求预计在 1.0 万亿—1.4 万亿美元，目前每年基础设施耗资为 0.8 万亿—0.9 万亿美元。政府每年能够提供一半的资金，国家开发银行能够提供 5700 亿—6500 亿美元，私人能够提供 1500 亿—2500 亿美元。官方发展援助（ODA）以及多边开发银行每年只能提供 400 亿—600 亿美元，南南流动（South-South flows）每年大约资助 200 亿美元甚至更少。在区域层面，融资缺口同样糟糕。亚洲各国到 2020 年每年需要 7500 亿美元的基础设施投资，而亚洲开发银行及世界银行每年仅仅能够提供 200 亿美元。我们可以确定资金缺口的一系列具体原因：来自国家预算的融资受制于宏观经济，发达国家的债务水平及预算赤字限制了它们提供资金的能力。此外，私营部门的贷款受到了严格监管改革的限制，如《巴塞尔协议Ⅲ》。然而，更根本的体系故障正在出现。尽管利率非常低，但基础设施的巨大缺口、同等大的存款积累以及未充分利用的全球产能共存。全球资金集中在巨大的价值库中，全球证券市场中拥有80万亿美元的资产，世界银行拥有60万亿美元的存款，股市中拥有50多万亿美元，47多万亿美元由1000万个高净值人群所持有。因此，并不是没有充足的存款用于全球基础设施融资，而是缺少将存款转用于投资的媒介。鉴于全球消费疲软及投资过剩，开发必要的基础设施对于实现全球经济增长必不可少。在施工阶段，基础设施项目能够大力刺激对劳动力、建筑材料的需求，这种现象在发展中国家尤为明显。如果可以找到将存款转为基础设施投资的媒介，那么基础设施的发展将会成为区域及全球经济增长的助推器。如果亚投行与其姊妹机构能够取得成功，并在此环节中发挥关键作用，那么全球金融的领导权最终将传递至中国。

"西方国家的资源通过无数个投资经验决定在国内外自由配置，然而，中国四个独特的因素致使国家对资源配置决策掌握很大的控制权，这些决策通常会使其参与到世界经济中，并且有严格的资本管控。国有企业掌握着国家的经济命脉，国内大多数存款由国内几个少数的商业银行掌握，政策性银行在资源配置中发挥着重要作用。中国目前是一个资本净输出国。据中国商务部统计，中国投资者2014年将大量资金投入到156个国家和地区的6128个海外企业中，对外直接投资（OFDI）达1028.9亿美元，同比增长14.1%。（外商直接投资达1196亿美元，同比增长1.7%。）据估计，中国未来十年对外投资总额会达到12500亿美元。中国巨大的财政余额由国内存款与外汇储备组成，人民币存款主要由国有银行把持，政策性银行如国家开发银行，通过资助基础设施项目加速了中国的经济发展。中国目前正打算通过这两个资金来源为该地区的基础设施项目提供资金。考虑到挑战之大，亚投行成为中国用于资本输出的金融机构之一，其中最大的就是国家开发银行，它是于1994

上 篇 **93**

年成立的三个政策性银行之一，再加上中国进出口银行以及中国农业发展银行。国家开发银行的外汇贷款余额从 2005 年的 165 亿美元升至 2009 年的 974 亿美元。新开发银行是一个新兴多边银行，创始成员包括巴西、俄罗斯、印度、中国及南非，该银行专注于投资基础设施，并为金砖国家及其他广大发展中国家提供贷款。应急储备安排（CRA）中还有 1000 亿美元，中国将为其投资 410 亿美元。另一个重要倡议就是 2014 年 11 月提出价值 400 亿美元的'丝绸之路基金'，旨在为'一带一路'沿线国家实施基础设施、资源、产业合作、金融合作及其他与互联互通相关项目提供融资支持。外汇储备将会为该项基金提供 65%的资金。中国投资有限责任公司及中国进出口银行将会各提供 15%，国家开发银行投资 5%。

"亚投行在中国海外投资机构中能够发挥多大的作用尚不可知。尽管亚投行目前还没有资本化，但李克强在其五次出访中，签署了价值 1400 亿美元的系列双边和多边合作协定，这将增强亚投行的资本基础。但亚投行会邀请经济合作与发展组织（OECD）成员国作为股东，这对于未来调动中国以外的资本具有重要意义。亚投行的多边特性能够保证其拥有不同于其他银行的风格。中国高层领导人在避免微观管理的同时，似乎更重视总体战略，将会加强对外投资机构之间的竞争，以提升总体能力。亚投行在中国国内金融机构的发展中、与全球金融业融合的过程中发挥着重要作用。中国逐渐支持人民币全面可兑换有三个原因：中国在全球经济中日益提升的地位，量化宽松（货币扩张）致使美元贬值以及美国出于政治目的而通过对特定的美元支付加以制裁，滥用美元全球贸易货币的身份。人民币离岸市场的发展是迈向可兑换的中间步骤，亚投行可以通过两种方式发挥作用：首先，亚投行可以出售人民币债券，资助其基础设施项目的贷款组合，由此可以创建一个新的国际贸易基准理论。其次，当单个项目竣工时，这些项目的贷款可以证券化为人民币计价的债券。这样当国际贸易拓展了人民币离岸市场时，就可以创建一个新的以人民币计价的资产类别。

"中国并不试图去挑战全球霸权机构，而是努力创建一些能够起到互补作用的银行。亚投行拥有大量的资金，并可以获取中国巨大的存款，而世界银行和亚洲开发银行相对缺乏资金。但是后者在多边工作方面拥有丰富经验，也有通往私营部门的广泛网络，它们同样拥有渊博的机构管理知识，以及有关在该地区出借资金的专业知识。亚投行可以从后者丰富的经验中受益，促进其自身发放贷款的能力。世界银行以及亚开行一直以来都在寻找共同投资者，以使用其有限的资本。竞争是不可避免的，但最有可能的是竞争与合作共存。例如，各银行会为咨询工作展开激烈竞争。自成立以来，亚投行希望最大限度地发挥其对基础设施融资的影响力。通过吸引共同投资者，利用其中介作用，为基础设施项目筹集资金。亚投行对于中国其他对外投资机构以及各商业银行非常有吸引力，但亚投行也愿意与全球金融体系中的私有投资机构合作，有以下两点原因：首先，公私合作伙伴（PPP）对于弥补资金缺口很关键；其次，如果项目贷款可以组成辛迪加贷款，就可以克服各国对中国过多影响力的政治阻碍。对于亚投行及其姊妹机构，应当追求与现有全球金融机构进行多重合作。

"目前，全球大约有8000家投资者，但只有300个愿意投资基础设施建设。对于亚投行关键的是，帮助东道国政府、客户开发有利可图的项目。基础设施融资可看作美国主导的全球金融体系留下的巨大的市场机遇。自2008年以来，大量的银行救助计划留下了持久的主权债务危机，西方国家出现了财政紧缩，经济发展甚至开始停滞，在这样的背景下，亚投行加入到全球金融体系中会被视为一种福音。亚投行在于其是不同主题的交集，是实施习近平提出的'一带一路'愿景的主要工具，也被视作中国'新多边主义'的主要例子。与新开发银行一样，亚投行也被视作世界银行及亚洲开发银行的竞争对手，是对战后不合理国际秩序的一种反应。亚投行是最新出现在世界舞台上的国际金融机构，此时并不是世界银行及国际货币基金组织面临指责，而是全球私有金融部门失信，许多西方银行家受到鄙视。

"亚投行的出现正值世界经济出现翻天覆地的变化。美国不再利用消费增长带动世界经济。日本及西方许多发达国家依然奄奄一息。2008 年全球金融危机后，世界需求开始下滑，中国不再进行货币贬值，而是为亚洲经济发展提供动力。目前，中国经济也在明显放缓（正在进行重组），亚洲其他经济体也受到了影响。在这样的背景下，中国推出其金融机构和企业，亚投行注定要处于领导地位。如果亚投行及其同胞机构能够成功地将中国及全球的存款用于基础设施融资，将会为世界经济提供新的增长动力。可能会需要时间来实现这个目标，它将会确保中国在金融领域的领导地位，进一步促进中国崛起。"

东南亚研究所在《中国主导的 AIIB 支持东盟互联互通总体规划吗?》[①] 报告中指出："亚洲开发银行（ADB）2009 年的一份研究引发了对亚洲基础设施融资需求极大的兴趣和讨论，该研究明确指出2010—2020 年亚洲将需要 8 万亿美元用于各国内部的基础设施建设，以及 2900 亿美元用于区域基础设施建设，从而加强各经济体彼此之间以及与世界的联系。很多人理所当然地认为这是一个'亚洲的世纪'，整个世界的经济增长由新兴经济体如中国、印度和一些更小的东南亚国家推动。很明显为了实现'亚洲的世纪'，亚洲实际上需要基础设施资金。ADB 报告公布后，东盟于 2010 年很快就提出了东盟互联互通总体

---

① 作者：圣基塔·巴苏·达什（Sanchita Basu Das），新加坡东南亚研究所研究员兼东盟研究中心首席经济事务研究员，新加坡 APEC 研究中心的调解员与《东盟经济时报》主编。研究领域包括东南亚经济的地域特征和发展、东南亚宏观经济与金融的趋势以及问题。来源：东南亚研究所（新加坡智库），2015 年 6 月 24 日。

规划（MPAC），该规划旨在进一步整合有着 6 亿人口、GDP 总和为 2.3 万亿美元的 10 个东盟国家。其确定了几个优先项目，包括东盟高速公路网、新加坡—昆明铁路、东盟宽带走廊。这些项目被分成三个部分：（1）包括硬件基础设施在内的物理连接；（2）包括软件基础设施在内的机构连接；（3）促进人民之间流动和互动的民间交流。

"东盟总体规划的一个重要方面是调动资源实施这些重点项目，据 ADB 预测，2005—2015 年之间东盟国家需要 5960 亿美元用于基础设施投资。其中资源调动是一个问题。当前该区域所需资金的 30%—40%预计将来自公众和政府，10%—12%来自银行，平均每年所需资金为 600 亿美元，而其中的一半都将来自私人投资者。为了满足这种融资需求，东盟已经探索了融资的传统和新途径。其中包括从国际机构及对话伙伴处获得资金和贷款，并且通过像公私合作伙伴关系等方式吸引私营部门的参与。融资的新方式包括建立资本额为 4.862 亿美元的东盟基础设施基金以及一个区域和国内资本市场，如信用担保投资基金，该基金资本额为 7 亿美元并且包括东盟+3 国家（中国、日本和韩国），由 ADB 管理。继东盟连通性倡议提出之后，亚太经合组织（APEC）制订出自己的计划，并于 2014 年制定出一个蓝图以促进区域互联互通。这一蓝图反映了东盟的倡议并且设定了加强亚太地区连通性的目标：物理连接、机构联系和人民之间的联系。中国国家主席习近平赞扬这一互联互通倡议称：'APEC 成员将重点放在为基础设施发展筹集更多资金以打破融资瓶颈的问题上，例如通过公私合作伙伴关系来实现'。中国观察到外界对连通性和融资有很大兴趣并给予关注，其抓住了这一机会，并于 2013 年初提出了建立亚洲基础设施投资银行的理念。此后，2014 年 10 月，21 个成员——中国、印度、泰国、马来西亚、新加坡、菲律宾、巴基斯坦、孟加拉国、文莱、柬埔寨、哈萨克斯坦、科威特、老挝、缅甸、蒙古、尼泊尔、阿曼、卡塔尔、斯里兰卡、乌兹别克斯坦和越南——签订了建立亚投行的谅解备忘录（MOU），随后有 36 个国家加入或者表示有加入此银行的兴趣。亚投行的法定资本为 1000 亿美元，其中 50% 来自中国的外汇储备。

"这一举措对于东盟而言简直是天赐良机，但是中国主导的亚投行是东盟融资需求和互联互通项目的一个解决方案吗？这一问题是恰当的，因为中国被东盟认为是它们主要的对话伙伴之一，并且中国反复表示将在不断发展的地区构架中支持东盟的中心地位。最重要的是 2014 年举行的第 17 届东盟—中国峰会上，当时缅甸担任轮值主席，东盟指出：'我们赞赏中国对 MPAC 的一贯支持，东盟作为创始成员国与中国签订关于建立亚投行的谅解备忘录，对此我们很高兴。我们期待亚投行能为区域基础设施项目提供金融支持，并将重点放在支持 MPAC 的实施上。'从这一角度看，中国主导的亚投行可能不是东盟缺乏资金的 MPAC 项目的最终解决方案，但是东南亚国家总是有办法确保中国的利益即亚投行倡议保持对东盟互联互通的推动。

"应当指出的是，亚投行在概念上是一个亚洲银行，而不仅针对东南亚。这一银行包括亚洲 28 个国家——包括东盟成员国、中国、印度，以及资源丰富的国家如卡塔尔、沙特阿拉伯、科威特和哈萨克斯坦，还包括欧洲国家如法国、德国、意大利、卢森堡、瑞士和英国。另外，该银行还是中国宏伟计划'一带一路'的一部分，这一倡议指通过中亚和西亚连接中国和欧洲的'新丝绸之路经济带'；连接中国与东南亚国家、南亚、中亚、中东、非洲和欧洲的'21 世纪海上丝绸之路'，核心目标是鼓励中国企业进入新兴经济体进行投资，尤其是与中国已经有贸易和投资联系的国家。亚投行以及中国建立的其他新的多边机构被认为是中国推出的一个涉及范围更广泛的倡议来扩大其在亚洲地区的影响力，这些机构包括新开发银行（于 2014 年 7 月金砖国家组织峰会中宣布建立）以及上海合作组织发展银行，成员包括中国、俄罗斯、哈萨克斯坦、吉尔吉斯斯坦、塔吉克斯坦和乌兹别克斯坦。

"在亚投行被推出之前，中国就已经向其邻国提供了大量的贷款。中国的银行如中国国家开发银行（CDB）和中国进出口银行（Exim）向发展中国家提供数十亿美元的资金，从而将它们的影响力扩展到亚洲之外的地区。2003—2011 年中国的这两个银行共向拉丁美洲提供了790 亿美元的资金。相比之下，世界银行向美洲大陆提供的资金为 570亿美元，而美洲开发银行则提供 780 亿美元。因此亚投行完全解决东盟区域互联互通项目的融资需要是极不可能的。中国主导的这些发展银行更有一些泛亚洲视角。虽然还没有制定出投票权的划分结构，但是可以假设亚投行势必会给予亚洲国家更大的投票权，并与各国 GDP 大小相称。该机构的决策过程将基于共识，东盟国家在亚投行 57 个准创始成员国中占 10 个席位，从数量上看，东盟成员国还是相对较少的。尽管如此，亚投行是否会满足东盟的融资需求很大程度上取决于中国在东盟地区和相关基础设施项目上的战略利益。自 2009 年以来，中国就一直是东盟最大的贸易伙伴。贸易数据显示，2013 年东盟和中国的双边贸易额达到 3500 亿美元，占到东盟总贸易额的 14%，平均每年增长10%，并且有望在 2015 年进一步提高到 5000 亿美元。东盟—中国贸易增长有助于东盟经济融入以中国为中心的区域生产网络。这些网络形成于 20 世纪 90 年代，当时中国正在建立其作为区域制造和装配中心的地位，东盟国家如马来西亚、泰国、印度尼西亚和新加坡获得了发展优势，主要是通过向中国出口中间产品和原材料再将制成品出口到最终目的地。东盟—中国自由贸易区于 2000 年初签订，包括自由化和便利化措施，并且承诺实现交通基础设施的无缝对接，这使得东南亚国家得到了更大的发展。

"中国对 MPAC 的兴趣也将取决于这些基础设施在促进东盟与中国的经济联系方面有多大作用。尽管亚投行的重点是亚洲，即其与中国的利益可能不是对等的，但是亚投行将会促进中国软实力的增强。将北京作为这一银行的总部就体现了这一点。中国将极有可能拥有决定性的投票份额。MPAC 中可能符合中国战略利益的一个项目是新加坡—昆明铁路（SKRL），这一铁路长 7000 公里，将中国（昆明市）与七个东南亚国家——新加坡、马来西亚、泰国、越南、柬埔寨、老挝和缅甸——连接起来。这一项目将为跨境货物运输提供一个经济模式，并且进一步促进东盟经济向中国这一亚洲经济强国的融合。虽然该项目已经完成了一部分，但是整个铁路由于缺乏资金和技术还未投入使用。在过去，中国多次表示希望能参与其中，但是一直遭到东盟国家的拒绝，它们担心中国将会在这一地区占主导地位。然而，亚投行作为一个多边发展银行——不完全是中国的一个组织——这些担忧可以得到部分的缓解。亚投行是否支持东盟的 MPAC 同样取决于中国认为这样的融资行为是否会有助于其软实力的增长。在过去，中国对东南亚的投资和官方发展援助一直被用来显示其对东南亚的支持和善意。这对于亚投行也是适用的，前提是东盟的 MPAC 项目与中国的'丝绸之路'和其他项目兼容。与 MPAC 项目相关的细节绝大部分已经被制定出来，并且自 2009 年起对于技术层面的高级别讨论就一直在进行，而中国的'一带一路'倡议于 2013 年宣布并且其细节仍然很模糊。

"为了从亚投行中获益，很重要的一点是东盟成员国需要保持中国对该地区的兴趣和关注。其中一种方式是努力建立经济共同体，并且争取建成一个单一市场和生产基地。虽然中国的经济崛起会使东南亚国家产生忧虑，尤其是对于越南和菲律宾而言，但与此同时，在增加贸易、投资和基础设施融资方面可为东南亚国家带来收益。然而，东盟成员国能否团结起来从亚投行中获益也会产生很大的影响。东盟国家要完全支持这一组织在区域体系中的中心地位，应该是由东盟而不是中国或日本来领导。最后，另一个决定亚投行在多大程度上支持东盟 MPAC 的因素是东盟国家共同运用跨境基础设施建设项目资金的能力。十个东南亚国家的情况彼此各不相同，不仅在经济结构和人均收入方面，还包括在各自基础设施的可用性和质量方面。世界经济论坛公布的 2014—2015 年全球竞争力报告表明，东盟国家基础设施可用性和质量的平均年限是 3.8 年，而英国为 6 年，日本 5.9 年，美国 5.8 年。另外，东盟国家之间在基础设施可用性和质量上有很大的差别。新加坡和马来西亚在 138 个国家排名中居前 25 名，越南和印度尼西亚处于中间，而缅甸则很靠后，这导致各国在吸引基础设施融资方面是竞争而不是合作。这一问题由于中国与各个东盟国家有差别的贸易和投资关系而加剧。2013 年印度尼西亚担任 APEC 轮值主席时这一竞争表现得更为明显，其将基础设施投资作为促进可持续发展并加强互联互通的优先考虑事项，不仅是印度尼西亚与邻国之间，还包括印度尼西亚国内的发展。

"然而，这种竞争态势不大可能使东盟国家从中国主导的区域银行中获得梦寐以求的资金支持并从中受益。因为 MPAC 的很多项目并不属于单个国家，而是属于多个东南亚国家，这些国家在区域要求上需要有共同的立场，并且尽力协调各自的法律和法规以实施这些跨境项目。即使有些项目本质上是属于一国国内，但是它们的区域利益应该被最大化。考虑到以上这些事实，可以得出亚投行并不是解决 MPAC 项目的最终和完全方案。然而，东南亚经济体应确保维持中国在该地区的利益。在倡导中国主导的新多边银行向基础设施融资时，它们应该制定一个一致的机制，从而增强亚投行成为东盟 MPAC 项目实施的一部分的可能性。

"自 2009 年以来，亚洲地区的互联互通项目——港口、高速公路、铁路、管道和电信都获得了发展势头。虽然东盟于 2010 年制定了自己的 MPAC 项目，但是 APEC 于 2014 年制订了自己的发展方案。随后中国通过启动'一带一路'倡议和相关的金融计划包括亚洲基础设施投资银行（AIIB）等走在区域发展的前列。东盟国家与中国有着密切的经济合作伙伴关系，但中国的亚投行是不是东盟 MPAC 融资问题的一个解决方案一直处于讨论之中。亚投行选择资助的项目将对中国有战略利益并且是中国泛亚洲观的补充，而且很大程度上将取决于东盟联合倡导亚投行向区域项目融资的能力，而不是国内项目。这就是说，中国可能在与区域互联互通和融资方面获得广泛的关注，但是尚不明确的是已经加入亚投行的东南亚小的发展中国家能否获得发展所需的资金。实际上，对于现有的多边银行，如国际货币基金组织和世界银行，一直存在着很大的争议。目前不清楚中国主导的亚投行是否会解决东盟国家对区域基础设施融资的需求。随着时间的推移，亚投行的结构、功能和投票权机制将会变得清晰，这一新机构将在多大程度上支持东盟互联互通项目也将会变得更加明朗。"

在该智库随后公布的《亚投行对东盟的互联互通意味着什么》[①] 报告中，作者认为："中国抓住机遇于 2013 年提出建设亚洲基础设施投资银行的倡议。2014 年 10 月，21 个亚投行成员国签订了一份谅解备忘录，其后，有 36 个国家表达了它们对加入亚投行的兴趣。2015 年 6月 29 日，50 个国家签署《亚洲基础设施投资银行协定》，而有七个创始成员国没有签署协定。亚投行的法定资本为 1000 亿美元，其中中国出资金额为 297.8 亿美元。亚投行将向地区基础设施项目提供资金支持，重点支持落实《东盟互联互通总体规划》。东南亚的政策制定者们开始好奇这种新的融资来源如何帮助解决东盟的一些融资需求。2010年，东盟推出《东盟互联互通总体规划》，旨在努力整合超过 6 亿人

---

① 作者：圣基塔·巴苏·达什（Sanchita Basu Das），新加坡东南亚研究所研究员兼东盟研究中心首席经济事务研究员，新加坡 APEC 研究中心的调解员与《东盟经济时报》主编。研究领域包括东南亚经济的地域特征和发展、东南亚宏观经济与金融的趋势以及问题。来源：东南亚研究所（新加坡智库），2015 年 7 月 16 日。

口、GDP 总和为 2.3 万亿美元的 10 个东南亚国家。《东盟互联互通总体规划》确定了 15 个优先项目，包括东盟公路网络、新加坡—昆明铁路、东盟宽带走廊和国家单一窗口系统等。然而，项目资金成为一个障碍。尽管东盟国家已经建立了 4.852 亿美元的东盟基础设施基金，并推动公私合作伙伴关系模式的发展，但发展有区域影响力的银行可接受项目仍然是一个挑战。

"东盟希望中国发起的亚投行能够支持《东盟互联互通总体规划》。中国是东盟对话伙伴之一，并能为该地区的发展和繁荣带来贡献，包括东盟一体化进程。东盟成员国必须牢记吸引亚投行资金的三个因素：首先应该注意的是，亚投行是一个亚洲银行，而不是东盟的有关机构。亚投行的成员国涵盖了从亚洲、欧洲到世界其他区域的多个国家。作为中国宏大计划'一带一路'项目的一部分，亚投行的核心目标是鼓励中国公司进入已和中国有诸多贸易和经济联系的新兴市场。此外，由于亚洲国家在全球经济中日益增长的作用，亚投行似乎是中国提出的一个针对更广泛区域的计划。因此，亚投行可能会更多地从泛亚洲的角度来规划发展项目。鉴于此，东盟成员国应该开发会获得更多区域利益并能补充其他现有基础设施的项目。其次，东盟成员国应维护中国的区域利益。自 2009 年以来，中国一直是东盟最大的贸易伙伴。2013 年，东盟和中国之间的双边贸易额达到 3500 亿美元，占东盟贸易总额的 14%。而东盟和中国之间的双边贸易额预计将于 2015 年底达到 5000 亿美元。双边贸易的快速增长归功于东盟经济体纳入了以中国为中心的生产网络中。该现象促进中国—东盟自由贸易区的发展，建设中国—东盟自由贸易区的设想于 2000 年提出，具体内容包括投资自由化、便利化并承诺开发无缝对接的交通基础设施。因此，中国在《东盟互联互通总体规划》上的利益决定了相关基础设施项目可以为东盟经济体与中国加强联系做出的贡献。比如，跨越 7000 公里的新加坡—昆明铁路将连接中国（城市昆明）和七个东盟国家——新加坡、马来西亚、泰国、越南、柬埔寨、老挝和缅甸。尽管亚投行的利益和中国的利益可能不是完全等同的，但亚投行的发展将有助于中国增强其软实力。此外，中国拥有26.06%的投票权份额，它有着有效否决权，特别是当银行通过任何重大决定都需要至少75%的选票支持时。最后，获得亚投行融资的关键因素是东盟国家需要共同合作，在跨境基础设施项目资金的问题发出同样的声音。10个东盟国家的经济结构、人均收入以及现有基础设施的可用性和质量是不同的，这引发了东盟国家间在吸引基础设施建设资金方面的竞争，而不是合作。当中国与个别东盟成员国发展双边经济关系时，这个问题变得愈加明显。然而，竞争不太可能有助于东盟的发展，因为东盟的大多数发展项目不限于单一国家，而是需要多个国家共同合作。东盟成员国应该意识到在基础设施建设方面发出同一个声音的重要性，这将有助于区域利益的实现。因此，东盟国家之间达成共识是必要的，这样它们可以成为一个统一战线来与中国主导的亚投行进行协商和谈判。"

该智库面对亚投行的未来发展前景，提出了自己的一些谨慎的观点和看法。在《亚投行进程中需要注意的问题》中，作者认为，"从表面上看，亚洲基础设施投资银行对于促进东盟的互联互通和发展来说都有重大意义。毕竟，东盟将需要8万亿美元进行国家基础设施建设。然而，我担心中国是亚投行资金的主要贡献国，在1000亿美元的法定资本中出资额为300亿美元。我非常想知道哪些项目将获得资助，而哪些项目不会，以及项目资助的决定权在谁手中。毕竟，如果我在100美元的储蓄罐中贡献了30美元，我会想要在我的钱该怎么花出去的这个问题上拥有更大的发言权。国家利益将让位于亚投行的利益吗？我们会出现另一个希腊悲剧吗？对东盟来说，保持中国对该区域的兴趣非常重要。我确信中国对该区域很感兴趣，这种兴趣与东盟和亚洲邻国的经济福利无关"，"亚洲日益增长的基础设施融资需求需要建设像亚投行这样的金融机构；亚投行资助的项目会使多个国家获益，而不仅仅是一个国家，除非能证明这样做有益于他国；亚投行是中国软实力的延伸，尤其在非洲或其他地区帮助建立铁路、港口时；只有时间会告诉亚投行能否促进该区域的良好发展"。

2. 拉惹勒南国际研究院

拉惹勒南国际研究院在《东盟的新时代：不断加强的合作中所面临的挑战》① 报告中认为："预计于 2015 年底建立的东盟共同体将迎来合作和稳定的新时代，然而风险在于其雄心壮志可能超过其达成目的的能力。上周在马来西亚吉隆坡举行东盟外长会议之后，东南亚将进入合作和稳定的新时代。与会成员承诺，在 2015 年底（11 月份）将由东盟各国政府首脑正式建立东盟共同体（AC）。AC 将包括东盟经济共同体（AEC）、政治—安全共同体和社会—文化共同体（ASCC），这些是东盟峰会在 2003 年和 2005 年所设想的。东盟共同体代表东盟 10 个成员国之间最高形式的区域合作，这对过去几十年间国与国之间良好的关系产生积极的影响，这有助于建立和促进各国领导人和人民之间的合作。自 1967 年以来，东盟从一个脆弱的联盟发展为区域合作值得效仿的典范，这一变化的形成要归功于印度尼西亚总统苏哈托（1966—1998 年）和其他一些东盟领导人，他们认为东盟需要共同努力以提高自身的能力，并且在一个瞬息万变的全球化世界中开发自己的潜能。

"2013 年东盟的国民生产总值（GDP）达到了 3 万亿美元，仅次于中国和日本。拥有 6 亿人口的东盟有望在未来五年内实现每年 GDP 增

① 作者：巴里·达斯克（Barry Desker），新加坡南洋理工大学拉惹勒南国际研究学院东南亚政策教授及特聘研究员。来源：拉惹勒南国际研究院（新加坡智库），2015 年 8 月 11 日。

长超过5个百分点，并且东盟内部贸易将超过1万亿美元。AEC的建立是旨在创立一个单一的生产和销售基地，即产品可以在本地区任何地方制造并在整个东南亚分配和销售，从而将东盟转变为一个商品、服务、劳动力和资本自由流动的区域。东盟将加强整个区域的互联互通。东盟高速公路网的建设将成为优先开发项目，并且各国之间的海上联系将进一步得到加强。航空服务和铁路的发展也同样在计划之中。中国建设亚洲基础设施投资银行（AIIB）的倡议将成为整个东盟地区为基础设施融资的渠道，从这一角度看，AIIB的建成对于东盟的意义不言而喻。

"东盟共同体的出现将是东南亚发展的一个巨大飞跃。20世纪60年代东南亚地区被认为是亚洲的巴尔干，整个区域由于国家间和国家内部的冲突而四分五裂。冷战使东南亚成为大国势力争夺的对象。在越南战争中，美国的干预蔓延到柬埔寨和老挝。缅甸被多个叛乱集团所困扰，而泰国和菲律宾则面临着国内的叛乱，印度尼西亚与马来西亚和新加坡不宣而战，菲律宾宣称对沙巴州拥有主权致使马来西亚—菲律宾关系破裂，而由于新加坡从马来西亚的独立使双方之间充满愤恨。当时东南亚的未来看起来很暗淡，并且充满了不确定性。东盟成立之后东南亚的形势发生很大的变化。首先越南战争以及柬埔寨和老挝的冲突于1975年结束。东盟五国（文莱随后加入）于1976年签订自己的巴厘协定，并且由此加强各自在经济和政治领域的合作。它们共同反对1979年越南侵略并占领柬埔寨，最终在20世纪90年代越南从柬埔寨撤军并且结束对老挝的军事占领，随后它们与四个印度支那国家建立友谊。1995年越南加入东盟，老挝和缅甸于1997年加入，柬埔寨于1999年加入。扩大后的东盟制订出巩固和发展这一区域集团的大胆计划，其设想出东盟宪章、东盟共同体和东盟互联互通等章程，以促进东盟的进步和繁荣。

"东盟各国关注的焦点是建设强大的国家并且维持对权力的控制。

东盟共同体的三大支柱是政治—安全、经济和社会—文化，这将在2015年12月达成。东盟关注当前区域一体化的弱点。与其他区域集团一样，东盟面临的现实本质是其为一个政策制定者、记者和学者的外交集合体，并没有深入的发展。在发展中国家世界中，东盟在促进区域稳定和安全、防止国家间冲突和促进区域经济合作与发展方面一直都很出色。这一发展是显著的，尤其是东南亚正处于全球历史的转折点。美国是当今世界上唯一的超级大国并且自从1945年就控制了印度—太平洋的海上空间。历来向西发展关注中亚的中国正在崛起，在未来几十年将成为美国的一个区域性竞争对手。随着中国建立起强大的海军和空军，中国在东海和南海的实力将会进一步增强。中国已成为东南亚各国的主要贸易伙伴，并且其正在成为当地投资和旅游的主要来源，而且与东南亚国家建立了越来越多的商业合作伙伴关系。

"未来数十年内，中国的崛起在为该地区的发展创造机会的同时，也给当地带来了挑战。东盟各国的决策者担心随着中国变得更加强大，中国对区域决策的影响力将会增加。这一地区的各国将与中国发展更为紧密的关系。中国提出了'海上丝绸之路'并且将其作为一个重要的政策目标，中国承诺促进共同繁荣，增强贸易和投资并促进区域和平和安全，这增强了双方合作的前景。"

◇◇ 八　印度智库：印度需要寻找 一种合适的参与方法

无论是在亚投行问题上，还是在"一带一路"合作倡议问题上，印度都经历了犹豫、担心的过程，但最终还是选择了参与。同时，在确定政策之后，印度依然在一些技术和局部问题上保持着防范态度。

1. 南亚分析集团

南亚分析集团在《印度为中国进入其东部开放战略空间》① 报告中认为:"印度应该保持其选择余地,同时通过参与孟中印缅走廊项目(BCIM)向中国敞开其战略空间。最终,印度似乎决心加入中国主导的 BCIM 走廊项目,以在南亚和中国西南地区打开一条陆上通道。外交部长 V. K. 辛格将军最近发表声明表示在曼尼普尔邦与缅甸那加叛乱分子的对峙不会影响该项目的进行,充分阐明了新德里方面对于其决定是很明确的。根据《印度教徒报》报道,2015 年 5 月总理莫迪访问云南省昆明后澄清了印度对中国的一些战略担忧,并且决定加入 BCIM 项目,中国人也'承认与以往不同的是,与其被认为是处于拖延和被动的状态,印度现在对 BCIM 项目显示了热情'。鉴于印度的立场已经发生改变,中国期望印度能加速完成该走廊在印度区域内的最后 200 公里公路,为昆明和加尔各答之间提供四车道的高速公路。

"自习近平于两年前担任领导人以来,中国一直在大力推动 BCIM 项目,作为其向南亚主要是印度战略扩展的一部分。云南已经成为这一努力的焦点。在过去三年里,中国一直在昆明召开中国南亚智库论坛,以改善其与南亚人民之间的联系,力图克服该地区对中国战略意图和目标的担忧。该项目预计将向该地区的发展引入更大的投资流入,因为在两个半世纪中该项目首次将印度和中国这两个经济增长速度最快的国家连接起来,并且拥有资金和打算向该地区投资。目前中国西南地区与印度东北各邦这两个处于内陆的区域之间路上连接很少。整个地区有丰富的自然资源,包括矿产、林业、石油和能源。孟中缅印地区的发展欠缺

① 作者:考尔·R. 哈里哈兰(Col R. Hariharan),退休军事情报官,目前就职于金奈中心中国研究所。来源:南亚分析集团(印度智库),2015 年 7 月 8 日。

是导致部落和领土之间的世仇以及频繁叛乱。然而，有迹象表明印度东北部的大部分叛乱运动正在进行和谈以结束数十年的冲突。BCIM 项目的推进有望促进该地区的发展和经济增长，从而改善该地区人民的生活质量，同时促进整个地区的和平与繁荣。或许这是总理莫迪抛开与中国未解决的领土争端的历史包袱，而决定与中国共同完成 BCIM 项目的原因。在理想情况下，BCIM 项目的完成会为四个成员国提供一个双赢局面，促进更多的理解与和谐，同时减少各自之间的冲突。

"但是，印度也必须了解到一些事实。底线是印度将为了中国通过 BCIM 项目进入印度东部出让自己的战略空间，而这与习近平主席的'一带一路'战略相一致并且作为'21 世纪海上丝绸之路'倡议的补充。这些为中国更大的经济、战略和政治影响力铺平了道路。而这可能是以牺牲印度利益为代价的。20 世纪 90 年代印度制定了'东向'政策，以改善印度与东盟和南亚的联系，然而进展缓慢。直到总理莫迪将'东向'政策转向'东进'政策。在这一背景下，2015 年 5 月 26 日中国国务院新闻办公室发布军事战略白皮书。其中着重强调几点，包括使军队做好扮演全球角色的准备、保护中国的境外利益（包括保护海洋权益），并确保中国共产党对军队的绝对领导。在军队现代化建设进行的同时，中国的物流也在进行现代化，包括公路、铁路和航空通信发展。这或许是中国战略西移最薄弱的环节。其同样强调核威慑和二次打击能力、网络战和太空部队，这使中国能够应对威胁到'中国梦'实现的因素。习近平主席将他的'中国梦'宣称为中国人'与世界其他地区共同维护和平、谋求发展和共享繁荣'的愿景。在本质上，这与新发布的军事白皮书是一致的。

"中国领导人多次宣称中国在进入南亚和中亚以及世界其他地区的和平意图。中国的军舰越来越多地维护中国对南海的主权；中国海军已成为印度洋的常规景观，以保护其国家利益。这一白皮书可能希望缓解其邻国如印度和东盟国家对'一带一路'战略和'21 世纪海上丝绸之路'项目的担忧，这些国家对中国推出的亚洲基础设施投资银行和金砖网络同样表示怀疑，它们认为中国是在建立应对西方的一个由中国主导的经济和战略平衡措施。如果成功，中国将取得亚洲的经济和战略控制权，并且使人民币成为这些国家的交易货币。参与多边经济和发展倡议同样是以印度的决策和主权自由为代价的。印度已经加入中国主导的主要战略倡议，如金砖国家组织及其经济倡议上海合作组织和亚投行。印度同样有兴趣同欧亚经济联盟签署自由贸易协定。在符合自己国家利益的情况下制定战略决策时，印度将处于来自不同国家和多边机构更大的压力之下。印度将必须密切观察 BCIM 项目的进展，以防止其与中国的领土纠纷问题影响其东北部地区的发展。"

该智库在《再看莫迪领导下的印度外交政策》[①] 报告中再次指出："莫迪总理上台大约已有 15 个月，在此期间，印度外交关系似乎已经得到足够重视。莫迪说：'我不是外交政策专家，但作为一个战略分析师，我发现我们宣称的外交政策都是建立在独立自主的基础上，这对于每个国家都是相同的。我们的总理贾瓦哈拉尔·尼赫鲁是一个有远见的人，他进一步发展的外交政策符合印度的整体愿景。其中强调和平与和谐关系的政策关乎所有国家，且印度在后殖民世界中找到属于自己合适的位置，并维护着自己的领土和地缘战略。他明白经济和工业发展的关键在于，使这个国家摆脱殖民枷锁和改善老百姓的生活，印度的五年发展计划也实现与之相关的目标。'尼赫鲁时期的外交政策继续得以沿用，印度从 1964 年开始任命独立的部长，处理外部事务。在尼赫鲁的领导下，印度在亚洲和非洲的新独立国家中扮演领导角色。他选择与中国发展密切关系，但却被西方国家排斥，因此他采用不结盟运动的五项

---

① 作者：考尔·R. 哈里哈兰（Col R Hariharan），退休军事情报官，目前就职于金奈中心中国研究所。来源：南亚分析集团（印度智库），2015 年 8 月 14 日。

原则，来避免类似于冷战这样的事件。

"尼赫鲁的继任者也不是一些空想家，他们都遵从相同的原则完成自己的使命。由于这个国家越来越寻求向内发展，外交政策逐渐被政治领导层忽略。然而，他们坚持的外交政策的基本原则是由尼赫鲁制定的。冷战的结束和全球战略联盟的调整，已导致印度的优先级关系发生变化，但外交政策的基本轮廓一直是相同的。莫迪于2014年5月上任，他也许是第一位在很长一段时间内阐明他对印度观点的总理。2014年8月15日，也就是印度独立日，莫迪表达他对印度的愿景。此后，他在不同的国家论坛中表达和补充他的愿景。其主要内容包括：促进印度工业发展，邀请外国对印度进行基础设施建设投资，强调增加印度的就业机会；及时升级数字基础设施，交付服务通过开发智能为人们提供服务；改善基层公共服务；提供更好的治理、教育、医疗与清洁环境和促进性别平等，都有助于维持社会凝聚力。最后，扩大印度在亚太地区的战略影响，从而使印度符合其日益增长的全球经济大国形象。

"印度总理采取一种个性化的风格与其他国家建立外交关系，特别是与中国、日本和美国的关系。他的这种外交关系似乎收到丰厚的回报。他在国外访问优先考虑印度的邻国，利用这些邻国来增加印度的软实力和影响力。虽然他已访问25个国家，但他的重点似乎是亚太地区，据推测，中国、日本和美国是他青睐的外交国家。他已经摆脱印度传统低调的外交政策。莫迪清晰和自信的沟通帮助他与他在国外访问的印度移民建立桥梁。尽管莫迪的外交政策的实施可能不会得到他想要的所有结果，但他获得了全球领导人的赞同以及注意力。重要的是莫迪上任15个月后的议程，鉴于印度庞大而混乱的社会政治强制力；莫迪在任何情况下履行雄心勃勃的议程都需要至少十年。

"长久以来印度与巴基斯坦的关系一直没有突破，尽管总理莫迪在就职典礼仪式上邀请巴基斯坦总理谢里夫，并在之后的会议中提出改善双边关系的希望。但不幸的是，这种希望已经被掩盖。事实上，随着停火协议失去作用，双方恶化的关系已经升级，恐怖分子的渗透和攻击触发查谟和克什米尔分裂主义的风潮，甚至蔓延到邻近的旁遮普（印度西北部的一个地方）。印度与巴基斯坦关系建设的核心问题是其民选政府不喜欢在没有获得军队首肯的情况下，就自由制定与印度的外交政策和进行贸易。在过去一年时间里，巴基斯坦军队对巴基斯坦塔利班的恐怖分子成功实施大规模打击后，巴基斯坦军队已经将其影响力波及政府政策。所以巴基斯坦对改善与印度关系的态度能否有所改善值得怀疑。巴基斯坦必须采取坚定的措施反对其军队操纵巴印外交关系。印度武装部队攻击巴基斯坦给巴基斯坦军队留下根深蒂固的怨恨与耻辱。在此背景下，只要巴基斯坦政府继续保持巴基斯坦军队在政府中的力量，那么印巴关系的未来看起来依然黯淡。

"在与中国的关系方面，我们必须使我们的期望变得很现实。中印关系中存在着多年遗留的问题，所以最终确定一个双方都能接受的中印边界关系可能需要很长一段时间，如中国拒绝接受麦克马洪（McMahon）提出的中印边界线。尽管双方都派特别代表讨论这些问题，但最终在这些问题上没有实质性进展。所以要避免冲突，并不是一劳永逸地解决纠纷就意味着两国之间还要进行谈判。然而，幸运的是中国国家主席习近平和印度总理莫迪都致力于实现国家梦想与造福人民，而且都意识到长期等待解决这些争端是没有意义的，双方领导人都致力于建设一个强大的经济、贸易和商业关系，通过集中资源和地理优势实现互利共赢。中国已经回应莫迪的邀请，对印度的基础设施和制造业进行投资。尽管印度还没有下定决心加入中国的'一带一路'倡议和'海上丝绸之路'计划，但印度已显示其加入孟加拉国—中国—印度—缅甸（Bangladesh-China-India-Myanmar）走廊项目的决心。

"从战略层面上讲，这对印度发展有正面和负面的影响。印度加入两个与中国有主要关系的国际经济计划——亚洲基础设施投资银行（AIIB）和由金砖国家（包括巴西、俄罗斯、印度、中国和南非）发起的新银行项目。印度也加入上海合作组织（SCO），开始与中国进行区域反恐合作，从而扩展自己的地区战略格局。与此同时，印度不能忽视中国在阿富汗—巴基斯坦地区的大型项目，这些项目实际上会对印度产生排挤作用。美国在亚洲的参与度大幅下降，以及中国对巴基斯坦 460 亿美元（远远超过战后欧洲的马歇尔计划的支出）的庞大援助，我们可以更自信地期待中国日后的作用，进一步扩大对印度西部边境的战略利益。这可能成为印中关系中一个主要的但未解决的问题。"

2. 塔克西拉研究会

塔克西拉研究会在《印度与"一带一路"范式》报告中认为："'一带一路'（OBOR）是中国于 2013 年推出的一项倡议，并且正在采取渐进的步骤推动其进展。这一倡议的实施将取决于中国如何使周边国家融入这一倡议。'一带一路'有两个关键部分：通过中亚和西亚连接中国和欧洲的'新丝绸之路经济带'；连接中国和东南亚国家、非洲和欧洲的'海上丝绸之路'。'一带一路'的宏观愿景似乎将涵盖除美洲之外的各大洲，旨在进一步加强中国在这些国家经济一体化过程中的作用，并且使中国在全球政治事务中扮演更重要的角色。在基础设施建设方面，中国不仅希望出口本土技术，同时还在寻找出口其制造业过剩产能的方法。根据中国人的说法，'一带一路'倡议符合联合国宪章的宗旨和原则，不仅仅局限于古代丝绸之路，并向所有有广泛参与利益的国家开放。习近平主席和李克强总理已经访问了数十个国家来倡导'一带一路'，使国内各部委共同促进该项目的推进，提供政策支持并为伙伴国提供数十亿美元的资金，如为斯里兰卡资助 14 亿美元以建设科伦坡港口城市。

"这一战略是长期的并且似乎将持续几十年。中国已经在多个非洲国家投资了数十年，并且这些国家将有望成为中国'海上丝绸之路'的一部分。另外，许多已经是亚洲基础设施投资银行成员的亚洲国家期望通过'新丝绸之路经济带'实现更好的互联互通。亚投行是中国的另一项倡议，旨在向成员国的基础设施建设投资，目前已有56个成员国。中国的经济实力使得其在地缘政治方面拥有更大的影响。最近，中国已承诺向'丝路基金'投资400亿美元，这些资金将被用于在亚洲进行基础设施建设以及加强这些国家之间的互联互通。中国已经证明了其在大型基础设施建设上的能力，连接西班牙的货运列车以及寻求建立穿越珠穆朗玛峰的隧道系统就是其中的几个例子。中国上月同匈牙利签署了第一个关于'一带一路'的谅解备忘录，在不久的将来，匈牙利将成为欧洲和匈牙利西伯利亚铁路网的不可或缺的物流枢纽。

"在新德里举办的两国特别代表第17轮边境对话中，中国邀请印度加入'海上丝绸之路'倡议。'一带一路'项目将连接发达的欧洲国家与繁荣的东亚国家。印度需要关注中国将如何推进这一项目的发展。中国—巴基斯坦经济走廊与'一带一路'倡议密切相关。除了经济一体化，这些举措还将向世界展示中国的军事实力，以及如何利用这些走廊进行军事调动。在如此大的难以估计的地形建设道路、高速公路、港口、隧道和桥梁将需要每个通过国家的许可。一旦所有关键国家都决定成为参与者，中国主导的这些倡议将会是亚洲世纪崛起的好兆头。古丝绸之路为相关地区带来的经济繁荣在今天可以以更有影响力的方式出现。印度政府正在通过数字印度等倡议以渐进的方式推进推动其内部连接，其可以同'信息丝绸之路'相结合，通过光纤、干线和海底电缆实现国家之间的信息连接，这将显著扩大印度的宽带能力，并且更好地提供电子政务管理和公共服务。"

◇◇九　日本智库：处于最尴尬位置的就是日本

日本智库认为，日本不加入亚投行是一个错误。从日本自身的利益出发，日本政府至少应该寻求与亚投行的战略合作，并在适当时期成为亚投行的成员。

1. 东京财团

东京财团在《亚投行和日本的发展援助》[①] 报告中认为："日本不加入亚投行的决定可能已经考虑到了华盛顿方面的愿望，但鉴于其对发展中国家援助的记录，神户大学的加藤弘之（Hiroyuki）指出，日本应该追求自己怎样和亚洲基础设施投资银行合作的战略，来促进对发展中国家基础设施的投资。经过相当大的争论后，日本政府选择不成为亚投行的创始成员国。尽管各方意见不同，但是日本应该选择在未来的立场：日本应该继续与亚投行保持距离，还是应该加入由中国领导的银行，并作为普通成员以及从亚投行内部施加影响？日本政府对日本是否要加入亚投行所持的正反两方面的辩论可能还要持续一段时间。

"亚投行是一个中国正在建立的新的多边开发银行，旨在满足亚洲地区对基础设施投资的巨大需求，亚洲开发银行估计，截至 2020 年，亚投行对基础设施的投资将达到 7300 亿美元。截至 2015 年 3 月 31 日，共有 57 个国家签署成为亚投行的创始成员国，中国预计将提供 1000 亿

---

① 作者：加藤弘之（Kato, Hiroyuki），毕业于大阪外语大学。2006—2007 年，曾在日本驻北京大使馆工作，现任神户大学教授。研究领域包括中国经济学和比较经济学。来源：东京财团（日本智库），2015 年 7 月 22 日。

美元的法定资本以帮助亚投行的建设。除了发展中国家加入亚投行，一些发达国家，如英国和德国，争相在最后一刻加入亚投行。它们希望从亚投行中获得什么？中国发起的亚投行倡议试图实现什么？日本应该如何应对？

"其他国家对亚投行回应是根据其被援助国/援助者的地位以及它们如何看待中国和美国而变化。因为发展中亚洲国家对于基础设施投资的巨大需求，所以没有什么事情能比亚投行作为与世界银行和亚洲开发银行并列的新银行更受欢迎。新银行与老银行之间的竞争可能意味着会有更宽松的贷款条件。七个国家尽管面临着来自美国不让其加入亚投行的压力，如英国和德国，但最终还是决定加入亚投行可以归因于这样的因素：亚投行对非亚洲成员国所需的资本是适度的。加入亚投行的成员国可以更快加入快速发展的亚洲经济中以参与亚洲国家的经济建设。以上七个国家的政府可能会感觉到现有的以美国为中心的国际金融秩序对它们的强烈的不信任。与此同时，中国领导下成立的亚投行对美国而言更像是对其发起的重大挑战。美国努力使其他国家不加入亚投行，但它的努力却没有成效。七国集团和韩国——在很大程度上依赖美国——寻求加入新的机构意味着美国对国际社会影响力的下降。有些人甚至认为，这可能预示着美国主导的世界秩序正在向多极化结构发展。

"当面对亚投行时，发现自己处于最尴尬位置的就是日本。日本战后时期的经济增长得益于以美国为中心的国际金融秩序。这个秩序在过去几十年里经历了一系列的危机——如1971年，尼克松的冲击；1997年，亚洲货币危机；2008年，雷曼兄弟破产后发生的全球金融危机。每次发生危机时，日本都站在美国的身边。在地缘政治方面以及日本作为援助者为发展中国家提供援助的记录上，日本自然会在是否加入亚投行方面起带头作用。日本决定不成为亚投行创始成员国的最大原因是，其坚持支持美国所采取的政策。即使中国已经承诺东京让日本在亚投行占据第二的位置，但是在日本国内对于日本成为中国副手的想法还是受到一些阻力。

"建立亚投行对于中国本身——其经济一直保持快速增长并会成为一个新兴的超级大国——还是有好处的。考虑到中国经济增长的放缓，北京领导人的目标是使中国经济进一步放缓，预计中国2015年GDP的增速将达到7%左右。中国过剩的资本积累结构——长期消费不足由于过度投资而抵消——尚未发生根本性转变。与此同时，由于中国已经实施多年的出口促进政策所导致的结果，它已与美国形成了巨大的贸易顺差，这些导致了全球经济的失衡，这对世界经济的稳定造成了不利影响。中国的外汇储备已增加到3.8万亿美元，如果中国希望保持人民币兑换美元汇率的稳定，就需要'回收'更多的外币，这意味着中国在中国境外将以这种方式来进行官方发展援助并进行直接投资。这种方式的回收利用不仅会刺激其他国家的经济发展，产生更多的需求，而且还可以帮助吸收中国过剩的生产力。

"自2004年以来，北京方面一直鼓励中国企业到海外进行投资。中国对外直接投资的数量现在已经与发达的工业国家，如美国和日本的投资数量一样，在未来几年内，预计中国对外直接投资将超过中国对内直接投资的总额。2014年7月，五个金砖国家（巴西、俄罗斯、印度、中国和南非）同意建立自己的开发银行和外汇储备池。亚投行的建立可以看作对这些早期动作的延伸。中国决定建立新的银行意味着，中国将成为一个援助国，并希望在其发展援助项目上留下自己的印记。当从西方的价值标准看亚投行时，中国的政府开发援助项目从许多方面来看是有问题的。例如，其在非洲的能源外交政策。然而，中国的政府开发援助项目为满足一些需要提供了机会，围绕经合组织发展援助委员会成立的国际援助团体和世界银行并未有效解决这些需要问题。来自赞比亚的经济学家丹比萨·莫约（Dambisa Moyo）曾说过：'西方国家援助非洲，它们根本不关心结果，另一方面而言，中国援助非洲，是要求得到结果的。非洲人得到工作，得到道路，得到食物，这会使更多的非洲人过上更好的生活。'当我们考虑中国政府开发援助项目的细节时，我们会发现中国与日本的援助计划在过去是类似的。日本于1961年加入联合国，到现在日本作为援助国已有50多年的历史。日本政府开发援助项目的重点是通过发展人力资源、提供技术和基于长远角度对基础设施的投资来发展工业。日本对亚洲地区的工业发展所做出的重大贡献理应得到很高的评价，但鉴于日本现在面临的财政限制，需要进行一个转变——从一个很大的捐赠者转变到一个'聪明'的捐赠者，这会有效利用有限的可用于援助的预算。日本不应该仿效西方国家的'优先贫困救济和人道主义援助'战略，而应该追求自己的援助战略，将重点集中于人力资源开发、提供技术、投资基础设施建设、发展配套产业以及延伸金融支持。日本应该将目标放在官方援助项目和进行直接投资的私人部门的协同合作上。

"日本的经验证实了基础设施投资在发展援助方面的重要性。日本作为援助国，相信只要修建基础设施就会为私营企业创造必要的投资环境，并成功实现国家产业化。泰国和印度尼西亚的经验表明，来自日本的援助成功地促进了这些国家的产业化，基础设施投资必须与其他领域的援助协调发展，这些领域包括人力资源开发、提供技术支持、发展配套产业和财政支持等。只有通过多方面的发展才能实现产业化。目前，尚不清楚亚投行将成为什么样的贷款组织。如果正如它所说的，它将专门从事基础设施的投资，那么日本应该从不同方面挖掘其与亚投行合作的优势。如果日本成为亚投行的成员国，它应该充分利用亚投行作为其基于自己经验的发展战略实施的渠道。无论日本是加入亚投行还是从其他方面与亚投行进行合作，鉴于之前日本可以促进新银行成功的经验，日本应该要有坚定的信念，并对自己的想法充满信心。"

2. 日本国际交流中心

日本国际交流中心在《美日联盟的下一步》① 报告中认为："在 2015 年 8 月的第二次世界大战结束纪念日前，大量的注意力集中在日本对战争史的立场，以及日本必须采取措施以确保历史问题不会阻碍美日更广泛的合作，以利用美日联盟作为一个多方面的工具进而促进区域稳定。在日本首相安倍晋三访美期间，他明确表示他将坚持由前首相们对日本战时记录发表的看法；他提到日本对珍珠港、巴丹港口和柯雷吉多尔岛的侵犯，并'深深忏悔'战争所带来的苦难。一些美国国会议员仍谴责安倍未在国会的发言中提及慰安妇问题，而中国和韩国政府抗议安倍缺乏直接的'道歉'。第二次世界大战胜利 70 周年，为安倍政府确认日本作为一个爱好和平的国家的战后身份，并修补与韩国和中国紧张关系提供了一个重要的机会。在安倍高度期待的八月声明中，他必须在不放弃任何村山声明中的关键要素的情况下，毫不含糊地面对日本在历史战争中所犯下的罪行。与此同时，安倍应以一种具有前瞻性的、务实的方式来陈述日本的防务政策；并明确指出日本的目标完全是为了保卫日本，促进该地区环境的安全和平；消除中国和韩国对日本的任何误解，此误解是修订后的美日防卫合作指针，或日本允许其进行有限形式的集体自卫权活动，代表了日本将回到一个更具侵略性的立场。

"美日同盟转变为一个具有多层面的伙伴关系以稳定该地区的第二个前提条件是，改变美国的心态，这样美国可以真正成为该地区的常驻强权。目前分析家预测，截至 2030 年，亚洲将成为拥有全球 2/3 的中产阶级的地区，截至 2050 年，亚洲地区的国内生产总值将占全球国内

---

① 作者：田中仁志（Hitoshi Tanaka），日本国际交流中心高级研究员。来源：日本国际交流中心（日本智库），2015 年 7 月。

生产总值的一半以上。当区域秩序发展并反映这些变化时，这对于美国直接参与该地区秩序构建的过程十分关键。这就要求美国放弃其作为一个外部平衡器的作用，开始在该地区参与日常活动并在该地区发挥领导作用。如果美国想要真正成为该地区的常驻强权，就需要超越其对该地区所做的安全承诺。美国也将更深入地参与该地区的经济和政治活动。例如，美国将在该地区的经济规则的制定中发挥领导作用，对跨太平洋伙伴关系协定（TPP）做出的成功结论在这方面是一个有用的步骤，以及在区域性多边论坛（如东亚峰会）中，发挥更大的政治领导作用。

"东亚地区稳定和繁荣的未来也很大程度上取决于中国的崛起和其他地区的反应。为此，日本和美国进行更为积极的安全合作，并在重点领域积极同中国开展合作，这些合作的领域包括多边金融机构、区域贸易协定以及能源和环境领域。这种合作的基本方法必须超越所贴的标签，如先进的工业民主和新兴市场经济体，而且从双方平等基础上的互相接触开始参与。亚投行是一块亚洲地区将如何应对中国崛起的试金石。亚太地区主要的民主经济体（如澳大利亚、新西兰和韩国）以及欧盟主要的民主经济体（包括法国、德国、意大利和英国）签署协议并成为亚投行的创始成员国。两个不加入亚投行的国家是美国和日本。考虑到亚洲地区对基础设施融资的巨大需求，中国创建的亚投行并不令人感到惊讶，由美国和日本主导的亚洲开发银行（ADB），以及美国国会阻止选举改革的决定将使中国可以更多地参与国际货币基金组织的活动。

"日本应该及时加入亚投行的原因有三个：首先，在亚投行创立期间，日本加入亚投行，将使其从亚投行内部更好地促进高性能标准和透明度。其次，日本加入亚投行对于促进亚投行—亚洲开发银行的合作是十分重要的。自中国于1986年加入亚洲开发银行以来，以总额315.8亿美元（包括2014年的14.9亿美元）成为第二大累积性的借款者。

虽然中国可通过自筹资金来发展本国的基础设施，但是中国继续通过亚洲开发银行筹集资金的原因是亚洲开发银行可以提供专业知识、质量控制和环境标准。亚洲开发银行—亚投行的合作将有助于在亚投行内制定类似的制度，从而提高其最终的影响。最后，日本作为亚洲第二大经济体，将使亚洲资金来源多元化并减轻中国主导地位带来的风险。尽管美国在将来可能无法加入亚投行，日本加入亚投行可以帮助提高美国的舒适水平，并为日美磋商提供一个间接渠道，美国可以通过此渠道配合亚投行。"

◇◇十　阿富汗智库：21 世纪新型的多边银行

处于战乱之中的阿富汗，依然对亚投行带来的国际影响表现出了浓厚的兴趣，阿富汗亚洲基金在《要不要成为亚投行的一部分》[①] 报告中分析说："2015 年 6 月 29 日可能成为在亚太地区多边发展筹资的一个转折点。50 个国家于这一天和由中国引领的亚洲基础设施投资银行签署了价值 50 亿美元的协议。虽然大家对这个新的多边金融机构的潜力都很看好，而且对于其在缩小亚洲基础设施差距的潜在作用都进行了探讨，但是大家最近对谁将加入或谁不会加入亚投行的关注度明显比亚投行会做什么的关注度高。

"2013 年，中国国家主席习近平宣布这个正在崛起的世界强国，将推出建设一个银行的计划，以解决亚洲的基础设施需要问题，有不少国家都在考虑要不要加入中国来抗衡西方国家在其他多边经济机构的影响。事实上，亚投行往往被视为一个潜在的国际货币基金组织、世界银

---

① 作者：维罗尼克（Véronique Salze-Lozach），亚洲基金会经济发展部门高级总监和首席经济学家。来源：阿富汗亚洲基金（阿富汗智库），2015 年 7 月 22 日。

行和亚洲开发银行——其中许多人认为这些都是由美国、欧洲和日本的利益主导的组织——的竞争对手。截至目前，亚投行已批准了57个国家成为潜在的创始成员国。除了将发挥主导作用的中国，这些创始成员国包括印度、印度尼西亚、新加坡、蒙古、缅甸、巴基斯坦、孟加拉共和国、韩国、柬埔寨、巴西、英国、澳大利亚、法国、德国以及西班牙等。在上个月的签约仪式上，这57个国家中的七个国家推迟了他们进行签约仪式的时间，这七个国家中的三个亚洲国家是菲律宾、马来西亚和泰国。作为世界上最大经济体的美国和日本决定不加入亚投行。

"虽然中国获得了26.06%的选票，成为亚投行的第一大股东，将在重大决策问题上拥有有效的否决权，印度获得7.5%的选票，俄罗斯获得5.92%的选票，但是所有创始成员都将拥有制定银行管理和运作规则的权利。事实上，尽管大家很少争论亚洲对基础设施十分需要这一事实，但是大家都十分关心一个没有任何经验的新兴银行怎样解决基础设施问题，以及在这个银行中应如何制定管理规则、选择项目的标准以及环保标准。亚洲对基础设施的需要肯定是巨大的。在亚洲地区拥有全球增长最快的经济体，根据亚洲开发银行提供的数据，2010年至2020年，该地区对基础设施投资的缺口估计是8万亿美元。亚投行对贸易、区域经济合作和互联性，以及在未来维持高经济增长率的重视，不仅需要政府努力对硬件基础设施进行巨大投资，这些设施包括公路、铁路、港口、电力以及通信部门；而且还要在软件设施建设上做出努力，如政策法规，以确保投资效率并取得积极结果。因为亚投行愿意支持这种急需的基础设施的发展，所以深受政府与企业管理不断扩大的区域和全球供应链的欢迎。

"由亚洲领导的亚投行也代表了一种新的独特的亚洲开发工具，将区域专业知识和技能用于解决基础设施满足特定区域需求的问题，这个新开发的作用还可以为亚投行与现有的多边机构合作提供机会。2015

年初，国际货币基金组织总裁克里斯蒂娜·拉加德在中国发展高层论坛上曾发表演讲，称国际货币基金组织和世界银行将很'高兴'与亚投行进行合作。然而亚投行面临的挑战也有许多。尽管中国喜欢将这一倡议作为对于亚洲'双赢'的项目，但是也有人担心新的银行可能会在环境、社会以及反腐标准上出现问题。亚投行不同于亚洲开发银行——此组织只注重基础设施建设，而不是将解决贫困问题放在优先考虑的位置。对于投资支持大型项目资金的不合理分配也会产生风险，这对贫穷和包容性的经济增长会产生轻微影响。领导一个复杂的多边组织，这个组织还将考虑一系列国家的利益问题，这并不是一件容易的事情。

"毫无疑问，亚投行将使中国在亚洲地区甚至是亚洲以外的地区发挥巨大的影响力。当我们把亚投行称为'21世纪新型的多边银行'时，中国的财政部部长楼继伟毫不掩饰地表达了中国将在亚洲地区扮演主要角色的想法，但是，亚投行所面临的问题不是亚投行是否会使中国在该地区扮演主要角色，而是对这种发展最好的回应是加入亚投行还是选择继续旁观。如前所述，签约国将有机会影响亚投行的管理和运营。决定不加入亚投行的国家，如日本和美国，将没有办法来表示它们对亚投行的关注，并影响亚投行的管理标准和规则。如果美国和日本加入了亚投行，它们将会推动亚投行和其他多边发展机构的合作。而且在亚投行内部，它们将会更好地确定亚投行将会为区域发展和区域贸易带来实际效益，以及更仔细地观察亚投行是如何影响跨太平洋伙伴关系协定及其成员国的经济的。保罗·莫罗在他最近出版的文章《为什么美国应该加入亚投行》中提到：'美国正在面临的决策——是否应该加入亚投行——不应该基于对其他国家动机的猜测，而应该基于通过选择一种方式或其他方式所得到结果的评估'。"

◇十一 巴基斯坦智库：一个促进
区域发展的工具

巴基斯坦智库对亚投行给予了热切的期望。伊斯兰堡政策研究中心发表的报告，更是直接使用了"亚投行：发展中国家的希望"① 这样的观点鲜明的标题。

报告认为："希腊在本国的债务危机之中苦苦挣扎，作为一个欠债者，希腊已经被债务吞噬掉了屈辱之心。雅典及其债权人之间的'改革换资金'协议的谈判在上周末宣告失败，并且希腊总理亚历克西斯·齐普拉斯声称公民投票决定是否接受进一步的紧缩政策或者退出欧元区的风险是一个惊喜。由于国际货币基金组织不能提供新的救助资金，因此希腊无力支付 16 亿欧元分期支付的贷款。全球金融系统包括全球资本市场都会受到希腊危机的影响。其他欧洲国家以及非欧洲国家面临的类似困境与问题也并不鲜见。在这种大背景之下，中国提出建立亚洲基础设施投资银行（AIIB）无疑令人眼前一亮。发展中国家也因此松了一口气，因为它们希望通过加入这一新的机构来解决本国面临的问题。

"巴基斯坦等 50 个国家一同签署了亚投行章程，成为该机构的创始成员国，还有七个国家很快也会加入，因此，一共有 57 个国家成为亚投行的创始成员国。签约仪式在中国北京的人民大会堂举行，亚投行将

---

① 作者：哈利德·伊克巴尔（Khalid Iqbal），曾担任巴基斯坦空军参谋部前首席助理，现任伊斯兰堡政策研究中心政策和战略顾问、伊斯兰堡奎德—I—阿扎姆大学客座教授。研究领域包括巴基斯坦和海湾问题。来源：伊斯兰堡政策研究中心（巴基斯坦智库），2015 年 7 月 6 日。

亚太地区闲置的可用资金利用起来进行投资，从而为这一区域的国家实现稳定快速的发展提供了一个平台。亚太地区的能源和通信基础设施拥有很大的发展空间，亚投行也旨在满足该地区的这一需求，并且弥补了这一地区可用资金的不足。巴基斯坦也希望本国在包括修建公路、水坝和发电站等在内的能源和通信领域的基础设施项目上能够获得亚投行的资金支持。亚投行将会获得 1000 亿美元的初始法定资本，巴基斯坦非常积极地参与各个层面的磋商，并且自签署 2014 年 10 月建立亚投行的谅解备忘录以及各成员之间进行密集的讨论磋商以来，亚投行章程的签署在短短八个月的时间内成为可能。亚投行是一个具有法律地位的区域实体机构，中国将在该机构中占有 30.4% 的股权，其次是印度（8.5%）和俄罗斯（6.7%）。很显然，日本和美国缺席，美国重要的北约盟友包括德国、法国和英国，都选择了加入亚投行。

"亚投行章程有效限制了来自大股东的单方面影响。虽然中国的股权占到了 30% 以上，但是其投票权占到了 26%；巴基斯坦的股权占到1.05%，其投票权占 1.06%。中国财政部副部长史耀斌说：'中国并没有谋求在亚投行内的否决权。'亚投行预计在 2015 年底投入运营，其可以被理解为中国进行经济改革以来实现稳步快速的经济发展之后，将基础设施发展方面的愿景延伸到国际领域的一个成功例子。在中巴经济走廊项目上巴基斯坦面临巨大的风险，并且其他的基础设施项目也需要巨大的资金支持，巴基斯坦希望亚投行能够以其能支付得起的利率向其提供资金。中巴经济走廊包含一系列的通信基础设施及发电项目，这给中亚、西亚、南亚、中东和非洲地区的 30 多亿人口提供了一个资源整合的平台。资金流动、投资、贸易和数字化等领域的不断增强将会为这些地区带来和平与繁荣，加强这些地区的经济竞争，缩小区域差距，减少社会的不平等，延长预期寿命并提高生活质量。在中巴经济走廊项目完工后，亚洲内外的贸易流动将会发生巨大的改变。由代表五大洲的各个国家共同建立的亚投行可能是迈出了削减国际货币基金组织和世界银行在世界金融体系中的垄断地位的第一步。国际货币基金组织和世界银行的政策是造成当前世界经济状况不稳定的根源，巴基斯坦应该利用这个机会实现其借款的多样化，从亚投行中受益并且在可管理的范围内将自己从国际货币基金组织和世界银行中独立出来。

　　"美国和日本拒绝加入由中国主导的这一机构，其理由是对债务可持续性、环境保护和治理的担忧以及对北京方面想要利用亚投行推动实现其地缘政治和经济利益的误解。亚投行章程规定：像亚洲和中东这样的'域内国家'将承担初始总资本的75%，而像欧洲这样的'域外国家'承担剩下的25%。亚投行象征着中国作为一个超级大国的崛起，并主导着这个世界最大的基础设施融资机构。无论其他国家怎样看待中国经济的崛起，它们中的大多数还是将其看作一个事实，从而不愿被排除在亚投行之外。美国总统奥巴马说，中国控制亚投行的贷款项目，是为了实现其政治或战略的目标，而不是出于经济的考虑。美国作为世界银行的第一大股东，其一直将世界银行当作外交政策的工具。冷战期间，美国非常愿意向第三世界国家贷款，以此来换取这些国家对美国外交政策的支持。另一个类似的例子是日本，日本是亚洲开发银行的第一大股东。奥巴马将亚投行视为在借贷项目上的对手，他认为亚投行将会削减其通过控制世界银行而获得的杠杆作用。日本拒绝加入亚投行也是出于同样的原因：这将破坏其作为亚洲开发银行首席股东所拥有的杠杆作用。

　　"国际货币基金组织克里斯蒂娜·拉加德说：'国际货币基金组织和世界银行已经准备好与亚投行竞争。'世界银行行长金辰勇说：'发展中国家对基础设施投资的需求对任何一个单独的机构来说都过于庞大了，我们将亚投行看作一个新的重要的合作伙伴。'亚洲开发银行行长中尾武彦也表示了对亚投行的欢迎：'我们承诺将推动亚洲开发银行与亚投行进行密切合作，通过我们在这一地区长期工作的经验和专业性来为亚洲国家庞大的基础设施需求提供融资服务。'中国财政部部长楼继伟告诉所有成员国说：'亚投行将会根据国际准则的最高标准来运行，我们的主要目的是为亚洲国家的基础设施的发展提供帮助与服务，这符合所有国家加强彼此共同合作的意愿。亚投行是中国更加宏伟的亚洲基础设施建设计划的一部分，这一计划就是众所周知的"一带一路"倡议，其宗旨是扩大连接中国、中亚、中东和欧洲的公路、铁路以及海上交通运输通道。这是因为中国为亚洲和全球的经济发展承担了更多的责任。'他认为亚投行对亚洲来说是一个'双赢'机构，以及'新型21世纪多边银行'。巴基斯坦非常欢迎亚投行的建立，并且将其视为一个促进区域发展的工具。"

在报告的结论部分，该智库也建议巴基斯坦政府，"同时也应谨慎地对待亚投行，因为必须提防亚投行竞争对手的各种小动作，其中有一些是通过给亚投行贴上洗钱和贩毒等负面标签来使其陷入争议之中，从而将其击垮"。

◇◇十二　孟加拉国智库：亚投行应该是透明的

孟加拉国智库在《中国加入全球金融架构》[①] 报告中写道："2013年10月，中国国家主席习近平和总理李克强在先后出访东南亚时提出了筹建亚洲基础设施投资银行（AIIB，以下简称亚投行）的倡议，此倡议一提出就得到各种各样的响应。当中国宣布计划推出初始资本为

---

① 作者：法赫米达·可敦（Fahmida Khatun），政策对话研究中心研究主管，目前是纽约哥伦比亚大学地球研究所访问学者。来源：政策对话研究中心（孟加拉国智库），2015年4月6日。

500 亿美元的亚投行时，世界各国并不确定它们是否要加入，以及它们为什么要加入。亚投行是一个国际金融机构，类似于世界银行（WB）、国际货币基金组织（IMF）和亚洲开发银行（ADB）。几个月后，似乎许多亚洲和欧洲国家对加入亚投行（AIIB）很感兴趣，因此它们最终加入亚投行并成为其创始成员国。美国从一开始就持怀疑态度，现在依然对此冷若冰霜，而且不想成为亚投行的一员。

"尽管起初世界银行（WB）对于亚投行的成立感到很不舒服，但是它表示将会把亚投行视作世界经济发展的补充机构。亚洲已经有了亚洲开发银行（ADB），那么为什么需要建立亚投行呢？答案很简单：国家的发展规划面临巨大的资金缺口。然而，一些政治和外交分析人士可能会看到超越经济层面以外的更多层面。中国外汇储备已然超过日本，成为世界上外汇储备量最大的国家，因此中国想凭借这个经济实力在全球发挥更大的作用。

"如果纯粹地从亚投行的经济角度来看，我们可以看到这一举措更多的优点。发达国家仍在努力从 2008 年全球金融危机的冲击中恢复，而且许多国家极有可能被困在经济长期停滞不前的处境中，中国的经济稳健增长：2014 年经济增速为 7.3%，2015 年预计增速 7%。虽然中国经济增长率低于过去 30 年的 10%（目前中国的经济增速为 7.0%—7.5%，处于正常范围内），但是就经济规模和增长速度来看，中国的经济处于世界领先水平。中国现在是世界上最大的经济体。2014 年，中国国内生产总值（GDP）为 17.6 万亿美元，而美国的 GDP 为 17.4 万亿美元，中国已超越美国。换句话说，中国在全球经济上的份额为 16.5%，而美国为 16.3%。国际货币基金组织（IMF）预计，中国 GDP 增长的这一趋势将继续下去。

"亚洲为什么需要另一家银行？在该地区一个广泛流传的数据是：2010—2012 年期间，该地区需要 8 万亿美元的资金用于经济发展，因此，应该继续努力并采取措施弥补财政缺口。亚投行将支持并为亚洲国家基础设施的建设提供资金，如公路、铁路、电力和电信等基础设施。这一举措可以作为中国'新丝绸之路'计划的补充措施，'新丝绸之路'的目的也是加强基础设施的建设，并提高亚洲的互联互通。虽然中国一直在非洲进行大量投资，包括自然资源开采、金融、基础设施、发电、纺织和家电等领域，但在亚洲尤其是南亚地区还没有这样做。在孟加拉国，中国最近表达了其在五个优先领域的投资兴趣：商业、农业、工业、能源和基础设施。虽然中国偶尔会在基础设施领域提供支持，但是在 2010 年以前中国在孟加拉国的投资并不是特别值得注意（尽管中国是一个孟加拉国的主要贸易伙伴）。然而，自 2010 年以来，中国对孟加拉国的外商直接投资（FDI）已经显著增加，因此，在 2008—2012 年之间，孟加拉国来自中国的外商直接投资（FDI）大约上涨了 4 倍。亚投行的发起将会使孟加拉国得到中国更多的基础设施支持。

"在全球范围内，亚投行的影响也是至关重要的。世界各国将开始制定一系列雄心勃勃的可持续发展目标（Sustainable Development Goals，SDGs），2015 年后，世界各国对资源的需求变得更加突出。与此同时，世界各国领导人于 2015 年 7 月在埃塞俄比亚首都亚的斯亚贝巴举行的融资发展大会中会晤，旨在设计一个全面的融资框架以实现可持续发展目标。它强调多元化融资渠道并寻求新的创新融资，然而，成功调动额外资源受到了限制。现有的融资渠道困难重重。公共资源的重要组成部分，例如，官方发展援助和公共机构优惠贷款等不足以满足需求。现在各国已经把更多的重点放在了国内资源调动上（通过税收），它是公共资源的另一个来源。然而，这也是极其困难的，由于在许多国家没有任何现代税收基础设施支持的有效税收系统，导致了逃税漏税。私人的资金来源，如银行信贷、汇款和外国直接投资等，也是不够充足的，更重要的是不稳定。针对这样一个有限的融资格局，在 2015 年后持续发展议程中，亚投行可以大大促进资源的扩大。

"亚投行还面临诸多挑战。最重要的是要确保良好的治理。美国对亚投行的治理和问责制表示怀疑，但是许多发达国家对亚投行的参与将会对全球标准的制定产生积极的影响。因此，资金将只用于不会对人类生活和环境造成负面影响的项目。在中国的建设项目中，腐败、浪费和滥用资源也是严重的问题，必须解决这些问题。亚投行的贷款模式将是什么？贷款将以中国货币还是篮子货币贷出？它能够调动足够的资源吗？吸引项目的激励机制是什么？银行能够保持高标准的治理和贷款质量吗？贷款指南会考虑诸如人权、劳工和环境等问题吗？随着时间的推移，最终会建立制度框架和操作模式，所以这些问题必须是透明的。"

◇◇十三　土耳其智库：在中东实现战略互惠

作为中东地区的重要国家，土耳其智库十分注重研究周边国家的对华关系。国际战略研究机构在其《阿联酋和中国蓬勃发展的伙伴关系》①报告中，就中国和阿联酋的关系前景进行了全面分析，并认为这种关系的前景十分光明。作者认为："毫无疑问，阿联酋与中国的伙伴关系在未来几年会变得更加紧密。在北京方面现在已经将阿联酋看作地缘战略的重要枢纽的同时，阿联酋希望自己与北京方面的政治与经济的

---

① 作者：穆罕默德·佐勒菲卡尔·拉马特（Muhammad Zulfikar Rakmat），卡塔尔大学国际事务专业学士，目前正在攻读英国曼彻斯特大学国际政治学硕士学位。是驻卡塔尔和英的独立记者与研究员，曾在中东地区生活了八年，并在这一地区游历广泛。研究领域包括中国在中东的外交政策、印度尼西亚和中东地区的关系、穆斯林事务和残疾人权利。来源：国际战略研究机构（土耳其智库），2015 年 7 月 30 日。

紧密关系能够进一步加深，从而可以以此来加大与美国讨价还价的筹码。从世界进入 21 世纪至今，中国与海湾合作委员会（GCC）在各个领域的合作都已经被全面强化，中国与阿联酋不断加深的友好关系就是一个很好的例子。自从 1984 年中国和阿布扎比政府建交以来，中国和阿联酋就变成了重要的经济伙伴，并且两国已经为未来双边关系的蓬勃发展做好了准备。最近《中国日报》的报道说：'预计 2015 年中国与阿联酋之间的贸易额将达到 160 亿美元，这将使中国成为仅次于印度的阿联酋第二大进口商。'同时中国与阿联酋之间的贸易额占了中国与GCC 之间贸易额的 1/3，占中国与整个阿拉伯国家贸易额的 1/4。中国的主要出口产品是电子电器、机械工具和设备，而阿联酋的主要出口产品是铜、塑料和铁。

"阿联酋被视为一个非常有金融与商业潜力的枢纽，几家中国银行已经用自己的方式入驻了阿联酋，比如中国工商银行——中国最大的银行，于 2008 年在迪拜国际金融中心（DIFC）设立了自己的办事处。另外，中国银行中东（迪拜）有限公司（以下简称中银中东）、中国农业银行和中国建设银行都加入了迪拜国际金融中心，其他银行包括中国发展银行也计划在阿联酋设立分支机构。与此同时，阿联酋也一直活跃在中国的银行领域，比如在中国内地建立分支机构和代表处。阿联酋联合国民银行是第一个入驻中国的阿联酋银行，其在 2007 年于上海设立分支机构，紧接着阿布扎比国民银行和迪拜商业银行也于 2012 年入驻中国。乐观地去看这种新兴力量的增长，迪拜商业银行于 2012 年末在中国建立了一个叫作'天龙'的财经中文银行综合服务平台，它支持中国的中小企业和个人的银行服务需求，其服务包括提供讲中文的工作人员、中文文件和人民币账户。几家其他行业的中国大公司也开始注意阿联酋这一令人鼓舞的机会，阿联酋最先进的港口、海关、自由贸易区和物流园区已经使阿联酋成为能够在整个中东地区开展业务的战略中心。

2400 多家中国公司是迪拜商会的成员，它们中的大多数从事的都是电子、机械建材、礼品、服装和小商品贸易。据报道，有 1400 多家中国公司设在阿联酋的各个地区，并利用其横跨整个中东的地理优势开展业务，因此这些公司将阿联酋看作重要的枢纽。许多中国公司都开始将迪拜国际金融中心当作进入中东这片广阔市场的一个桥梁，中国最大的石油公司——中国石油天然气股份有限公司和中国工商银行也在阿联酋设立了分支机构。2004 年，中国在海外最大的贸易枢纽——龙城也修建完工并投入使用，预计龙城将进行一次大规模的扩建（以及更名），扩建后将零售、住宅和休闲等项目都容纳进来，'新龙城'最终将占地 335 万平方米。

"这些不断增长的经济联系不仅仅促使中国进入这片广大的未开发的消费市场并为其提供有利可图的投资机会，而且阿联酋的'向东看'政策也一直致力于吸引亚洲其他国家的投资。以'迪拜周'为例，这是迪拜国际金融中心在北京举办的一个活动，旨在展示迪拜作为一个有竞争力的全球商业区，为投资者提供了投资契机。2015 年 5 月由中国的'新丝路投资协会'发起的另外一项倡议协定被签署，这也向中国商人和投资者推广了由阿联酋主办的'全球贸易发展周'活动。同时，阿联酋也开始向中国进军，据报道 2013 年阿联酋在中国的投资额达到了 15 亿美元，阿联酋的企业和个人在中国共投资了大约 650 个项目，像阿联酋证券交易所这样的机构和迪拜明珠这样的开发商都在努力开拓中国市场，并吸引潜在投资者。阿联酋一直在加强与中国在能源领域的合作，并且不断扩大与中国伙伴关系的方方面面，虽然还远未达到卡塔尔与沙特阿拉伯那样的程度。中国从阿联酋进口 15% 的石油，而韩国是 12%。最近几年，这种能源伙伴关系已经远远超过简单的买卖关系，2015 年中期，中石油工程建设公司（CPECC）与阿布扎比陆上石油作业公司（ADCO）签署了一项价值 3.3 亿美元的阿联酋南部油田开发项目的协议，在这一协议之下，CPECC 将负责建设输油管道、集油站、污水系统和输电线路。该协议有望在两年内将 ADCO 的石油日产量从 140 万桶增加到 180 万桶。从 2015 年之初开始，隶属于中国最大的石油和天然气总公司（CNPC）的 CPECC 就参与了几个阿联酋的其他项目，包括阿联酋原油管道的建设和阿萨布油田的开发。

"基础设施、贸易、货币和旅游往来也呈上升趋势。最近几年，中国和阿联酋已经签署了价值数十亿美元的建设项目合同，比如迪拜环球港务集团（DP world）已经在中国的几个港口进行投资，并在香港、青岛、天津和烟台建立了物流中心。同时，据 2013 年中国商务部的报告，2011—2013 年，北京的公司一共拿到了阿联酋价值超过 48 亿美元的建设项目合同，这导致许多中国基建公司开始以自己的方式开辟阿联酋市场。中国公司在阿联酋的汽车行业也取得了很好的成果，在此之前，欧洲、日本、韩国和美国的汽车品牌占据了阿联酋的汽车市场，中国汽车公司包括北汽福田、奇瑞、东风和广汽汽车集团现在都已经进入阿联酋市场。随着阿联酋的消费者的消费选择日益转向经济适用车，中国的制造商将目标放在了更低端的市场上，中国八大汽车制造商在 2014 年参加了迪拜的国际汽车展，预计到 2020 年中国在阿联酋的汽车销售额每年都会翻一番，并且其在阿联酋的汽车销售份额会达到两位数。

"随着中国在国际舞台上的影响力日益上升，特别是其提出了'丝绸之路'倡议和亚洲基础设施投资银行（AIIB），在这种情况下，中国无法忽视这些不仅具有重要战略地位也有丰富资源的海湾国家。作为一个充满活力的贸易和商业中心，阿联酋被看作亚投行的重要成员国，同时也被视为实现'丝绸之路'倡议的一个战略枢纽。需要重点注意的是，中国将近 60% 的贸易往来要经过阿联酋，其货物从阿联酋再转运到欧洲和非洲。这大概就是为什么阿联酋表示愿意支持和参与中国的

'新丝绸之路'项目，并且加入亚投行成为其创始成员国的原因。"

◇◇十四 以色列：中国亚投行战略背后的真正意图

以务实著称的犹太人，在看待亚投行时，依然摆脱不了其实用思维。雷乌特研究所在《中国亚投行战略背后的真正意图》[①] 报告中认为："亚洲基础设施投资银行（AIIB，以下简称亚投行）是一个被用来支持'新丝绸之路'战略的政策工具。中国创建亚投行的真实动机可以从多个方面来解读，其中包括：挑战国际金融强国；保护地缘政治权力；保护本国经济利益以及建立一个新的机构以协调资本国家和无资本国家。亚投行是一个国际性开发机构，在中国的经济实力以及政治和外交影响下，亚投行的真实意图是确保多边信用。通过多渠道为合作伙伴提供经济利益，中国也希望消除其他国家思想中的'中国威胁论'。

"中国正在推动建立两个主要的政策工具，以支持其在该区域'新丝绸之路'战略的资金（新华社：加快建立丝绸之路经济带和 21 世纪海上丝绸之路）。这两个工具之一就是'丝路基金'（SRF），中国为此出资 400 亿美元。就 SRF 话题，中国人民银行行长周小川说：'SRF 就像私募股本，但是投资周期比正常的私募股本更长。我们没有公开寻求资金，但是内部和外部投资者可以以成交价格投资 SRF。因为在多边发展银行中没有平衡因素，如国家间不同的覆盖率和政治考虑，在结构和政策决定方面，SRF 相对更加的简单和灵活。在公司成立后，将会制定

---

① 作者：金建民（Jianmin Jin），浙江大学工程学学士，浙江大学工程学硕士，横滨国立大学经济学博士。高级研究员。1985 年任职于中国科技部，1998 年任职于富士通研究所。研究领域包括国际经济法（投资和自由贸易）、中国经济与企业的战略以及跨国企业在中国市场的经营策略。来源：雷乌特研究所（以色列智库），2015 年 8 月 25 日。

一个成交价并且一些子基金也可能会确立。'换句话说，SRF 本质上是一个以营利为目的的投资基金，并且也是一个中国自由使用的、方便的工具。

"亚投行是中国的第二个政策工具，是一个由许多国家合作建立的区域性发展机构。楼继伟是中国财政部部长，中国财政部是亚投行的管理机构，他于 2014 年 10 月的亚太经合组织财政部长会议上宣布：'亚投行是"半商业模式"，并且它将给主权国家的基础设施项目提供贷款。未来，该项目不设立信托基金并且也不提供主权担保，为了在亚洲发展中国家投资基础设施项目，该行将会承担公私伙伴关系（PPP），如主权财富基金、养老基金以及私人部门投资。'换言之，中国希望亚投行的投资领域涉及纯商业投资和强大的非营利金融组织之间的领域（例如世界银行和亚洲开发银行），亚投行的目的是在某种程度上赢利。为了实现'半商业化'这一目标，中国强调亚投行将提供主要资金用于交通、通信和工业基础设施，这与世界银行和亚洲开发银行不一样——这两者主要目的在于消除贫困。

"有人可能会问，为什么中国在设立 SRF 之后还要建立亚投行并且将其摆在首要位置。回答可能是，中国建立亚投行的真正动机是中国希望包括美国在内的许多国家加入，从而确保多边信用。换句话说，中国的判断是，多边方法带来的好处将大于付出的成本。这里主要有两个因素：（1）多边信用能力有助于执行合同中的投资目标和资产管理。其中，亚投行预计的投资范围会覆盖东南亚、南亚、中亚和北非的新兴国家和发展中国家。这些地区的许多国家政治上不稳定、存在信用问题（低评级），并且它们的法律和执法体系也存在问题。过去，由于行政管理的变化、劳务纠纷以及社会和环境变化，中国遭受了重大损失。中国坚持避免单方面行动的原则，但中国也意识到互惠主义的限制带来的痛苦，即中国没有强制执行合同的方法。因此，假设中国想要解决合同执行和信用管理的问题，这些问题并不能由其自身解决，那么中国应该增强亚投行的多边力量。就这一意义而言，中国和日本在亚投行信用管理方面有着相同的关注点，并且两国的讨论似乎朝着同一方向迈进。（2）巩固多边信用将提高评定等级并且降低基金采购成本。到目前为止，已有超过 2 万家中国企业在海外进行投资，但是超过 90% 的企业未赢利。起初，大多数企业的投资目的是获得资源，但是资源回报很难计算。如今，投资转向外国市场，然而更多的兴趣集中在投资回报上。为了实现'一带一路'战略，中国政府不能提供所有的资金，一些资金必须从市场并购。该战略的目标定位于亚洲新兴国家和发展中国家的基础设施项目，但是高回报率是不可被预见的，这意味着控制资本成本将关系到借贷机构的生存问题。中国建立亚投行的目的是利用多边性来提高评定等级和降低基金采购成本。为此，中国正努力促使亚投行获得3A 评级。中国努力促使更多国家参与其中，包括日本和美国，中国这样做的部分原因是纯粹的经济考量。像英国、德国和澳大利亚这样的发达国家加入亚投行将促进亚投行的评级，当然也有其他更多的因素会促进亚投行的评级，如亚投行自身资本的比率、流动性、管理和风险管理能力。因此，美国和日本对亚投行关注的问题也是中国的关注焦点，如亚投行的治理结构、债务管理和可持续发展问题。中国的努力方向与日本和美国的关注焦点是一致的。

"尽管可以从经济实用性这一角度解释亚投行的成立，但是许多其他国家的政治和外交分析将亚投行的成立视为对现存国际金融体系的挑战，并且它们认为中国想要借此扩大区域影响力。如果假设这样的地缘政治运动是中国计划中的一部分，那么，SRF 的独立建立就可以实现这些目标，为什么还需要成立多边的亚投行，这使得人们很难理解。美国的马歇尔计划就是一个关于地缘政治的例子，该计划在振兴欧洲经济的同时也加强了地缘政治力量。下面这一务实的解释来自布鲁金斯学会的研究员埃里卡·唐斯（Erica Downs），他说：'如果涉及中国公司的项目是由亚投行注资而不是由购买机制注资，如中国国家开发银行和中国进出口银行，那么中国在亚洲扩大足迹可能会被其他国家视为一种威胁。中国可以利用亚投行来使其经济扩张合法化。'中国不需要用政治和外交影响对现有国际金融体系进行全面攻击，它正试图通过提供多边经济利润这样的软实力来促使其经济全球化，从而促使它的协同合作的影响力更加深远。近来，对于中国资本和产品，在亚洲和非洲的许多新兴国家和发展中国家都对此进行批评，称其为'中国威胁论'和中国的'新殖民主义'。通过双边自由贸易协定，中国已经用经济利益换取到战略优势（即为合作伙伴提供经济利益以消除'中国威胁论'这一污名带来的影响），亚投行可以被视为一种多边互换。

"从中国在非洲和其他发展中国家的单方资本投资活动来看，融资不关注这些问题——社会环境和弱势群体，安全项目涉嫌贿赂，以及仅仅向中国公司采购，这些问题使得日本和美国对中国领导的亚投行产生担忧。对于亚投行的担忧可以总结如下：中国的资金份额很高，在组织管理问题上没有常务理事会，融资条件宽松，缺乏融资政策和条件。针对这些担忧，亚投行的董事候选人和主管金立群强调：'中国不会提供银行所需的绝大多数资本，并且随着越来越多的国家加入，中国的资本份额会逐渐减少。此外，亚投行的核心理念是精干、廉洁、绿色。我们将创造一个开放的、透明的和包容的国际银行。'中国外交部发言人洪磊就亚投行的透明度和管理问题做出回应，他强调：'亚投行将基于开放、包容、透明、负责和公平的原则设计治理结构和经营方针，并且它将利用自身优势从现有国际发展机构中吸取经验。此外，为了避免现有体系的失策和陷阱，亚投行将努力降低成本并提高运营效率。'亚投行的体制设计和实施是否会像承诺的那样，这只能由官方正式成立银行并付诸实践来确立。在任何情况下，中国的做法都是值得称赞的——试图缓解潜在的亚投行成员的担忧，如美国和日本。中国似乎想要满足这些国家的要求和期望——亚投行拥有稳健的治理结构和公平的组织运作。澳大利亚和其他一些发达国家很可能会决定加入亚投行，因为中国在解决其他国家担忧时付出的努力给它们留下了深刻的印象。这些国家正在尽最大努力确保亚投行的内部健康，甚至美国和日本也正在从外部监控着。这样像外部董事会成员一样的角色也对银行的健康发展产生积极影响。中国接下来所要面临的问题就是促使亚投行的成功，向日本、美国和其他国家表明它们的担忧是多余的。"

下　篇

◇◇ 一　美国智库："再平衡"欢迎美国与中国尽可能多地进行合作

不少美国智库在研究亚投行问题时，并没有把其当作简单的经济问题，或金融机构问题，而是将其放在美国全球战略的背景下进行考察。特别值得关注的是，美国智库在其报告中力图将美国的全球战略如"亚太再平衡"政策，与中国的对外政策和行动如亚投行等予以对接，试图从中找出兼容相通之处，并在一定程度上向美国政府建言献策。这种动向在此之前不多见。当然，也有不少智库依然对亚投行心存疑虑和担忧。2015 年 10 月 21 日，时任亚投行候任行长金立群访问布鲁金斯学会，并在演讲后回答了在场听众们许多尖刻的问题。从布鲁金斯学会发布的演讲稿，以及在场听众们提出的问题和金立群先生的回答中，可以比较清楚地感受和了解美国民众的心态（金立群先生演讲及答听众问记录稿详见附录）。

1. 布鲁金斯学会

布鲁金斯学会在《东南亚和美国：一个不确定环境中的稳定基础》①

---

① 作者：理查德·C. 布什 III（Richard C. Bush III），劳伦斯大学学士，哥伦比亚大学政治学硕士和博士。曾任美国在台协会（美国政府与台湾地区之间保持实质关系的非官方交流机制）理事主席兼常务董事。现任美国布鲁金斯学会的资深研究员、东亚政策研究中心（原东北亚政策研究中心）主任、约翰·桑顿中国中心资深研究员。研究领域包括中国大陆和台湾的关系、美中关系、朝鲜半岛和日本的安全及中国在国际关系中的各个敏感和核心议题。著有《中国政策制定：布什与克林顿政府的教训》、《台湾的国际角色：对美国政策的含义》、《美中关系的未来与进程》、《克林顿与中国：未来的序幕》、《美国对台政策》。来源：美国布鲁金斯学会（美国智库），2015 年 10 月 19 日。

报告中就持"兼容"观点。作者在报告中回顾说："对于目前我们所处的不确定的国际环境，今天我将展现一个美国人的观点。在我漫长而多变的职业生涯中，我经历了两次重大的世界秩序转变。第一次是在20世纪70年代末，美国、日本和欧洲把中国纳入国际体系，第二次是在20世纪90年代初，苏联解体。现在，我们正经历第三次更复杂的权力大更迭。我准备阐述当今世界主要的不确定性，这涉及美国在未来全球事务中的作用。促进这种不确定性产生的其中一个因素就是：中国作为一个大国在亚太地区的迅速崛起。我认为，我们应该努力区分全球层面上正在发生的事情和东亚地区内正在发生的事情。"

作者认为，"几个趋势显示，美国的霸权正在受到挑战：第一，美国曾在阿富汗和伊拉克过度扩张而付出的代价不仅非常大，而且使美国公众对新的外部冒险感到厌烦。第二，美国无力获得本国公众的认可，而且就美国在全球事务中的角色也无法达成一个新的共识。这一失败是由其功能紊乱的政治系统导致的。第三，美国和其他国家未能实现全球宏观经济的稳定。第四，美国越来越无法更好地管理自己。这些趋势导致奥巴马总统重新调整其从布什政府继承而来的对外政策。公平地说，他执行了一个战术撤退。他从根本上减少了对通过地面部队指挥远征作战的依赖，并使美国不再插手之前的冲突。当对手愿意谈判时，他更愿意通过传统的外交手段来解决纠纷。他坚称如果当合作伙伴的利益与美国的利益发生冲突时，美国将更有可能采取军事行动。他已经厌倦了那些为了自己生存而依赖美国的政府。这时，我们都会想到伊拉克、阿富汗和乌克兰政府"。

报告指出："虽然有些华盛顿内部人士批评奥巴马没有采取更多积极的措施，但是引用约翰·昆西·亚当斯（John Quincy Adams）的话就是，美国人民似乎没有心情'出国寻找怪兽来摧毁'。东亚局势虽与世界其他地区的局势不同，但也不会令人感到惊讶。中国在这一地区确立了经济中心地位，其正在做出明智的选择，走上和邻国一样的发展道路——出口导向型经济。这一经济增长模式已使该地区的国家获得极大的发展，并使这些国家的人民受益。中国希望获得尊重（任何大国都希望得到本地区较小国家的顺从），这也是可以预料到的。另外，近几年来，中国一直愿意在该地区创建公共产品，它认为现有机构不能很好地履行自己的使命，因此中国发起'一带一路'倡议并决定建立亚洲基础设施投资银行。"

在此基础上，作者提出了自己的观点："中国的复兴有助于推动奥巴马政府制定'再平衡'政策"，"'再平衡'欢迎美国与中国尽可能多地进行合作"。报告认为，"奥巴马的动机是在美国全面削减国防部预算时，将亚太地区排除在外。但'再平衡'策略并不是一个全新的方法。相反，这是一个针对东亚地区的旧式美国方法——包括军事部署以及包容性的经济和外交领导。在朝鲜问题上，两国目标是一致的。如果朝鲜提出一个严肃的外交倡议，大家相安无事。如果没有，我们将采取不同方式来遏制朝鲜的冒险主义。我们将很快看到，在台湾未来的权力转移问题上，两国将进行何种水平的合作。美国就'再平衡'策略做出的声明并没有回答以下两个问题：首先，国会和行政部门是否会在竞争的预算优先事项中找到一种方法，以在某种水平上维持其战略部署；其次，'再平衡'战略就如何应对中国在过去15年里对安全政策提出的重大倡议不提供任何指导。中国一直寻求扩大其东部和南部的战略海域。任何一个拥有如中国地理位置的国家都会保护自己的海岸。但这使东亚国家和美国在该地区的政策非常复杂。第一，美国和其盟友已经在中国想占主导地位的海域和空域展开行动。如果美国无视群岛、岩石和岛屿的领土争端，那么该地区的摩擦将会变得更大。第二，北京方面有错误解读美国及其盟友行为的倾向，认为美国的意图充满敌意。第三，有时美国和其盟友给中国提供得出这些结论的理由。第四，在扩大战略海域，并以低风险的方式宣称领土要求方面，中国已经驾轻就熟。此外，中国善于运用经济、政治和军事影响力，使其邻国改变政策"。

作者在报告中指出："我们经常使用隐喻'切意大利香肠'来描述中国南海和东海的状况。但这是一个非常欧洲化的短语。我更喜欢观察吃桑叶的蚕。虽然蚕吞食的每一口桑叶微不足道，但如果继续吃下去，桑叶很快就会被吃完。因为中国不想减少行动自由，所以用外交方式解决问题不太可行。采取减少风险的措施可以减少空中或海上发生意外冲突的风险，但这需要所有相关各方的同意。目前大家关注的焦点是中国岛屿、岩石及珊瑚礁的能力建设，及其已经控制的低潮高地。"当然，作者也毫不隐讳地指出："如果有国家必须遏制中国的渐进主义，那么这个国家很可能是美国。但是，掌握一定的分寸却很难。对于该问题，美国政府内部和其盟友中出现不同观点。对我而言，最重要的是中美在海事领域中的互动，对我国盟友的心理和信心造成的影响。"

在亚投行的问题上，美国至今没有表示要加入。但在劝阻英国等盟国不要加入亚投行未果后，美国智库对其盟友的行为发表了不少满怀醋意的评论，但也有智库对中英关系的发展现状给予了正面的评价和期望。布鲁金斯学会在《中英不断发展的友好关系对全球经济意味着什么》报告中，将历史上英国对中国人民犯下的罪行再次进行了罗列，其挑拨离间的态度昭然若揭。报告说："中国国家主席习近平对美国的第一次国事访问，尽管两国官员准备了很长时间，但是由于教皇弗朗西斯的访问、俄罗斯出人意料地以军事形式干预叙利亚危机以及美国众议院议长约翰·博纳尔的意外辞职，都给这次访问蒙上了阴影。美国媒体忽略了这次访问的很多积极层面，包括美国与中国在气候变化方面的进一步对话、网络安全协定以及习近平向美国商界确保中国将继续推行经济改革。尽管访美之旅不尽如人意，现在所有的目光都在关注中国领导人当前对英国的访问：在10月20日，习近平主席应伊丽莎白女王的邀请访问英国。他的访问包括传统象征意义的待遇——拜访白金汉宫、检阅皇家卫队及在英国议会上发言，同时还要做出重要的贸易和经济公告，强调之前的两个敌对国的关系进入一个新的和出人意料的'蜜月期'。在过去的两年中，英国一直以一种甚至让中国人吃惊的方式讨好中国。毕竟，距香港回归中国只有18年，却给中国带来了一个半世纪的屈辱。同时还包括两次鸦片战争、1860年洗劫圆明园、'租借'中国领土（租界），更不用说强占香港并使其成为英国殖民地，一些特定的公共区域一度禁止中国人出入。"

报告说："中国与英国的双边关系于2013年开始改善。当时英国首相戴维·卡梅伦与六位部长一道，率领英国商界120人的庞大使团访问中国，其中包括劳斯莱斯、英国石油公司、荷兰皇家壳牌、巴克莱、汇丰银行、葛兰素史克和维珍集团的总裁们。为了促使更多的中国投资者对英国进行投资，卡梅伦说道：'中国正在投资英国的核能，并拥有希思罗机场、泰晤士水务公司及曼彻斯特机场的股份，对此我并不感到困窘。相反，我认为这是经济实力的积极标志，我们对中国的投资开放并表示欢迎。'去年9月份，在对中国的访问中，其甚至到达了新疆维吾尔自治区，英国财政大臣乔治·奥斯本宣布中国与英国关系步入'黄金期'。现在可以公平地说，英国正成为中国在西方世界的最好朋友。几个月前，英国成为第一个作为亚洲基础设施投资银行创始成员国的欧洲国家，为澳大利亚、法国、德国、意大利、韩国及美国其他盟友的加入铺平道路，并且威胁着西方世界主导的金融机构如世界银行和亚洲开发银行的地位。英国同样将帮助中国训练其维和部队（9月份中国已承诺建设8000人维和待命部队），并向中国的多个领域包括金融、基础设施管理、高等教育和土木工程派遣了很多咨询顾问。与此同时，在不到五年的时间里，英国已经成为中国在欧洲直接投资的首要目的地（2014年达到160亿美元）。中国的多家银行如中国工商银行和中国建设银行都获准在伦敦建立分行。在英格兰的西南部，中国有望对英国核电厂建设进行投资，从而使 250 亿英镑（约合 390 亿美元）的合同得以达成。中国广核集团和中国核工业集团公司与法国能源公司一道进行投资，其中法国能源公司对核电厂的建设和运营负责。华为，这一具有争议的中国电信基础设施公司（美国安全机构视其为美国国家安全的潜在威胁和中国进行间谍活动的一个渠道），现在成为英国电信的主要供应商。英国零售商玛莎百货决定在中国开设一个旗舰店。通过主权基金中国投资公司，中国企业现在拥有希思罗机场 9% 以及泰晤士水务公司 9.5% 的股份，它们也越来越多地参与到英国铁路和港口设施的建设之中。中国企业同时也收购英国较小的公司，除此之外还寻求达成价值数十亿英镑的房地产交易。

"这当然也有政治红利，中国很清楚英国在过去一年中政策关注点的调整。在对中国的访问中，英国政治家们公开回避有争议的话题，如人权、西藏甚至作为半自治地区的香港的未来。至于亚洲基础设施投资银行，其指定行长金立群曾到访布鲁金斯学会，在英国宣布加入之后，澳大利亚和韩国据称决定加入这一银行，这是美国没有预料到的。自实施开放政策 37 年以来，中国一直显示出精明的大陆政治智识，以及通过一个欧洲国家来反对另一个欧洲国家的真正能力。例如，20 世纪 90 年代早期在建设京沪高铁过程中，中国反对法国而满足了德国的利益，条件是要求如西门子和阿尔斯通转让更多的技术。（最后在西门子的帮助之下，一家中方财团建设了这一铁路线。）

"在当前局势之下，欧洲面临着挥之不去的货币问题和愈演愈烈的移民危机，中国可能不会在伦敦寻找一位欧洲朋友，以作为其同美国的纽带。正如过去英国作为美国同欧洲国家的纽带一样，现在伦敦正决定在中国和美国之间扮演类似角色。考虑到下降的国际地位，这对于英国而言并不是易事。但是中国也有着其他选择：1964 年法国成为第一个同中华人民共和国建立全面外交关系的西方国家，并且作为联合国安理会常任理事国，其与中国也有着良好的关系。在非洲，法国正与中国发展新的合作伙伴关系，同时努力吸引中国旅游者和投资者。德国是中国在欧洲的最大经济合作伙伴，两国在汽车、交通和能源领域的合作已有了成熟的关系。中国更多地将德国视为欧洲的领导人，其将在 10 月底欢迎德国总理默克尔自 2005 年以来对中国的第八次国事访问。尽管德国拥有中国希望的很多科技和工业，而法国与非洲有着中国所需要的联系，但是英国可以强调其备受追捧的服务业、房地产和金融行业。尽管不是欧元区成员国，英国被授予成为第一个人民币交易平台的特权，人民币国债将很快在英国发行，这将会为中国货币的国际化奠定基础。鉴于这些联系，随着北京方面变得更加自信，如果亚太地区的安全局势恶化，尤其是在南海地区，那么英国可能帮助中国促使美国回到谈判桌上。"

报告在结束时，还不忘顺便提及英国和欧盟的关系问题。作者一语双关地写道："戴维·卡梅伦可能自豪地向中国媒体宣布英国在深化欧盟同中国贸易和投资关系中起着独特作用，但这一陈述的真正目的还有待观察。同世界其他国家一样，中国意识到在未来的 12 或 15 个月内，英国可能退出欧盟，这将使英国失去相对于其欧洲竞争对手的大部分优势。"

美国布鲁金斯学会认为亚投行是中国的一项对冲策略。在其《中国的对冲策略》[①] 中认为，"中国的新开发银行对全球金融治理来说，既不是一项令人惊讶的倡议，也不是严重的威胁。亚洲基础设施投资银行

---

① 作者：孙仁柱（Injoo Sohn），首尔国立大学亚洲历史学士，乔治·华盛顿大学政治学博士，东亚政策研究中心外交政策访问研究员，香港大学政治和公共管理系副教授。政治科学家，其专长领域为东亚领域。研究领域包括亚洲区域一体化、中国外交政策以及全球经济治理。他曾经发表《对抗和同化之间：中国和全球金融治理的碎片》。来源：美国布鲁金斯学会（美国智库），2015 年 5 月。

是中国长达十年的对冲策略里一项新的组成部分。为了避免对现有的全球机构过分依赖，中国一直奉行规避风险的对冲策略。中国采取的措施是加大区域性补充，同时维持与以七国为中心的全球机构（如世界银行）的合作关系。虽然亚投行是中国重塑现行国际货币秩序的手段之一，但是该银行与现存全球和区域机构是可共存的。中国对全球以及区域性金融机构的发展没有很大的把握，它希望避免将其所有的蛋都放在一个篮子里。在中国眼里，全球金融机构根本性改革的前景尚不光明。在全球层面，虽然中国呼吁在现有的全球金融架构中进行更多的实质性改革，但是，中国既不是主要的政策创新者，也不是所提出倡议的主要反对者。中国的对冲策略很有可能加快一个更为分散以及多层形式的全球金融治理体系的出现。然而，全球治理的分散型模式可能并不完美，但是在某种程度上也会有益处。只要一些主要的国家能够一起追求公共利益，那么全球性、区域性和双边机构之间的有效合作就有可能发生"。

该智库在《亚投行将吸取世界银行的教训》① 中认为，"中国筹建亚投行，原因在于它认为现有国际金融机构的治理结构进展过于缓慢。在实践中，发展中国家已经不再寻求通过现有多边开发银行渠道来进行融资，因为这些金融机构办事非常拖拉而且官僚习气很重。亚洲发展中国家对亚投行概念的热烈回应表明这些国家认同亚投行可以成为一家拥有完善保障系统、比现有国际多边金融机构业务处理速度更快和更富效率的银行的看法。亚投行项目将有助于中国解决产能过剩问题的观点纯

---

① 作者：大卫·道勒（David Dollar），达特茅斯学院中国历史和语言学士，纽约大学经济学博士。约翰·桑顿中国中心发展规划、全球经济与外交政策的高级研究员，中国经济和中美经济关系的专家，曾是世界银行东亚和太平洋地区中国和蒙古局局长，世界银行发展研究局局长，主管世界银行在投资环境和经济增长领域的研究工作。他早期的研究课题侧重援助与经济增长、结构调整贷款支持的改革计划的成败因素等。在生产率增长、技术转让和东亚发展领域发表过大量论著，还参与编写了世行报告《全球化、增长与贫困（建设一个包容性的世界经济）》。来源：美国布鲁金斯学会（美国智库），2015 年 4 月 27 日。

属无稽之谈。亚投行的出现可能会推动全球其他多边开发银行运营效率的提高，并成为全球框架的一个组成部分。跨太平洋伙伴关系协定（TPP）如果取得成功，当前尚未参与其中的中国和其他亚洲国家可能会选择签署这一协定。促使硬件和软件的结合将亚太经济变得更加融洽"。

美国布鲁金斯学会在《美国如何回应越来越多的国家加入亚投行？》① 报告中认为，"中国对创建多边贷款机构做出重大努力，认为这将对世界银行（WB）和亚洲开发银行（ADB）作以补充。作为主导世界银行和亚洲开发银行的两个主要大国，美国和日本显然都担心把亚洲金融的主导权让给中国。然而，美国和日本与亚投行保持距离。它们对该行的态度是不确定的，甚至是无礼的。美国认为，成立亚投行有助于解决亚洲对基础设施的巨大需求，这一举措在很大程度上也将推动中国政策目标的实现。亚投行即便不会取代现有的国际经济机构，也将对这些机构造成不利影响"。

针对盟国之间在亚投行问题上的分歧，美国布鲁金斯学会发表了《特殊的争论：美国、英国与亚投行》。② 报告认为，"英国是美国最亲密的盟友，所以当昨日英国将会加入中国发起的亚洲基础设施投资银行的消息传出后，人们都大为惊讶。一位匿名的白宫官员指责英国'不断迁就'中国。奥巴马政府因其对中国倡议所做出的反应而广受责备。美国多年来一直呼吁中国在全球事务中承担更多责任，而美国现在却反

---

① 作者：乔纳森·D. 波拉克（Jonathan D. Pollack），密歇根大学政治学硕士和博士，曾是哈佛大学博士后研究员，现在是布鲁金斯学会约翰·桑顿中国中心和东亚政策研究中心高级研究员。研究领域包括中国的国家安全战略、美国—中国关系、美国在亚太地区的战略、朝鲜政治和外交政策、亚洲国际政治和核武器以及国际安全。来源：美国布鲁金斯学会（美国智库），2015 年 3 月 17 日。

② 作者：托马斯·怀特（Thomas Wright），布鲁金斯学会国际秩序和战略项目外交政策研究员。此前，曾任芝加哥全球事务委员会执行理事，芝加哥大学哈里斯公共政策学院的讲师，普林斯顿国家安全项目的高级研究员。来源：美国布鲁金斯学会（美国智库），2015 年 3 月 13 日。

对亚投行。奥巴马政府做出回应称，他们不反对亚投行本身，但是他们担心亚投行达不到其他此类机构的治理标准，尤其是在反腐和环保政策方面。美国对亚投行的态度一直是模糊而矛盾的。毋庸置疑，白宫对英国的这种指责是极不明智的。这再次让人们意识到美国是反对亚投行的。这也表明，所有对亚投行的担心都是由美国推动的，事实上，许多亚洲民主国家都担心该银行的治理标准。当澳大利亚和韩国加入亚投行，而且正与中国发展微妙的外交关系时，英国愿意无条件加入亚投行，这一举动很不寻常。英国使亚洲民主国家处于劣势地位，并在这类谈判中支持中国。英国表示，中国可以单方面设定规则，而英国将会追随。似乎，戴维·卡梅伦政府做出这样的决定是因为该政府希望成为第一个加入亚投行的国家而且希望英国这么做能够获得中国的信任。英国认为它能够从内部更好地影响亚投行的治理，这一想法似乎是不可能的。真的会有人相信注重商业机遇的英国政府在没有获得商业利益的情况下会离开亚投行吗？在任何情况下，民主国家集体与中国谈判会更好。未来，美国需要停止蓄意阻挠中国的提议，并且应该找出应对中国极具竞争性经济外交的更好策略。这包括建设性地塑造中国发起的机构以及找出真正危及东亚区域安全的机构。这也是一个提醒美国的警钟，国会也应该支持跨太平洋伙伴关系以及在太平洋地区的一个积极主动的经济战略"。

美国布鲁金斯学会在《中国新投资银行与美国的外交失败》[①] 中认

① 作者：菲利普·科尔（Philippe Le Corre），巴黎索邦大学国际法专业学士、政治学硕士，拥有法国国立东方语言文化学院颁发的东方语言文化证书。现任美国布鲁金斯学会美国与欧洲中心的访问学者。加入布鲁金斯学会之前，曾任法国国际和战略关系研究所副研究员。2007—2013 年，曾作为阳狮集团合伙人领导顾问团队为 2010 年上海世博会组委会提供国际交流事宜的相关咨询。研究领域包括亚欧政治和经济关系、中国的外交政策和法国事务。来源：美国布鲁金斯学会（美国智库），2015 年 3 月 17 日。

为，"英国无条件成为亚投行创始成员国，这一决定最初像是一次误判，如今却成为伦敦的一次小型外交胜利。中方也表明有意进一步投资英国的基础设施，包括铁路、能源和水。此外，伦敦希望成为世界上最大的人民币兑换平台。这再次证明了中国在西方国家寻找朋友的能力有时比想象的要更强大。这也表明，美国与欧洲的利益分歧正在日益扩大。至于欧洲，它们关心的主要是贸易和投资问题。欧洲政府之间正在为吸引中国投资者而展开竞争。同时，亚投行即将落户北京，亚洲的经济首都可能会成为中国新的国际战略的关键一环。包括日本（亚洲开发银行的主导国家）在内的其他国家将只能选择接受这一现实"。

该智库在《中国进军全球治理》[①] 报告中认为，"最近，中国在全球治理格局中引起了不小的轰动。近几个月，中国开展了一系列'小多边'倡议（不是全球，但也不局限于两个国家）。中国与'金砖五国'（巴西、俄罗斯、印度、中国和南非）成立金砖国家开发银行，设立 400 亿美元丝路基金以提升欧亚大陆的连接，同时使美国的一些盟友加入新成立的亚洲基础设施投资银行等。这一系列活动意味着什么？这一话题引发了大量讨论，包括中国的战略和全球治理。对于大西洋彼岸站在美国利益角度考虑的人们而言，这通常被认为对美国领导地位构成威胁。这种观点认为，中国在努力寻求避开当前的国际秩序，创造一种新的竞争体系，挑战美国的领导地位，并分裂西方。但是美国也有人持不同意见。欧盟外交与安全政策前高级代表哈维尔·索拉纳（Javier So-

---

① 作者：杰里米·夏皮罗（Jeremy Shapiro），哈佛大学计算机科学学士、约翰·霍普金斯高级国际研究学院国际关系和国际经济硕士，麻省理工学院政治学博士候选人。曾在《纽约时报》、《金融时报》以及《华盛顿邮报》担任文章作者。现任布鲁金斯学会国际秩序和战略中心研究员，是美国国务院政策规划中心的一员。出版的著作包括《尼克·威特尼》、《战争盟友：美国、欧洲以及伊拉克危机》及《美国军队和新国家安全战略》等。来源：美国布鲁金斯学会（美国智库），2015年4月1日。

lana）认为，中国是在尽力融入现在的全球治理体系。中国发起一系列倡议，原因在于现在全球强国，特别是美国和日本，拒绝给中国与其经济实力相匹配的地位。中国的真实目的很难辨别清楚，但是它至关重要"。

美国布鲁金斯学会在《德法对华战略：这并不是一场选美比赛》①报告中认为，"更紧密的经济合作和现代化伙伴关系，仍然是德中关系和中法关系的核心。德国和法国还希望中国能够进一步承担国际责任。主要的工具是贸易，虽然依赖关系是相互的。中国需要德国和法国的技术，这对其现代化建设十分关键，包括'中国制造2025'倡议——模仿2013年德国提出的'工业4.0'计划。在目前阶段，中国无论是在气候相关的承诺抑或参与解决国际争端中均进展甚微，尤其是相对于未来将面对的挑战而言。中国尚未成为美国和欧洲所希望的'负责任的利益相关者'。但中国也并非毫无作为：中国建立了一些替代机构，如金砖银行（金砖国家新开发银行）和亚洲基础设施投资银行（AIIB）来制约西方国家在诸如世界货币基金组织等国际机构中掌握特权。尽管欧洲内部存有多种声音，但德法采取的全面战略是与越发强大的中国进行合作的一个更加有效的方法。在某些问题上，中国与欧盟成员国之间采取双边倡议是一个很好的方法。但是在其他诸如贸易政策和南海安全的问题上，从欧盟层面解决的方法将更为有效。这也要求欧盟内部要加强政策协调。卡梅伦承诺英国将成为中国在西方的支持者，这对习主席来说不失为一件好事，毕竟习主席很明白'伙伴'和'支持者'之间还是有着很大区别的。对欧洲国家来说，与其试图成为中国在西方的说客，抑或取悦那些支持敌对中国的老脑筋，不如加强与其他欧洲国家以

① 作者：菲利普·科尔（Philippe Le Corre），曾任法国国防部顾问，任教于巴黎政治大学和巴黎高等商学院，现任布鲁金斯学会美国与欧洲中心访问研究员。研究领域包括亚欧政治经济关系以及中国的外交政策。梅—布里特·U.施图姆鲍姆（May-Britt U. Stumbaum），高级研究员。来源：美国布鲁金斯学会（美国智库），2015年11月3日。

及中国的紧密合作关系。长远来看，与中国建立一个真正的全面关系将带来超出短期贸易收益以外更高的利益。尽管德法的策略并不完美，但它们的方向是正确的"。

2. 卡内基国际和平基金会

卡内基国际和平基金会发表了《习近平访英为中英关系进入黄金时期揭开序幕》。① 从标题看，就能感觉到其正能量。作者认为："在访美之旅结束之后，中国国家主席习近平将于下周开始其对英国的第一次国事访问，这将是 10 年内中国国家主席第一次访问英国（上一次是前主席胡锦涛于 2005 年访问英国）。在访问开始前，英国首相卡梅伦和中国外交部部长王毅运用'黄金年'和'黄金时期'来描述当前的中英关系。在对中国为期五天的访问中，英国财政部部长乔治·奥斯本声称中国和英国将进入合作的黄金时期。当前中国—英国关系首当其冲和最重要的层面是经济。这是卡梅伦政府务实主义政治和两国经济依存度不断增加的结果。在卡梅伦于 2012 年 5 月会见达赖喇嘛之后，英国同中国的关系在 2012 年和 2013 年陷入冰冷期。反对中国的人权立场和担忧中国处理香港的自治同样造成了双边关系的不稳定。现在，卡梅伦政府已经变得更加实务，并且强调双边关系的积极层面，尽管美国反对，英国仍然决定加入亚洲基础设施投资银行就是一个很好的例子。当前中国和英国都决定弥补两国关系发展所失去的契机。尤其是英国认为它与中

---

① 作者：史志钦，清华—卡内基全球政策中心常驻学者，主管中欧关系项目，欧洲问题专家，清华大学人文社会科学学院党委书记，兼任国际关系学系/国际问题研究所主任，教授。研究领域包括比较政治学和国际关系，尤其是欧洲面临的问题和中欧关系。赖雪仪，清华大学国际关系学系博士后研究员。研究领域包括中欧关系、亚欧关系、地区间主义及亚欧会议。来源：卡内基国际和平基金会（美国智库），2015 年 10 月 15 日。

国的关系发展落后于德国同中国的关系。

"在经济依存度方面，英国是中国在欧盟的第二大贸易伙伴（仅次于德国），而中国是英国第二大非欧盟贸易伙伴国。英国也是中国在欧盟直接投资最受欢迎的目的地，并且是中国在欧盟的第二大投资目的地。总体而言，当前中英关系的重要成分确实是实实在在的，具体而言就是商品和资本流通。习近平将率领由主要商业人士组成的使团，并且有望签署重要的贸易协定。中国希望其铁路、能源、航空和电信行业在英国打开市场，而英国则关注中国的金融市场和庞大的中国资本。具体而言，伦敦正希望中国的投资在价值和质量上都得到提高，尤其是商业投资（与房地产投资相对）。当前的英国经济发展相对强劲，但是增长看起来却不稳定，这从英格兰银行最近几个月决定不提高最低利率就能看出。作为一个开放经济体，英国总是受到国际市场的影响。另外，卡梅伦及其保守党刚刚赢得新政府，如果想维持国内人民的支持，他们就需要保持经济恢复。鉴于这一事实，有着13亿多人口大市场和超过3.5万亿美元外汇储备的中国成为英国关键的经济合作伙伴。就中国的经济领域而言，核工业和高速铁路是英国最感兴趣与之达成商业协定的领域。这样的协定将意味着西方经济体承认中国自己研发的高端科技，从而标志着中国工业成功地从低端科技的产品生产过渡到先进科技的产品生产。

"另外，中国将解释人民币最近的贬值和股市的波动，以向英国投资者确保中国将继续坚持经济改革。对中国而言，英国是人民币国际化的关键合作伙伴，伦敦是世界领先的金融中心，该国政府已经将人民币纳入外汇储备之中。例如，两国同意研究将上海伦敦股市互通的相关情况，这显示了双方深化双边关系的决心。在外交方面，习近平访问英国以及受到伊丽莎白女王的接待（在白金汉宫）显示了双方对于促进双边战略伙伴关系（建于2004年）的真诚愿望。正如中国外交部部长王毅所说，习近平的访问将标志着中英两国关系'黄金期'的开始。步入这样一个黄金期意味着双方将主要关注建设性的合作和共同利益。实际上，这一趋势可以追溯到英国作为西方世界第一个加入亚投行的国家之时。中国不仅看到卡梅伦的务实主义，同时做好了使两国关系成为新型大国关系的准备。而有争议的事务，具体而言就是中国的人权状况、香港政治体系改革以及网络黑客行为都可能阻碍双边关系的发展。卡梅伦高度关注的另一个事务是英国在欧盟的成员国资格。与其2014年访问欧洲不同，习近平主席将在这次外交访问中只访问英国。中国高度重视英国，这将有助于英国强调其特殊的国际地位，并提高英国与欧盟讨价还价的能力。与中国这样的全球主要大国建立密切联系将有助于卡梅伦政府消除对英国国际地位下降的担忧，并且由此增加英国国内对其的支持。"

报告也指出："值得注意的是，只有中英两国意识到双方的重要性，习近平的访问才能真正地使中英关系步入'黄金期'。一方面，中国希望一体化的欧盟可以作为多极化世界的重要一极，因此中国不希望英国离开欧盟。另一方面，中国正在意识到欧盟内部不同的声音。中国理解英国对于其欧盟成员国资格的担忧，并且了解到有着众多成员国的欧盟内部出现不同的观点和利益也是正常的。真正脱离欧盟将使英国冒很大的风险，但是通过与欧盟保持一定距离，英国可以保留更多的自主权。最重要的是，对于英国而言，同美国的关系是其最重要的双边关系。英国不大可能放弃使其成为西方国家的价值观和标准。之前强调的'黄金期'是指中英两国放下意识形态方面的差异。然而政治文化和社会价值方面的差异依然存在。成熟的伙伴关系要求双方尊重彼此的差异。尽管冲突成为国际关系的一部分，但当今世界仍是高度国际化和相互依存的。像中国和英国这样成熟的伙伴国为各自以及外部世界传递了一个积极的消息，即关注共同利益是双方关系向前发展的关键。正如大多数接受采访的英国精英们所指出的那样，中国和英国达成密切的伙伴关系需要更深入的相互理解。有效的双边对话（而不是独白）以及坦诚的意见交流是必不可少的。尽管这需要很长的过程，但是文化和人民之间的交流对于达成全面合作伙伴关系是必需的，如中英高级别人文交流机制以及最近提出的交换历史文物的想法。由于建立互信是一个缓慢的过程，因此习近平与卡梅伦的会面应该标志着双边关系发展的一个起点，两位领导人都应该积极主动地推动双边关系'黄金期'的发展，使中英关系成为其他国家关系的典范。"

美国智库除了对中英关系说三道四之外，还以追捧印度的方式，离间中印之间的关系。卡内基国际和平基金会在《习近平时代的美印关系》① 报告中指出："美国、中国和印度形成了复杂的三角关系。在中国国家主席习近平访美期间，美国领导人应时刻谨记，深化其与中国的关系可能会使印度与其疏远。本周，当中国国家主席习近平访问华盛顿时，美国和印度将有机会评估并加强它们在亚洲的新兴合作。事实是，这种三角关系具有重要意义。经常有人认为，美国和印度不'需要'把中国当作合作的基石。美印两国拥有多样化的能源、经济和安全利益，它们有许多理由去合作和协调。但不可否认的是，中国在这两个国

---

① 作者：埃文·A. 费根鲍姆（Evan A. Feigenbaum），密歇根大学历史学学士，斯坦福大学政治学硕士和博士。卡内基国际和平研究院亚洲项目的非常驻资深研究员和保尔森中心（Paulson Institute）的首任执行理事。曾任美国外交关系委员会（Council on Foreign Relations）东亚、中亚和南亚问题高级研究员，以及全球政治风险咨询公司欧亚集团（Eurasia Group）理事和亚洲事务组负责人。还曾担任哈佛大学文理学院政府学讲师（1997—2001）、亚太安全倡议（Asia-Pacific security initiative）执行董事和约翰肯尼迪政府学院中国安全研究项目主任。研究领域包括国家安全和战略竞争、中印关系、亚洲地缘政治和美国在东亚、中亚及南亚的影响力。其出版专著包括《美国在新亚洲》（外交关系委员会，2009 年，合著）和《中国的高科技勇士：从核时代到信息时代的国家安全和战略竞争》（斯坦福大学出版社，2003 年）。来源：卡内基国际和平基金会（美国智库），2015 年 9 月22 日。

家战略审计中的地位不容忽视。

"好消息是，美国和印度都认可它们在亚洲的合作潜力，必须承认的是，部分原因是因为它们很关注中国可能会成为什么样的大国。2015 年 1 月，美国总统奥巴马访问印度，两国发表了关于亚太地区合作的联合声明。但是，对于太平洋地区的关注并不新鲜。这可以追溯到十多年前。早在 2001 年 11 月，美印联合声明就强调'亚洲的共同目标'。2002 年，美国驻印度大使罗伯特·布莱克威尔（Robert Black-will）发表了里程碑式的演讲。他认为：'亚太地区和平有助于维持亚洲的繁荣，美印将推进这一目标。'自 2005 年以来，亚洲对世界经济的影响发生了戏剧性的变化。包括西方经济体在内的许多经济体越来越多地依赖于亚洲的工业和商品消费。亚洲国家是投资者、建设者、贷款人，以及某些领域的增长'引擎'。中国是重要参与者。事实上，中国是 60 多个国家的顶级贸易伙伴。中国产能过剩和需求放缓使许多经济体为之一震，尤其是商品生产者。但如果中国成功地将经济重新平衡，它将培育一些新的需求驱动因素，如通过家庭消费促进增长速度。中国经济增速放缓和其近期股市动荡这两方面，不可能改变其作为投资者和基础设施建设者日渐凸显的核心角色。随着中国的'一带一路'基础设施倡议与其他举措的推进，包括 400 亿美元的'丝路基金'和新的亚洲基础设施投资银行及金砖国家新开发银行，这些举措可能最终改变亚洲的经济面貌，尤其是南亚。"

报告指出："中国的外交和经济政策正以前所未有的方式融合。中国的资本充足是中国外交政策的延伸：它将继续利用国家支持的金融工具来达到经济和战略目标。如今，中美安全竞争已变得日益激烈。在战略层面，中国的崛起已经使美国和印度走得更近。但在战术层面上——有时甚至在战略层面上——美国和印度的目标和选择并不总是一致的。最终，如果一方与中国的关系失败，另一方也不会获益。因此，美国和印度面临考验，特别是在习、奥会晤后：他们能否共同努力捕捉中国崛起的机会，同时为不利情况做出规划？这样的一个机会是跨国投资。美国正寻求与中国签订双边投资条约，为外国竞争者开放更多的行业准入。而印度总理纳伦德拉·莫迪试图利用中国的资金来满足印度的国内经济增长和发展的需要。"

美国智库还把两岸关系作为研究和考察亚投行的内容之一。卡内基国际和平基金会在《台湾和大陆领导人的首次会面》① 报告中认为："两岸领导人的首次会面显然旨在加强海峡两岸和平发展的趋势。台湾海峡两岸领导人习近平、马英九将于本周六，也就是 11 月 7 日，在新加坡首次会面。自马英九 2008 年担任台湾地区的领导人以来，两岸关系取得改善，此次具有突破性意义的会面显然将进一步巩固和平发展的趋势。如今官方发布消息称，经双方商定，此次在新加坡的会面将以两岸领导人的身份和名义举行，习近平与马英九见面时将互称'先生'。此次'习马会'的筹备工作高度保密，因此当消息公布时许多反对派大为震惊，支持者们也表示出乎意料。由于举行'习马会'的消息过于出人意料，台湾地区的反对派找到充分理由指责马英九未征询民意便仓促行事，以'突袭'方式告知民众，这是'出卖'台湾，是'暗箱操作'，是在为继任者'下指导棋'。民进党'总统'候选人蔡英文在发表的长文声明中，首先强调了积极一面：'我首先要强调，在符合"对等尊严"、"公开透明"、"不涉政治前提"的原则下，我们乐见两岸之间有正常的交流，只要是有助于两岸和平、增进沟通对话、对双方互惠互利的做法，我们一直都正面看待。换句话说，如果今天"马习

---

① 作者：道格拉斯·H. 帕尔（Douglas H. Paal），布朗大学中国研究与亚洲历史学士与硕士，哈佛大学历史与东亚语言学博士。卡内基国际和平基金会副会长，前美国在台协会台北办事处处长。研究领域包括中国政治、外交与安全、台湾政治、经济与两岸关系、东北亚与东南亚政治与外交、澳大利亚、新西兰与太平洋诸岛等。来源：卡内基国际和平基金会（美国智库），2015 年 11 月 4 日。

会"的安排，能够有一个透明的磋商过程，能够把商谈的议题、彼此承诺的条件让民众了解，接受民意及"国会"监督，并且真正做到"对等尊严"、"公开透明"、"不涉及政治前提"这三个原则，我相信，民众的疑虑会降到最低'。随后，蔡英文指责马英九：'在此，我要严肃地提醒马"总统"，两岸关系应该跳离政党政治利益的考量，台湾地区的未来不能当作为了选举而进行的操作。我们和"国人"一样，都期待两岸关系走向和平稳定发展的方向，因此，"对等尊严"、"公开透明"、"不涉及政治前提"是必须遵守的原则，也是不能被牺牲的底线。我们会跟人民站在一起。'马英九政府对此进行了回应，向民众保证本次会面旨在巩固两岸和平，维持台湾地区现状交换意见，而且不会签署任何协议，也不会发表联合声明。

"不搞突袭是令马英九颇为自得的原则，但这个消息还是让美国人始料不及。美国官方对此做出积极回应，此次会面符合其长期所持的政治立场，即支持两岸缓和紧张关系，促进商业和民众交流。美国官方至少没有出格言论，官员也在私下明确表示，希望新加坡的'习马会'对两岸关系产生积极影响。不过，也有许多现任和前任官员在私下对此次'习马会'表达担忧，认为其结果将给两岸带来不利影响，有损于台湾地区的稳定现状。在街头政治上，国民党一向不是民进党的对手，后者十分清楚如何利用一切机会诋毁国民党领导层。台湾地区的民意调查持续显示，人们对中国大陆经济越来越紧密地'拥抱'台湾持怀疑态度。近期以来，这种情绪还混杂着台湾方面对大陆增设新航线靠近'海峡中线'，以及换发卡式台胞证的反感。此外，台湾地区在外交上孤立无援、经济增速减缓，青年人口和劳动力市场存在错位，这使他们感到发展机会受限。所有这一切都表明，两岸领导人和各自团队必须在新加坡集中力量，才能避免两岸关系走下坡路，若要试图扭转台湾民众对大陆的负面心态则更不易。

　　"既然蔡英文承诺维持海峡两岸现状，那么此次两岸领导人的会面等于给'现状'设置了非常高的标准。如果蔡英文当选且不再像马英九那样坚持'九二共识'，未来台海关系将迎来新基础，届时主动权将更多掌握在中国大陆手里。通过此次与马英九会面，习近平展现出友善的一面，未来如果蔡英文没能妥善处理两岸关系，大陆方面将在与美国的交涉中占据有利地位。尽管华盛顿和北京方面密切关注马英九的表态，但他的观众主要还是集中在台湾地区。具有讽刺意义的是，如果马英九的表态越不像是帮国民党在大选中得分，就越符合和平稳定发展的战略原则，反而越有可能消减台湾地区的批评声，帮助国民党候选人赢得选民支持。他应该明白这一点，并很可能将做出建设性表态。当然，除两岸领导人的评价以外，潜意识沟通也将发挥作用。大陆和台湾地区心照不宣，两岸领导人都不会在镜头前冒犯对方的尊严。但是任何人都不应低估台湾媒体混淆视听的能力，它们尤其擅长把一个人的威严举止曲解成对另一个人的贬低侮辱。任何政治行家都知道，'习马会'传递出的视觉信息对外界如何解读政治讯号至关重要。

　　"放眼更宽泛的背景：美国利用中国邻国来应对中国，通过'再平衡'战略侵入亚洲；作为回应，中国在过去两年中开始在亚太地区推行新政策，基本可以称之为对美国'再平衡战略'的'抗衡'。近两年来，习近平提出'一带一路'倡议，以增进中国与东南亚和中亚邻国的商业与基础设施联系。中国创立了亚洲基础设施投资银行，为这些建设项目提供资金支持。由于美国拉拢缅甸政府，导致中缅关系明显疏远，中国开始主动走近昂山素季——虽然中国此前曾多年支持她所反对的军政府。中日韩三国首脑峰会上周末在首尔举行，可以看出中日紧张关系得到缓解。中俄关系也处于过去50年最好的水平。习近平对地区安全架构提出若干建议，并试图将中美紧张关系保持在可控的范围内。

由于民族主义者对国家主权高度敏感，南海问题可能是一个特例。在这个问题上，时间会证明一切。

"由此不难想象，如果主权问题能得到妥善处理，习近平希望稳定两岸关系，维持周边地区和谐。习近平把强势领导与外交成果相结合，如果台海地区的局势朝积极方向发展，这将成为他的重大'得分点'。这样一来，中国周边那些长期心存疑虑的邻国将吃下定心丸，不会因一直抗拒中国而顺从美国。考虑到未来两年美国将大量精力投入到'总统选举'和组建下届政府当中去，中国外交可能会在此取得重大成就。"

对亚投行的发展和未来，美国智库也发表了不少看法。卡内基国际和平基金会在《中国在设定"正确"标准中有一定的作用》① 中认为，"亚洲基础设施投资银行（AIIB）不应该视为对最高标准的威胁，而应该是帮助现有多边机构制定正确标准的一次机会，来自国际货币基金组织（IMF）、世界银行及亚洲开发银行的与 AIIB 积极合作的支持性陈述促进了这一趋势的发展"。卡内基国际和平基金会在《揭秘亚洲基础设施投资银行》② 中继续认为，"世界银行和亚洲开发银行的贷款范围很广。它们参与诸多社会项目，如健康、教育和环境问题。它们还参与编写经济报告和项目贷款——为一般预算提供资金的基本贷款，用途十分广泛。而亚洲基础设施投资银行（AIIB）将侧重于具体项目，如公路、桥梁和发电厂的建设。AIIB 将借鉴世界银行或国际货币基金组织的一般经济报告信息，但它不必重复这些信息点。AIIB 的操作也会更简单、

① 作者：黄育川（Yukon Huang），耶鲁大学经济学学士，普林斯顿大学经济学硕士和博士。卡内基国际和平研究院亚洲项目的资深研究员。研究领域包括中国的经济发展及其对亚洲和全球经济的影响。来源：卡内基国际和平基金会（美国智库），2015 年 4 月 9 日。

② 作者：同上。来源：卡内基国际和平基金会（美国智库），2015 年 4 月 21 日。

有效和快捷。这实际上是一件好事，因为它给予借款人一个选择。实际上，AIIB 的关键在于谁是客户？它们想要什么？贷款的质量和借款人这两方面需要进行慎重考虑。像世界银行和亚洲开发银行这样的机构基本上从来没有违约，所以 AIIB 必须确保其贷款偿还不会被拖延。如果借贷方没有按时还款，那么 AIIB 将很难在资本市场进行借贷，而且债券的利率将会很高"。该基金会在《亚投行：中欧关系的双赢》① 中还认为，"有人认为亚洲基础设施投资银行是中国的马歇尔计划，旨在为自己谋利。面对这样的批评，亚投行本质上应该坚持的原则是其投资的社会回报最大化。中国一直以来都表示其致力于打造多极世界，并支持欧盟的一体化进程与独立的外交政策。外界夸大其词，认为中国发展会称霸世界，但他们却忽略了美国军费支出与人均 GDP 远高于中国这一事实"。

卡内基国际和平基金会在《AIIB 会在某一天变得重要吗？》② 中认为，"亚洲基础设施投资银行（AIIB）的创立并不像所有人想得那么重要，如果中国成立 AIIB 的决定和美国对抗它的决定是争取亚洲地缘政治主导地位的一部分，那这两个国家的做法都是错误的"。

3. 德国马歇尔基金会

美国智库不但对英国加入亚投行感到恼火，对其另外一个盟友德国的不听话，美国也颇有微词。美国智库德国马歇尔基金会在《领导关

---

① 作者：史志钦，北京大学博士，中共中央党校硕士，河南师范大学学士。清华—卡内基全球政策中心主管中欧关系项目、清华—卡内基全球政策中心驻会研究员。来源：卡内基国际和平基金会（美国智库），2015 年 6 月 16 日。

② 作者：米歇尔·佩蒂斯（Michael Pettis），中国经济研究专家，北京大学光华管理学院教授。来源：卡内基国际和平基金会（美国智库），2015 年 4 月 11 日。

系中的伙伴？》① 报告中，无奈地评论说："1989 年 5 月，老布什总统呼吁德国与美国结为合作伙伴。他这样做是因为预计随着冷战结束，德国将成为欧洲权力的中心。当时的德国总理赫尔穆特·科尔不愿意承担这一角色，德国这种不情愿的态度一直延续至今。今天，德国是欧洲为数不多的有着稳定领导的成功国家，皮尤研究中心最近进行的一项民意调查发现，72% 的美国人认为德国是一个可靠的盟友，这一比例仍落后于英国（85% 的美国人认为英国是一个可靠的盟友）。但皮尤研究中心的调查也显示，在问及过去 75 年中与德国有关的最重要历史事件时，美国人仍然认为二战和大屠杀是最令人难以忘记的（28% 的人提到柏林墙的倒塌）。美国公众往往认为德国的整体形象是积极的。民意调查也证实，在某种程度上，美国人希望看到德国发挥更大的领导作用，包括军事领域。当前，美德关系没有 26 年前那么密切，德国不再是重要的军事伙伴。在 1989 年德国统一之前，联邦德国每年花费 339 亿美元用于国防领域（相当于 GDP 的 2.8%），军队人数接近 50 万人。2016 年，德国的国防预算约为 360 亿美元（相当于 GDP 的 1.2%），军队人数不到 20 万人。德国现在仍是世界上卓越的地缘经济强国，而美国仍是传统的地缘政治军事强国，美国人认为德国在搭美国军事力量的'便车'。"

报告也无奈地承认，"德国现在是一个独立主权国家，它在一些问题上与美国站在一边，而在另一些问题上与美国立场迥异，这也不足为奇。德国反对伊拉克战争和对利比亚的干预，但在北约东扩时却成为美

---

① 作者：史蒂芬·绍博（Stephen Szabo），美国大学国际服务学院学士、硕士，乔治敦大学政治学博士。现任跨大西洋学院（TA）的执行董事。加入德国马歇尔基金会之前，曾任约翰·霍普金斯大学保罗·H. 尼采高级国际研究学院欧洲研究学教授，并任美国国务院西欧研究外交服务协会主席，一直是亚历山大·冯·洪堡基金会、伍德罗·威尔逊国际学者中心和位于柏林的美国学会成员。研究领域包括跨大西洋关系，北约、欧盟、德国政策和美国外交政策等。来源：德国马歇尔基金会（美国智库），2015 年 10 月 2 日。

国的重要伙伴，并提供部队。在伊朗谈判和乌克兰问题上，德国是重要的参与者。但在希腊和欧元区危机问题上，德国的反应并不总是像美国所期望的那样。美国有一个共识，即德国的政策缺乏全局战略性，德国受狭隘利益（尤其是经济利益）驱动来制定相关政策。当前，德国的经济利益是全球性的，中国目前是德国的第四大贸易伙伴，仅次于法国、美国和荷兰。德国对中国的出口额占到欧洲对中国出口总额的近50%。不顾美国的游说，德国愿意与英国和其他欧洲国家一道加入中国引领的亚洲基础设施投资银行（AIIB），这使美国认为德国对地缘经济利益的重视正在取代对传统联盟的重视。伊朗问题是另一个德国重视地缘经济的例子。德国看到重启伊朗市场背后的商业和战略逻辑。德国是P5+1的重要成员，将是核协议生效后第一个进入伊朗市场的西方大国。就像一份报告指出的那样：'毫无疑问，伊朗市场有巨大的吸引力，这是欧洲国家和美国决定支持达成协议的一个重要因素。'德国在某些情况下是美国的合作伙伴，而在另外一些情况下，它是一个独立的国际事务参与者。在美国眼中，德国不愿与美国成为合作伙伴，并仍是国际舞台上一个有限的领导者。它不再是一个'大瑞士'，但也仍不是老布什总统及其继任者预想中的合作伙伴"。

在印度的问题上，欧洲国家要比美国理性务实。对此，美国智库也没有忘记专门挑剔评论。德国马歇尔基金会在《欧洲与印度和亚洲不同步吗？》① 报告中说："过去十年里，美国和印度之间的合作进展极不寻常。不可否认，美印关系间的问题依然存在，两国关系的发展存在限

---

① 作者：汉斯（Hans Kundnani），德国马歇尔基金会欧洲项目的高级研究员。曾担任过欧洲外交关系委员会的研究主任，也是伯明翰大学德国学研究所的副研究员。研究领域包括德国和欧洲的外交政策、德国历史、政治和外交政策与关系、欧盟—亚洲关系。经常在各种期刊和报纸发表文章和论文，如《外交事务》、《华盛顿季刊》、《金融时报》。精通英语和德语。来源：德国马歇尔基金会（美国智库），2015 年 10 月 6 日。

制，其中主要原因在于印度的'不结盟'和战略自主的理念。但很显然，在战略层面，美国希望印度在制衡中国方面发挥作用。

"欧洲与印度的合作范围相对较小，主要集中在贸易自由化，且合作进展相对较慢。问题的关键在于中国成为亚洲的区域霸主是否对欧洲有利。许多欧洲人，尤其是决策者认为以'霸权'和'平衡'的字眼看问题似乎不合时宜。因此，在有关亚洲国际政治的讨论上，美国总是在一方面与亚洲脱节，在另一方面与欧洲脱节。欧洲是否希望印度在制衡中国方面扮演角色不是一个理论问题。相反，这个问题具有重要的政策含义，尤其对欧洲向亚洲国家出口武器具有一定影响。人们常说，除法国和英国之外，欧洲在亚洲安全方面并没有起到重要作用。然而，欧洲对亚洲区域安全做出贡献的一种方式是向亚洲国家销售武器，尤其是高端军事技术。印度一直向一些欧盟成员国购买武器，如德国和法国。然而，这些交易是否存在战略因素还是仅仅出于商业动机仍不明确。

"欧盟与印度进行军事技术合作有利于欧盟对俄罗斯的政策。20世纪60年代，印度在武器系统方面极度依赖俄罗斯。但是通过继续购买俄罗斯武器，印度不仅避免了西方的制裁，而且还支持了俄罗斯武器工业。印度人长期以来一直抱怨他们除了从俄罗斯购买武器别无选择，因为西方国家不愿意与他们分享先进的军事技术。虽然美国正在努力解决这个问题，甚至为航空母舰的合作成立了一个联合工作组。印度与欧洲在共享伽利略卫星导航系统源代码谈判的破裂，促使印度加入俄罗斯的格洛纳斯系统。印度和欧洲可能合作的第二个领域是亚洲基础设施投资银行。中国是该组织的最大股东，持有26%的投票权。但是日本和美国拒绝成为亚投行的创始成员，印度是该组织的第二大股东，持有7.5%的投票权，因此是该组织中一个关键的成员。欧盟大约持有20%的投票权（德国是该组织的第四大股东，持有4%的投票权）。投票权意味着欧盟和印度可能在亚投行中有强大的话语权。但欧盟和印度能否进行合作，取决于它们是否能在亚投行中共享一种议程。

"欧盟和印度的合作将取决于其如何看待中国的'一带一路'（OBOR）基础设施项目，创立亚投行的部分原因是进行融资。特别是它们将其视为一种公益事业，或是一个可以改变亚洲权力平衡的战略计划，欧盟和印度都对该项目采取观望的态度。但是印度认为'一带一路'对它可能是一个潜在威胁——使中国'包围'印度的同时，让中国在印度附近构建军事力量，而欧盟则倾向于仅仅将'一带一路'视为一个经济机会。如果欧洲希望印度关心欧洲的安全，并识别印度对欧洲的威胁，它们也必须关心亚洲安全和识别亚洲对印度的威胁。"

4. 彼得森国际经济研究所

这个世界是如此之大，但又如此之小。亚投行的出现，让美国智库一下子感到了世界的拥挤。彼得森国际经济研究所为此专门召开了一个会议，讨论世界的"拥挤问题"。在《多边开发银行和亚洲投资：还有更多空间吗?》报告中，罗列了许多有意思的观点。

亚当·博森（Adam Posen）：我们就目前的多边开发银行进行了一系列讨论，特别是对它们的需求以及对基础设施的需求，这些开发银行在亚洲进行投资，从不同的角度来看，我认为这是一个特别的主题。我们将会就21世纪国际经济规则，以及多边开发银行（MDBs）如何花费它们的资金进行讨论。我认为这是一个很好的出发点，我们可以从多个角度出发对这些重要问题进行讨论。

兰巴迪（Domenico Lombardi）：当我们谈论亚洲投资时，尤其是在基础设施投资方面，实际上我们讨论的问题是如何创造更好的区域市场，以及如何把亚洲的这些市场与世界其他地区的经济整合在一起。然而，同时，我们也会谈论投资的规模。几年前，根据亚洲开发银行

（ADB）的一项研究估计，最近十年，亚洲的基础设施建设融资需求大约为 8 万亿美元。这也将为投资者提供巨大机遇，同时也取决于区域项目如何开启。

安妮（Anne Van Praagh）：中国目前正处在一个关键时刻，其经济放缓超过人们的预期。中国这种平衡经济所做出的举措也引发一系列问题。中国将如何成功管理这种转变，从一个政府主导、大量投资主导的经济增长模式转变为由消费推动的经济增长模式。麦肯锡咨询公司研究表明，到 2030 年，全球基础设施融资需求为 60 万亿美元。发达经济体对大型基础设施建设需求很大。发达经济体面临基础设施老化问题。同时，新兴市场将依赖于基础设施投资来解决基础设施瓶颈问题。很明显，基础设施建设有助于缓解全球面临的经济增长束缚。在低收入、中等收入国家，基础设施整体质量较差。因此，基础设施建设的规模是巨大的。就全球基础设施建设而言，需要关注的是"一带一路"建设，"一带一路"是一个雄心勃勃的、区域内的计划。它涉及中亚和南亚、中东、东欧和西欧的 40 多个国家，旨在创建一个完整的交通和基础设施网络。它由"丝绸之路经济带"和"21 世纪海上丝绸之路"构成。"一带一路"将影响世界 2/3 的人口、全球 1/3 的 GDP，所以其规模巨大。该计划旨在加强中国的贸易和金融联系。中国将从更大的能源进口多元化中获益。来自俄罗斯、中亚的能源供应将替代传统的中东和非洲供应商。区域一体化还将增加对中国资本和消费品出口以及服务的需求。加强贸易和投资将缓解 GDP 增长下行压力。南亚和东南亚国家可能会从基础设施投资中受益。刺激投资和经济增长会使这些国家的经济得以发展，尤其是较小、较贫穷的国家，如孟加拉国、柬埔寨、巴基斯坦和越南。我们认为这些国家可能是最大的受益者。一些国家在"一带一路"的倡议下发起一些计划。此外，我们考虑的是"一带一路"如何影响主权债务。我们看到，由中国延长的贷款，无论是基于优惠基础还是商业基础都将增加政府的债务负担。我们知道，亚洲基础设施投资银行和"丝绸之路基金"将增加中国作为外部融资来源的重要性。对于很多国家来说，中国已经是非常重要的财政来源。商业贷款可以增加疲弱财政政策国家的预算压力。此外，政府债务负担也将显现出来。在多边开发银行的讨论中，我们要谈论的是评级较低的国家对融资的需求。评级较低的国家通常更加依赖外国融资，而且主权评级与经常账户余额之间存在很大的相关性。"一带一路"战略倡议将会影响资金来源的平衡，特别对于评级较低的国家来说，它们通常更容易受到资本流动不稳定的影响。

安德鲁·戴维森（Andrew Davison）：中国国家开发银行指出，目前正在开发的超过 1 万亿美元的项目与"一带一路"有关。亚投行和政策性银行将提供巨大资金来源。中国出资建立 400 亿美元的"丝绸之路基金"。然而，基础设施领域的问题更复杂。基础设施是什么？什么不是基础设施？我们应该使核心基础设施概念化。例如，道路、桥梁是基础设施。输电、配电、清洁水、废水、机场、海港是核心基础设施。高速公路服务站呢？机场的购物设施呢？纳米技术设施呢？目前，在我们看来，这些都不是核心基础设施。"一带一路"倡议下的基础设施资产如何交付？事实上，这十分复杂。这里有不同的采购方法。采购将由公共部门还是私营部门进行，其原因是什么？这些因素是由商业驱动还是公共政策驱动？基础设施服务供应商的商业模式是什么？一旦商业模式建立，融资策略是什么？这里有一系列不同的融资模式。所以，情况将变得更微妙、更复杂。现在回到"一带一路"的问题上，就基础设施建设的重要资金来源而言，中国国家开发银行等政策性银行显然非常重要。我们注意到中国政府确实是在鼓励中国金融机构和企业（如基础设施等国有企业）发行人民币债券，在中国境外发行外币债券。因此，这些企业的资金来源变得更加多样。亚投行、"丝绸之路基金"以及其他发展金融机构、双边区域发展银行等显得格外重要。这些都表明融资规模巨大，从而需要调动、利用私营部门资源。此外，这里存在一些其他问题，政策决策者需要考虑如何利用公共部门的风险资本来刺激私营部门资本。就这一问题而言，多边银行发挥着至关重要的作用。特别是，多边机构有其特有的风险管理能力。

史蒂夫·赫斯（Steve Hess）：多边开发银行在全球资本市场的作用越来越重要。刚刚创建的亚投行将以某种方式填补基础设施建设资金缺口，它是一个非常重要的机构。亚洲国家，特别是东亚国家，与世界上其他地区的国家相比，国内生产总值（GDP）没有那么高。除了亚洲开发银行，亚洲基本上没有别的银行，除非把哈萨克斯坦的欧亚开发银行包括在内。事实上，亚洲其他地区确实没有专注于某个区域的机构，除了亚洲开发银行。欧亚开发银行（又称欧亚发展银行）是俄罗斯和哈萨克斯坦于 2006 年 1 月成立的国际金融机构，旨在促进成员国市场经济的发展、扩大经济和经贸关系。俄罗斯在欧亚银行的注册资本金为10 亿美元，哈萨克斯坦的注册资本金为 5 亿美元。2008 年 12 月，该银行同意接纳塔吉克斯坦、白俄罗斯和亚美尼亚为其成员国。银行总部将设在哈萨克斯坦阿拉木图，银行行长由俄罗斯公民担任，副行长由哈萨克斯坦人担任。亚投行是除亚洲开发银行以外的、专注于亚洲的一个机构。有些文章称，世界需要亚洲，需要亚投行，这是真的吗？而且其他文章称，亚投行将与世界银行（WB）竞争，从而使世界银行变得无关紧要，亚投行将成为拥有规模巨大、资本充足的机构，亚投行将替代世界银行和其他银行，如亚洲开发银行吗？我并不这么认为。事实上，我们很高兴可以获得更多的融资，因为正如前面所讨论的，全球基础设施融资的需求特别大，因此，新银行的出现是合理的，而且它可能为全球金融的发展做出积极贡献。

王宏英（Hongying Wang）：我们都知道，在过去的几年中，新的多边开发银行取得重大进展：新开发银行或金砖国家银行于 2014 年 7 月成立，亚投行的成立稍微晚一些——于 2015 年 6 月最终通过协议，之后，南亚国家成立自己的区域发展基金等。令人担忧的是，亚投行本身可能会提出与现有规则矛盾的新规则，从而破坏全球现有体系。因此，正如我之前所说的，华盛顿方面的反应尤其强烈，拉里·萨默斯（Larry Summers）说，美国已经失去其作为国际经济规则制造者的地位。还有一些人认为，亚投行代表了一个以中国为中心的新布雷顿森林体系的建立。我想简要讨论三个问题：新开发银行如何融入到基础设施建设中？我们应该担心吗？我们应该担心什么呢？为了使新开发银行融入到基础设施建设中，就更广泛的全球经济治理而言，重要的是要看到传统多边银行的局限性。对基础设施建设的估计各有不同。据普遍估计，发展中国家每年需要约 2 万亿美元来满足其对基础设施建设融资的需求。近年来，实际投资不足 1 万亿美元。因此，我们可以看到基础设施建设融资有很大的缺口，急需填补。然而，传统银行的能力有限，部分原因是治理改革的问题。最近的一项研究显示，每年的资金流动，如 2012 年来自世界银行的约 240 亿美元，亚开行已接近 90 亿美元，然而这对于基础设施融资的需求还远远不够。因此，由中国主导的亚投行有助于填补这一缺口。更重要的是，正如我们已经看到的，新的银行已经处于竞争中，当这些新兴经济体都聚在一起谈论，甚至将成立一些新银行时，其他银行则加速促进填补基础设施融资缺口。二十国集团（G20）已经启动了一项以澳大利亚为中心的全球基础设施计划。世界银行已经增加且计划继续增加其资金以及基础设施项目，发起一项全球基础设施基金，希望其可以作为一个平台，使不同的银行资助基础设施建设。此外，由区域开发银行制定的各种各样的区域项目已经开始实施。除此之外，通过进行某种类型的改革，如新形式融资，新银行可以提供或改变现有的基础设施融资模式，新银行（如亚投行）将会制定更简捷、更有效的批准项目过程。新银行将会与旧银行和其他主要利益相关者共享一些东西，基础设施建设对于全球经济增长及一体化至关重要，而且良好的治理非常重要。所以，中国官员一再强调，他们采取的原则依附于新成立的银行。也有迹象表明，这些银行很可能与其他银行合作。因此，亚开行和亚投行显然是两个潜在的竞争对手，但是它们已经强调，它们将共同努力、进行合作。中国人清楚地知道好评价的重要性。事实上，中国官员已经向莫迪表明："最好给中国一个好的评定，否则中国将转向自己的国内市场来为新银行筹集资金。"所以，他们当然知道其重要性，并且希望获得一个好评，尽管这有些操之过急，因为亚投行还没有正式成立。

亚当·博森（Adam Posen）：多边开发银行和亚投行都很重要。这是一件很好的事情，这将有助于亚洲，特别是中国，有一个属于自己的机构，但中国领导人曾多次表明这一好处只"居第二位"。我们总是做些报告并且显示所有材料的相关性。这些材料通常涉及如何为数据库评级或者对于亚投行的最终评级有什么合适的计划。或许欧洲复兴开发银行应该得到重视，它在建立时就包含各种各样的"日落条款"，这或许对保加利亚和罗马尼亚都有好处，但显然，亚洲开发银行和亚投行也会进入哈萨克斯坦。

史蒂夫·赫斯（Steve Hess）：就亚投行而言，它是全新的机构，所以它的一切看起来都很好，但我们不知道如何去运作，因为没有记录可查。美国对于亚投行持有疑虑的一个方面可能是透明度。

沙希德·尤素福（Shahid Yusuf）：多年来，人们不断听到一个问题，即银行已经变得无关紧要，私人部门和私人金融市场可以包办一切，多边机构正在走下坡路。但是，自从亚投行和金砖国家新开发银行登上历史舞台以来，这种担忧似乎已经烟消云散。突然间，我们看到了基础设施建设方面的巨大差距，私人部门和私人金融市场显然无法承担这样的重任。

彼得森国际经济研究所在《谁将在亚投行中掌握权力？》[①] 报告中指出，"中国在亚洲基础设施投资银行（AIIB）拥有 30% 的股份，这意味着其拥有大约 26.1% 的选票权。根据中国财政部发表的协议条款，16 个欧洲国家将加入新的中国全球金融体系，这意味着超过 1/4 的成员方将是欧洲国家（包括英国、法国、德国和波兰）。所有欧盟成员国的表决权总数将达 21.8%，比中国的投票权低约四个百分点。中国、印度和俄罗斯是最大的持股人，拥有 39.5% 的投票权。韩国、澳大利亚和印度尼西亚是包括在'其他亚洲地区'中的最大的国家，各自都将有 3% 的投票权。昨天彼得森国际经济研究所王红英提醒我们，金砖国家成员国在世界银行的股份加起来仅为 13.9%。金砖国家在亚投行的股份加起来接近一半（49.4%），共有 43.3% 的投票权。在习近平主席访问美国前夕，前财长亨利·保尔森（Henry Paulson）认为，'美国错误地反对了亚投行的建立。现在，它应该帮助建立银行——最好是加入它'"。

5. 大西洋委员会

大西洋委员会介绍了 2015 年世界银行和国际货币基金组织年会的情况。报告认为："广大发展中国家一直都努力寻求在世界银行（WB）和国际货币基金组织（IMF）中获取更大的发言权，而开发银行的兴起给予它们更多的选择，提升了它们的影响力。IMF 和 WB 2015 年召开的年会展现出激烈的情绪，本月在秘鲁首都利马召开的会议的讨论议程

[①] 作者：简（Jan Zilinsky），哈佛大学经济学学士学位，芝加哥大学工商管理学硕士学位，曾任彼得森国际经济研究所研究员，斯洛伐克央行银行研究部门工作。来源：彼得森国际经济研究所（美国智库），2015 年 10 月 1 日。

包括外汇波动、新兴市场发展放缓以及看似永无止境的希腊危机，但来自新兴市场的官员们却有一个独特的讨论议程，他们希望能够在 WB 及 IMF 的运作中拥有更大的发言权。这是一个非常有争议的问题，这个问题可能会改变两个多边体系的面貌。截至目前，IMF 及 WB 的治理改革已停滞不前，这使新兴市场政府感到很困惑。但随着两个竞争组织亚洲基础设施投资银行（AIIB）和新开发银行的出现，这些官员也因此在讨论中拥有很大的影响力。

"来自中国的一些官员创建了 AIIB，并为金砖国家银行提供资金，毫无疑问，他们会为自己及其他发展中国家谋得更多的投票权。北京中央财经大学的一位教授表示，像往常一样，中国会在会议中提出提升新兴市场经济体发言权的问题，但 AIIB 及金砖国家银行必定会削减中国在 IMF 和 WB 中的利益。

"随着 IMF 及 WB 竞争对手的出现，有些不满意的政府可以开始寻求其他帮助。很多事情依赖于美国国会，这对于在 IMF 中寻求更多影响力的国家是坏消息。美国的立法者一直拒绝改革。现在，随着 2016 年总统竞选如火如荼地进行，美国政治也使立法议程杳无音信。尽管奥巴马总统支持这些变革，但时间却越来越短。华盛顿美国企业研究所常驻研究员、IMF 政策制定及检查部门原副主任德斯蒙德·拉克曼表示，国会没有机会做任何事情，与先前和措施相矛盾的变革相比，此次变革更是与改革的概念相对。由于 IMF 未来的角色还安危未定，官员们一直在寻求一项不需要美国批准的解决方案，IMF 前执行董事蒙泰尼诺（Montanino）表示，虽然这不能完全满足新兴市场经济体的需求，但至少可以显示 IMF 良好的意愿。

"奇怪的是，尽管中国在利马召开的国际货币基金组织和世界银行会议中倡导新兴市场国家的事业，但这些国家会因中国的一些事情仍表现得很脆弱。中国经济放缓已经影响了新兴市场的出口，使大宗商品价格暴跌。在拉丁美洲，类似巴西这样的经济体正在处理长达十年牛市的结束带来的问题，智利大学经济系教授及国家中央银行前管理者乔治亚（José de Gregorio）表示，商品周期及与之相关的商品投资的下滑，再加上国内政治动荡都成了包袱。我们短期内看不到复苏，但目前面临的大问题是该怎样做才能继续增长。自然资源价格的下滑对于撒哈拉以南的非洲地区也是一项威胁，就像美国联邦储备委员会提升利率一样，其他央行可能会纷纷随从，否则它们的货币会大幅贬值。鉴于最近全球股市的波动，美联储可能会暂时放缓量化宽松政策，即使美联储结束其资产购买热潮，也可广泛预测政策变化，从而减少其负面影响。乔治亚表示，它不会这么具有戏剧性，不会看到 2013 年的情景。

"汇率不确定性问题来自中国，中国增加人民币的吸引力，以使其成为国际货币。有人说，这是利用贬值来刺激出口。北京方面否认这一指控。据称，中国的观点是，它对竞争性贬值并不感兴趣，因为这不利于中国经济增长，而且会带来贬值预期和资本外逃。中国的行为是为了让市场力量更多地参与到设定人民币对外汇率中。在众多事项中，有重要作用的是人民币纳入 IMF 特别提款权中，一篮子货币包括欧元、日元、英镑及美元。8 月，IMF 宣布至少在 2016 年不会就这一问题做出任何决定。美国的观点并没有那么乐观，加州大学伯克利分校政治学和经济学教授、IMF 前高级政策顾问巴里·艾肯格林（Barry Eichengreen）表示，人民币国际化是中国'面子'工程，也是中国更广泛的金融改革及再平衡的一部分。他承认金融改革和再平衡是一件好事，但也有风险。希腊危机无疑将会充满本月底的整个会议议程，随着 IMF 呼吁决定它是否参加欧盟的第三救助基金，蒙泰尼诺表示，未来会就此问题展开讨论，尤其是应该如何评估债务可持续性，希腊将成为一个案例，用以决定美国是否需要一个债务重组框架。"

6. 国民经济调查局

美国智库还关心亚投行成立后的后续效应，如对人民币国际化的促进作用等。国民经济调查局在《RMBI 或 RMBR：人民币注定成为全球或区域货币吗?》报告中认为，"以前的研究主要集中在人民币何时将作为一种国际货币而扮演重要角色，但很少关注人民币将会发挥何种作用。对此有两种观点：一是人民币将承担起类似于美元的全球货币作用。支持者指出，中国广泛多元化的贸易和金融流动及其机构举措，不仅在亚洲而且在世界各地都有重要影响。另一种是人民币将在亚洲扮演一个相当于欧洲在欧元区的角色。这一观点的支持者认为，中国在利用区域供应链、深化其与其他亚洲国家的联系以及发展区域机构方面具有天然优势。因此，基于这些原因，他们认为亚洲将成为人民币的'自然栖息地'"，"中国最近发起的亚洲基础设施投资银行旨在促进亚太地区基础设施的投资，而且创建了中国建筑企业的业务。可以说，中国提供大量资金以及中国建筑公司进行基础设施建设，亚投行将促进人民币在区域层面的使用。虽然亚投行当前的目标是促进亚洲基础设施发展和区域一体化，但是会员资格是全球性的，不是地域性的，亚投行有57 个创始成员国，其中包括 20 个亚洲国家、24 个欧洲国家以及 9 个中东国家。这些国家都将为亚投行提供资金，它们的建筑公司和顾问也同样会为业务竞争。因此，不会令人惊讶的是，我们将看到亚投行业务扩展到亚洲以外的国家"。

7. 美国哈德逊研究所

美国哈德逊研究所将上合组织和亚投行联系起来进行比较，提出了成长的"烦恼"问题。在其《上海合作组织成长的烦恼》① 报告中写道："本月初，借着反法西斯战争胜利 70 周年阅兵这一契机，一些欧洲国家的领导人在北京举行领导人会议。于 7 月 9—10 日举行的上海合作组织（SCO）政府首脑理事会做出决定，扩大机构成员名单，包括承认印度和巴基斯坦具有新闻价值。十多年来，上海合作组织在扩大成员方面一直僵持不下。上海合作组织于 2001 年由六个国家建立——中国、俄罗斯、哈萨克斯坦、吉尔吉斯斯坦、塔吉克斯坦以及乌兹别克斯坦，尽管观察员国、'对话伙伴'和其他 SCO 的联盟会员数量不断增加，但只有这六个国家是上海合作组织的正式成员。虽然上海合作组织正在努力提高非成员国的地位，但没有证据显示这些非成员国从其较低地位中获益匪浅。只有正式成员能够利用上海合作组织的决策共识来否决该组织的举措。与正式成员国相比，像土耳其这样的非正式成员有着很多限制，土耳其于 2012 年被邀请成为正式的对话伙伴，但在上海合作组织每年的领导人峰会和其他会议上，土耳其甚至没有派遣高级官员参加。

"尽管印度、巴基斯坦和其他国家成为上海合作组织的正式成员会为上海合作组织带来新动力，但这一举动也可能会加大组织的内部压力，从而使组织缺乏一致性和有效性。尼泊尔和斯里兰卡已经成为正式

---

① 作者：理查德·韦茨（Richard Weitz），哈佛大学政府研究专业学士，伦敦经济学院国际关系专业硕士，哈佛大学政治哲学硕士，哈佛大学政治学博士，精通俄语、法语及德语。2003—2005 年，担任外交政策分析所高级工作人员；2002—2004 年，担任国际战略研究机构和国防科学委员会顾问，也是哈德逊研究所政治军事分析中心高级研究员和负责人；目前是国家安全改革项目案例研究工作组负责人，并在战略研究中心、哈佛大学肯尼迪政府学院贝尔弗科学与国际事务中心以及美国国防部任职。研究领域包括国防改革，核不扩散，国土安全，美国对欧洲、苏联、亚洲及中国的政策。曾在《华盛顿季刊》、《北约评论》、《冲突与恐怖主义研究》、《防御概念》、《战略研究杂志》等期刊中发表文章。来源：哈德逊研究所（美国智库），2015 年 9 月 18 日。

的对话伙伴，如果印度和巴基斯坦也加入，那么该组织解决南亚安全和经济问题的可能性将会加大。现有的六个成员国在地理、人口规模、军事力量和经济资源方面存在很大差异。假设这将会是一场赌博，通过扩大上海合作组织的成员来增加额外资产，这将进一步扩大差异。一些观察人士希望，印度和巴基斯坦的加入将会有助于消除阿富汗和中亚地区之间的差异，但使印度和巴基斯坦成为正式成员将会增加中国和俄罗斯、乌兹别克斯坦和其他几个成员国之间的竞争。巴基斯坦总理纳瓦兹·谢里夫和印度总理莫迪举行了第一次双边会谈。这一举措使印度和巴基斯坦的关系有所改善。在大多数情况下，上海合作组织可能不会对欧亚大陆的经济和安全局势产生不利影响。由于国家间的法规、法律和标准存在冲突以及成员国拒绝集体向上海合作组织提供资源，所以该组织通常不会维持或执行许多会议上达成的协议。上海合作组织的成员可以很容易地识别和谴责它们反对的内容，但其发现很难维持一个积极的议程。中国努力推进'上海精神'，与其他国际性机构相比，该组织的经济结构特别脆弱。

"一些欧洲机构的发起时间晚于上海合作组织，但其发展速度快于上海合作组织。在 2014 年 7 月的峰会上建设上海合作组织经济制度没有取得实质性进展，同时举行的金砖国家会议标志着新开发银行正式建立。然而中国推出建立自己的亚洲基础设施投资银行，并且振兴哈萨克斯坦建立的亚洲相互协作与信任措施会议（CICA），中国旨在通过这些举措建立一个有影响的、包括日本和美国在内的泛欧亚安全结构。上海合作组织的发展战略挑战着西方价值观和文化多样性的要求，上海合作组织的政府有其他很多机会可以对此做出批评，但印度和蒙古不支持这样的做法。俄罗斯和中国将会一视同仁地对待上海合作组织的正式成员国和非正式成员国，这引起一个议题：如果上海合作组织不存在，那么欧亚大陆是否会有所不同。即使作为一个空壳，上海合作组织仍能继续其基本功能——确定中国和俄罗斯在中亚的意图和活动。中国一定会展示其在该区域的主要经济活动和安全活动（包括贷款），这一行为是在上海合作组织内发生的，本质上来说这是一种双边活动。此外，中国不挑战俄罗斯在该区域的安全优势，俄罗斯通过独立的集体安全条约组织（CSTO）来确保这一优势，集体安全条约组织中包括除中国之外的所有上海合作组织成员。俄罗斯正在通过建立欧亚经济联盟来确保制度选择权。

"对于中国和俄罗斯来说，允许印度和巴基斯坦同时加入上海合作组织是一个明智的妥协。俄罗斯历来是印度经济安全的强大合作伙伴，而中国是巴基斯坦的强大'靠山'。近年来，俄罗斯和巴基斯坦的关系有所改善，俄罗斯的外交官不再声称巴基斯坦是一个潜在的失败的国家。以前俄罗斯认为，比起伊朗，巴基斯坦对俄罗斯的安全有着更大的威胁。俄罗斯的国防也在不断扩大，包括主要的武器交易和区域安全问题对话。由于中国和印度未解决的边境争端，两国的关系仍存在问题，这就解释了为什么中国对印度加入上海合作组织的态度有所转变。中国仍然阻止印度加入核供应国集团和成为联合国安理会常任理事国。最有可能的是，中国领导人决定让印度成为上海合作组织的成员是为了赢得普京的好感。由于几十年来长期的地区性经济增长，中国已经不担心印度参与到中亚地区事务中来。由于俄罗斯的经济困难和中国推出的'一带一路'倡议，在接下来的几年里，中国的经济影响力在大多数地区将会增长。由于技术和财政限制，在欧亚大陆印度无法与中国展开竞争。此外，尽管所有的宣传都围绕在上海合作组织的正式邀请上，但印度和巴基斯坦不可能很快成为正式成员。由于中亚各国政府的担心，伊朗、蒙古和其他国家期望加入上海合作组织将会需要更多时间。"

为了抵消亚投行的效应，美国智库把希望寄托于日本，把印度看作完美的合作伙伴，希望通过日本和印度的合作，来抵消中国不断上升的影响力量。哈德逊研究所发表的《新的日本—印度联盟将改变亚洲》①是这种观点的代表之一。作者在报告中认为："尽管这并不是什么头条新闻，但印度最终从日本购买 15 架 US-2 水上飞机标志着日本和印度关系的重大突破。这也预示着日益改善的日本—印度关系将改变 21 世纪的亚洲，并且包括美国和中国在内的其他国家也正在跟上这一新的地缘政治现实。印度和日本达成了四年的水上飞机交易，该交易也涉及许多细节，例如，有多少日本新明和工业——US-2 飞机的生产者——将会同意印度公司参与飞机生产，这一合作目前正在谈判。不过，自从日本首相安倍晋三于 2014 年颁布国防出口禁令以来，这将是日本国防项目的首次海外销售。印度总理莫迪于 2014 年秋访问日本，这也释放出一个响亮而明确的信号——亚洲最重要的两个民主国家之间正在形成一个新的战略联盟。

"日本和印度是继中国之后亚洲最大的经济体，几十年来，两国之间的贸易对双方经济有着重要影响。但目前的趋势正在推动这两大亚洲经济体结合，这一趋势不仅包括中国的崛起，也包括对美国在该区域战略和军事承诺的怀疑，尽管奥巴马总统一再强调'太平洋枢纽'和'亚洲再平衡'，但这一怀疑仍持续增强。新的印度—日本战略伙伴关系不仅仅与战略和地缘政治有关，经济也发挥着重要作用。例如，印度总理莫迪将日本在印度的直接投资视为其计划的重要组成部分，他的计划是让印度不景气的经济重新恢复活力。印度的日本企业数量迅速增

---

① 作者：亚瑟·赫尔曼（Arthur Herman），曾就读于美国明尼苏达大学和约翰·霍普金斯大学的历史学和古典文学系。《纽约邮报》和《华尔街日报》有关国防、能源和科学技术议题的撰稿人。2007—2009 年，作为第一个非英国公民被任命于苏格兰艺术委员会。来源：哈德逊研究所（美国智库），2015 年 9 月 21 日。

加，从2006年的267家增加到2013年的1800家——在短短的七年内增加了6倍。事实上，日本首相安倍希望改善日本目前的经济低迷状况，包括扩大向印度出口的机会。

"最重要的是，安倍和日本正在寻找一个强大的依靠伙伴来抗衡中国的崛起。印度是完美的候选人。日本和印度都与中国存在领土争端，两国都正目睹着中国在军事开支方面的成倍增长——从弹道导弹到航母和隐形战斗机，两国对此都提高警惕。同时，印度和日本也看到中国新的经济扩张策略，如'丝绸之路'计划和中国—巴基斯坦经济走廊，这些行动旨在取代日本和印度的重商主义运动，两国将中国视为在亚洲和中东的贸易竞争对手。日本想要印度成为盟友，它会发现印度正在等待这样的盟友。印度总理莫迪表示愿意加强与日本的密切关系但要看中国对此的看法，也就是说，中印经济关系可能会比印日关系更为密切。例如，印度是亚洲基础设施投资银行的一员，而日本则不是。印度建议日本参加今年的印度—美国联合海上军事演习，该演习被称为马拉巴尔演习，日本自卫队几年来都想要参加该演习。以前日本已经参加过该演习，这将会是日本第二次在印度洋上参与马拉巴尔演习，印度洋被称为印度的'海上后花园'。莫迪政府向日本发出邀请，而不担心这样的行为是否会'得罪'中国，尽管美国和印度邀请日本和澳大利亚参加演习时，中国没有对此表示不满，但中国设法让印度取消了'四边演习'。中国日益增加其在巴基斯坦的经济和军事'足迹'：习近平主席承诺对尼泊尔基础设施和能源项目投资460亿美元；中国企业在斯里兰卡建立一个汉班托塔港口，该港口可以迅速地转换为海军设施；并且塞舌尔群岛的印度人认为中国正在'包围'印度，甚至切断印度进入印度洋的通道。此外，中国将成为印度洋的主导力量，从而对印度构成区域挑战，印度的这一假想表明，英国海军衰落后，印度海军将在该区域'把握浪潮规则'。这只是奥巴马5月访问印度的一个原因，奥巴马和莫迪发表了关于保护航行自由原则的强有力声明。

"中国的海上行动为日本提供了一个'拉拢'印度的好机会。安倍政府不可能错过这一机会：与印度建立战略联盟是改变日本防卫政策的重点。事实上，日本 2013 年的国家安全战略和国家防卫计划指南都与印度加强了合作，这其中也包括海上合作。国家防卫计划指南声称：'通过联合培训和演习以及国际和平活动的联合实施，日本将在许多领域加强与印度的关系，包括海上安全。'日本与印度达成了一个'安全合作协议'，该协议以前仅包括两个国家——美国和澳大利亚。2012 年 6 月印度海军和日本海军进行了第一次海上演习，2014 年它们又在孟加拉湾举行了一次。日本与印度更密切的战略和军事合作尤为重要，第二次世界大战以来，美国（特别是美国海军）一直是环太平洋地区安全与稳定的主要担保人。自 2011 年以来，在奥巴马政府的提议下，印度和日本已经与美国展开了三边战略对话。事实上，在这期间，日本和印度的关系变得更加密切，不管是现在还是将来，美国将会看到这两个国家在亚洲地缘政治平衡中的价值。"

8. 美国企业公共政策研究所

美国智库认为日本是遏制中国在东南亚影响力的得力助手，并罔顾历史地认为日本与中国相比，具有先天的优势和潜力。美国企业公共政策研究所在《中日争夺在东南亚的影响力》[①] 报告中认为："中国国家主席习近平首次访问东南亚时，宣布了一项计划：建立'海上丝绸之

① 作者：米歇尔·马扎（Michael Mazza），美国企业研究所（AEI）外交和国防政策研究员，研究领域包括美国在亚太地区的国防政策、中国的军事现代化、海峡两岸关系以及朝鲜半岛安全问题。也是 AEI 的年度执行计划国家安全政策和战略的管理者。来源：美国企业公共政策研究所（美国智库），2015 年 10 月 6 日。

路'。2014年11月，中国政府建立'丝绸之路基金'，出资400亿美元，将用于对陆路交通基础设施的投资以及在亚洲、中东、非洲和欧洲'扩大港口和工业园区'的建设。鉴于东南亚的市场规模、经济潜力和位置，东南亚成为中国'海上丝绸之路'计划的一个关键环节。2015年初，随着国际参与的重要性日益凸显，中国建立了亚洲基础设施投资银行（AIIB）。亚投行将专注于亚洲基础设施的建设以及其他领域的发展，包括能源和电力、交通、电信、农村基础设施和农业发展等。东南亚大部分地区需要这样的投资，而且当亚投行正式启动时，该地区的国家可能会优先获得贷款。'海上丝绸之路'和亚投行旨在将中国的经济与其邻国更紧密地联系在一起。中国的目的不仅仅是在未来获得经济效益，同时也是为了扩大其经济在东南亚的渗透，增加其影响力。对于东南亚的国家来说，这是一个潜在的令人不安的结果，它们既想与中国发展更为紧密的经济联系，又不希望被中国控制。同时，外部的力量，包括美国，也对这个地区很感兴趣。虽然这些发展引起了美国和其盟友的妒忌，在这些盟国中至少有一个拒绝坐以待毙。事实上，日本是东南亚对外直接投资的重要来源地，长期以来对该地区的基础设施投资有着雄心勃勃的计划。

"2015年7月，日本致力于与缅甸和泰国一起发展沿缅甸安达曼海海岸线的土瓦工业区。日本也对印度港口印诺尔港进行投资（印诺尔港横跨土瓦和孟加拉湾），从而发展自己的工业，并沿中国'海上丝绸之路'建立航运枢纽。更广泛地说，日本和亚洲开发银行（由日本主导），一直在东西经济走廊进行投资，通过老挝和泰国连接越南和缅甸。日本还向柬埔寨提供资金建立一座跨越湄公河和越南的大桥。2015年7月，日本首相安倍晋三'承诺出资7500亿日元（合61亿美元）援助湄公河沿岸国家'。东南亚人普遍欢迎日本在该地区的参与，一方面是为了带来经济效益，另一方面则是为了抗衡中国不断增长的影响力。就其本身而言，日本的目标是与该地区的重要国家建立广泛的合作伙伴关系。事实上，日本与越南、马来西亚、印度尼西亚和菲律宾建立了所谓的战略合作伙伴关系。日本防卫省也同样与越南、印度尼西亚和菲律宾签署了合作与交流备忘录，同时与马来西亚即将达成协议。不足为奇的是，这些协议都包括海上安全规定，并为联合训练和物资转移铺平道路。在这方面最值得注意的是，日本致力于帮助建立越南海上执法机构和菲律宾海岸警卫队的能力。东京方面目前已向菲律宾提供低息贷款，用于购买十艘日本新的高速巡逻船。日本同样为越南提供了六艘二手船，其中两艘是巡逻船，曾服务于日本水产厅。特别是日本和菲律宾的国防关系越发紧密。菲律宾已经表示收购日本 P-3 巡逻监视飞机的兴趣，这将大大增强菲律宾密切关注自己领海及近海的能力。2015 年 5—6 月，日本海上自卫队和菲律宾海军举行首次海上联合军演。媒体注意到，虽然这次军演看起来低调，日本自卫队驱逐舰似乎也是回国途中顺道参加军演，但反映出日菲两国近年来关系发展迅速，尤其是在军事合作领域。一些分析师认为，近年来，日本通过日菲海警演习和在美菲军事演习中充当辅助角色，完成了'试水'工作，联合军演标志着日菲军事合作开始新的阶段。对于这次演习，分析师认为，菲律宾在安全问题上希望借助日本，而日本也希望通过与菲律宾合作插手南海事务，搅动南海局势。同时，菲律宾和日本寻求签署《访问部队协议》，这将允许日本军队进入菲律宾基地。鉴于二战期间日本的官方和平主义以及对菲律宾的占领，这对于两国来说无疑是大胆举措。日本着眼于东南亚，甚至与外部大国发展关系。日本首相安倍晋三寻求与印度和澳大利亚更深层次的关系，特别是在国防领域，印度和澳大利亚都表示对南海的担忧以及兴趣。如果澳大利亚决定从日本购买潜艇，这将促进两国海军更大的互通性以及与美国海军的互通性。

"对于日本来说，所有这些举措相当于其为实施相对低调的外交政策所进行的一系列活动。日本希望实现什么样的目标？如果东南亚继续成为安倍晋三及其继任者的一个优先事项，那么日本可以看到一些积极的成果。首先，东南亚经济发展对日本的经济会产生积极影响。东南亚中产阶级市场的日益壮大吸引了日本的出口商，与此同时，低劳动力成本（相对于中国而言）以及基础设施建设的需求吸引更多的日本外商直接投资。此外，如果日本的跨国投资从中国转移到东南亚，就可以减少日本经济对北京方面的依赖。其次，日本发展海外援助及外国直接投资可能会限制中国经济在东南亚的渗透，至少会减少中国对东南亚经济的影响力。正如丹·布鲁门萨尔（Dan Blumenthal）、加里·史密特（Gary Schmitt）和我在一项有关日本重要资源安全的研究中所认为的，日益增长的企业对企业以及政府对政府的联系可以使日本成为东南亚更重要的经济伙伴，同时也使东南亚的受资者更加依赖日本市场。换言之，日本在东南亚实施的战略旨在制衡中国在该地区的影响力。再次，日本努力建立东南亚海军和海岸警卫队的能力有助于促进该地区的军事力量平衡，最终有利于该区域的稳定。东南亚海上力量在数量上不太可能与中国相抗衡，但是，正如菲律宾所寻求的，即使是一个'可靠的最低限度防御'，可能也会使中国以及其他国家在南海进行行动之前三思而后行。由于日本依赖于南海海上航道，以进口重要资源，如能源，因此这些水域的和平与稳定对日本利益至关重要。同样，如果南海沿岸国家有能力捍卫自己的海上利益，这将确保南海对于中国来说不是一个'容易'的问题。鉴于紧张局势跌宕起伏，中国已在南海和东海之间转移海上资产，而且中国的工作重心也已转移。比起挑战日本对钓鱼岛的控制，日本宁愿中国将重点放在南海。最后，日本准备与合作伙伴并肩作战加强威慑，从而降低冲突发生的可能性。

"中国在东南亚和南海的活动使区域内外的国家都束手无策。然而，尽管日本缺乏各种资源无法与中国长期抗衡，但是日本有很多优势。东南亚不仅欢迎日本的参与，而且主动寻求日本的参与。同时，日本在东南亚地区与一些盟友和伙伴拥有共同利益，包括美国、澳大利亚、印度和韩国。事实证明，就在东南亚的战略竞争而言，中国不是唯一的游戏参与者，例如，日本一直沉着地玩这个游戏。"

9. 美国外交关系学会

当然，美国智库在挑拨离间的同时，对一些基本事实也无法回避。美国外交关系学会在《救灾：中国和印度走到一起》① 报告中，也无奈地认为救灾是中印关系发展的一个切入点。作者写道："最近，中国和印度的崛起改变了整个亚洲各国的关系，引发公众对这两个大国如何在未来几十年中维护其在该地区和全球影响力的猜测。中国和印度之间的紧张局势仍包括悬而未决的边界争端，而且印度担心中国会在陆地和海上建立战略走廊，以此包围印度。中巴经济走廊是最新的一项倡议，具有最广阔的发展前景。与此同时，中国和印度都注重双边贸易，2014年两国贸易额达到 700 亿美元，而且将经济关系作为加强双边关系的一种方式。这种贸易引发了紧张局势，因为平衡严重倾向于中国。近年来，印度官员表示需要提升印度向中国的出口额，以改善这种贸易失衡现象。如果中印两国继续沿着本国的增长和发展道路前进，那么它们面临的挑战是在更长的时间内找到有意义的合作领域，以此树立信心，缓和紧张局势。它们最近在尼泊尔紧张局势下成功合作，这为双方互相协助以及为将来的灾害做准备开启了新的篇章。捐赠大会于 2015 年 6 月在加德满都举行，此次大会承诺为尼泊尔的重建工作提供资金，印度承诺以拨款和贷款的形式为尼泊尔捐赠 10 亿美元，而中国承诺捐赠 5 亿

---

① 作者：阿什琳·安德森（Ashlyn Anderson），印度、巴基斯坦和南亚事务高级研究员。来源：美国外交关系学会（美国智库），2015 年 10 月 30 日。

美元。中国将有可能利用本国的各种倡议——如丝路基金、亚洲基础设施投资银行（AIIB）和金砖国家开发银行——为尼泊尔的基础设施重建融资。随着其他国家和非政府组织从尼泊尔撤出，中国和印度已经同意继续双边合作。

"上海合作组织峰会于2015年在俄罗斯乌法举行，印度和巴基斯坦在此次会议上被正式纳为成员国。中国国家主席习近平表示，中国支持各成员国在救灾方面'加强合作'。尼泊尔地震之后，印度总理莫迪称，南亚区域合作联盟（SAARC）各国应该定期进行与救灾和救援相关的联合演习。中国和印度努力推动和加强区域救灾合作，这一可行的合作领域能够缩小两国之间的差异，并互相弥补地理方面的弱点。它还为两国军队协力合作、远离对抗提供了一个途径。2015年10月，中国和印度在昆明举行了'携手'联合军事演习。"

10. 国际与战略研究中心

美国国际与战略研究中心在《中国和不断发展的亚投行》① 中认为，"中国的一举一动可以通过国际社会的集体努力来塑造。而对于中国这次主导组建的亚投行来说，最显著的一个变化就是它的性质是一个多边开发银行，既不是援助性机构，也不是一个作为政策辅助工具的商业性银行。中国需要放弃不切实际的幻想，那就是在开展各种形式的基础设施建设项目的同时追求高额回报。中国必须谨慎行使单方否决权，因为单方否决权将会破坏中国使亚投行成为一个多边机构的努力，同时也会加强国际社会的猜忌与批评。虽然亚投行将无法摆脱中国的特殊影响力与中国的特权，但国际社会的监督和压力与中国渴望获得国际声誉

---

① 作者：孙云（Yun Sun），史汀生中心研究员以及布鲁金斯学会非常驻研究员。来源：美国国际与战略研究中心（美国智库），2015年7月28日。

和认可的愿望都会对中国的行为产生很大的影响。更重要的是，中国将会利用亚投行来促进自己的利益，比如刺激出口。像日本和美国这样的国家的反对与怀疑，也对遏制中国产生了很大作用，也促使北京方面在对待亚投行的问题上更加小心"。

美国国际与战略研究中心在《中国仿效美国打造"中心辐射型"系统》[①]中妄议说，"中国仅依靠经济力量不可能成为区域领袖，它需要一种政治工具，如亚洲相互协作与信任措施会议（CICA），CICA 已经成立了，并收到亚洲国家的支持。2014 年亚信峰会上，中国国家主席谴责了美国同盟作为冷战的遗物，并警告称，这些同盟对其他国家构成了威胁，他提出了新亚洲安全框架，这些言论强调了亚洲的安全问题应由亚洲国家自己解决。这一由美国军事同盟连接的却受习近平指责的战后秩序通常被描述为中心辐射型系统，在此系统下，美国处于中心地位，而其他亚洲国家则附从形成辐射，此系统的安全是由美国的军事力量来保证的。随着中国西向政策获取动力，亚洲的政治、安全和经济系统也正在改组，一个中国式的中心辐射型系统正在形成。凭借其庞大的经济和军事实力，中国正成为无可争议的中心。在中国式的中心辐射型系统中，亚洲基础设施投资银行（AIIB）是资金提供者，AIIB 对于 CICA 的广大发展中国家来说是一个可喜的消息。随着中国试图复制美国的做法，它应该铭记两点：第一，在追求基于多边主义的新亚洲安全框架中，北京应避免不规则的多边主义，即某个特定国家成为中心；第二，如果中国打算在亚洲建立自己的中心辐射型系统，它应该满足其所充当角色的期望。换句话说，只要中国能在亚洲提供共同利益，中国式的中心辐射型系统将获得支持"。

[①]　作者：李在孝（Lee Jaehyon），峨山政策研究所研究员。来源：美国国际与战略研究中心（美国智库），2015 年 9 月 9 日。

11. 伍德罗·威尔逊国际学者中心

伍德罗·威尔逊国际学者中心在《中国的另类外交》①报告中认为，"中国国家主席习近平自从 2012 年上台以来，忙坏了中国的专家们，习近平大幅改动了中国一系列政策，他制定的政策与其前任的政策有很大的区别。中国观察家们梳理了习近平提出的新计划，如'一带一路'、'亚洲基础设施投资银行'。尽管这些倡议还在筹备中，但事实是，这是中国自 1989 年以来做出的最大的对外政策转变。但问题是，这些计划的背后又隐藏着什么宏伟的战略呢？我将它称为中国的'另类外交'，中国的战略是复杂而渐进的，它不直接挑战目前现有的国际机构，而是努力创建中国能够操控或者实质上可影响的新平台"。

◇◇二 加拿大智库：未能加入亚投行 是一个经典的"乌龙球"

受制于美国的"脸色"，加拿大没有成为亚投行的创始成员国。现

---

① 作者：汪铮（Zheng Wang），伍德罗·威尔逊国际学者中心基辛格中美研究所的全球研究员，新泽西州西东大学外交与国际关系学院的副教授，美国和平研究所（USIP）的高级研究员和美中关系全国委员会（NCUSCR）的成员。在 90 年代，他还在一个研究国际和平与安全问题的中国智库中担任副主任。其研究领域包括：（1）东亚和平与冲突管理，特别关注中美关系和中国的外部冲突；（2）中国和东亚的民族主义和政治身份。他最近参与了一项调查，这项调查的主题是中国与周边国家的争端，如与日本的纠纷和在中国南海岛屿问题上的纠纷。他在威尔逊中心研究的项目是审视美国和中国在亚太地区的战略、猜疑和竞争。最新的著作是《勿忘国耻：中国政治与对外关系中的历史记忆》。这本书由哥伦比亚大学出版。他的文章经常出现在《国际研究季刊》、《国际谈判：历史和记忆》以及《当代中国》等刊物上。来源：伍德罗·威尔逊国际学者中心（美国智库），2015 年 2 月 2 日。

在，美国的态度已经缓和，加拿大上下开始后悔没有在初创阶段加入亚投行，并督促加拿大当局抓紧采取措施改善和加强对华关系。

1. 加拿大亚太地区基金会

加拿大亚太地区基金会发表的报告，即《走向新的对华政策：第一步是加入亚投行》①认为，"加拿大未能加入亚投行是一个经典的'乌龙球'（足球术语）。全球57个国家，包括英国、德国、法国、澳大利亚、新西兰、韩国、印度和俄罗斯利用这个机会成为创始常任理事国。发达国家中，除加拿大外，美国、日本和墨西哥，再加上一些中欧和东欧国家没有加入亚投行。美国反对亚投行的立场没有说服力。虽然美国劝说其盟友不要加入亚投行，并斥责英国政府选择加入亚投行的决定，但是美国反对新机构的原因是没有说服力的。美国表示担心，新的银行将从世界银行和亚洲开发银行等现有机构中转移资金，其管理不透明，而且该银行标准也不符合严格的环境和社会标准。解决这些担忧的方法之一当然是成为一个创始成员国，从而有机会影响新银行的规则设置。然而加拿大和美国一样，选择错过这个机会，它们站在一旁进行批评。美加进行反对的真正原因是亚投行是中国主导的机构，中国是主要的资助者（提供30%的资金，拥有26%的投票权）"。

报告指出，"随着贾斯廷·特鲁多和自由党的选举，大部分的政策框架（定义了过去十年左右的史蒂芬·哈珀政府）将受到密切关注——没有比加拿大的对华政策受到的关注更多。现在，特鲁多已经会见了中国国家主席习近平。在安塔利亚峰会上，他表示，加拿大现在有

① 作者：休奇·斯蒂芬斯（Hugh Stephens），加拿大亚太地区基金会高级管理员，跨太平洋连接项目主要负责人。来源：加拿大亚太地区基金会（加拿大智库），2015年11月12日。

一个机会制定一个新的方式与中国建立友好关系并在经济、政治和文化上与其合作，是时候转向细节了。其中一个细节问题是加拿大在中国主导的新多边开发机构——亚洲基础设施投资银行的成员资格问题"。

报告回顾了中加关系的现状和发展趋势，认为："尽管在多伦多，大熊猫每年愉快地去咀嚼价值 50 万美元的进口竹笋，但是加拿大与中国的关系在过去十年中却没有那么顺利。经过一个艰难的开端后，加拿大与中国在某些领域取得进展；哈珀总理于 2009 年 12 月访华，有助于加强双边关系以及加强加拿大与中国之间的对话。访华期间签署的加中联合声明，确定了以下领域为加中关系的优先领域：治理（人权、法治）、贸易与投资、能源和环境，以及卫生（公共卫生和大流行）。访问期间，宣布中国在蒙特利尔设立总领事馆，而且中国授予加拿大旅游目的地国地位，将增加两国游客、学生和企业家之间的往来。此次访问也导致了签署气候变化、矿产资源、文化和农业教育双边协议。双方认识到频繁交流的重要性，并同意加强战略工作组——于 2005 年建立的双边机制——的作用，以促进两国官员之间定期高级别双边交流。2014年，加拿大和中国签署并批准了外商投资保护协议，而且 2015 年早些时候加拿大被选为人民币结算中心及交易枢纽。然而，两国在其他领域并没有取得一致进展。2012 年，中国与加拿大完成经济互补性研究，研究结论表明，中国和加拿大政府应通过适当的双边机制，继续深化和加强双边贸易和投资关系，以确保中加两国人民能继续建设繁荣而持久的未来。自那以后，该项研究就一直摆在架子上，并没有付诸实际行动，尽管中国提出了与加拿大达成双边贸易协议的提议，但加拿大错过了成为亚投行永久创始成员国的机会。

"有趣的是，虽然到目前为止美国没有再三仔细考虑加入亚投行，但是最近几个月其对亚投行的批评已经大大缓和。虽然中国会在亚投行发挥主导作用（其投票权份额将允许它拥有否决权），但是亚投行制度是按照国际标准建立的。该机构的投票权将以贡献的资本份额为基础。更重要的是，亚投行将提供额外的 1000 亿美元的发展资金，以解决亚洲面临的严重的基础设施赤字。采购将是全球性的，而不仅限于亚投行成员。2015 年 6 月，57 个意向创始成员国中有 50 个成员国签署了《亚洲基础设施投资银行协定》协议条款。其他七个国家未能签署协议的原因各有不同，将于 2015 年底签署（银行正式运营时）。中国和中国企业在应对亚洲的基础设施需求，从新的港口到铁路与电力的发展，都将发挥巨大作用。但中国不可能完全解决这一问题。加拿大的公司在这一领域有很大的机会，加拿大拥有非常专业的知识。从技术上讲，加拿大公司仍然可以获得亚投行合同，尽管其不是亚投行成员国。事实上，加拿大在竞标合同成员上将具有额外优势，加拿大具有非常大的竞争力。但加拿大不应该只是为了提高加拿大公司的采购机会而加入亚投行。加拿大应该加入亚投行是因为亚投行符合其整体战略利益，并证明加拿大非常重视重新调整中加关系。

"加拿大错过了加入亚投行并成为其永久创始成员国的机会，尽管当时呼吁这样做。因此，理论上，加拿大错失了帮助制定该机构规则的能力。中国决心证明其可以建立一个世界级的机构，而且迄今为止亚投行的治理结构证明了这一事实。也就是说，任何一个机构，大约 1/3 的资金来自于一个国家，而且该机构设在该国的首都，自然会显示出其主要股东的影响力，如世界银行。因此，一点也不奇怪，中国前财政部副部长金立群被任命为亚投行的第一任行长。虽然加拿大不能够成为亚投行的创始成员国，但是普通会员资格是开放的，有报道称，中国随时欢迎加拿大加入亚投行。特鲁多和其部长研究如何重塑加拿大的对华政策，他们将需要考虑许多因素：从双边关系的历史到目前的贸易不平衡，从投资政策到对安全以及应对网络间谍的承诺，从区域安全问题到北极地区的人权。所有这一切都需要时间。但迈出的重要一步——将展示中国与加拿大关系的一种新方法——可以加快；希望加拿大可以加入其他 57 个国家并作为亚投行成员国。迟来总比不来好。"

2. 国际治理创新中心

国际治理创新中心在《中国将如何运营二十国集团峰会？》报告中，专门讨论了中国担任二十国集团轮值主席国带来的机遇。作者指出，"12 月，中国将第一次担任二十国集团轮值主席国，并于 2016 年底在杭州举办领导人峰会。中国有望为关于经济增长的讨论带来新的活力，如机构性改革和基础建设投资，以及全球金融体系改革，包括国际货币基金组织。作为二十国集团轮值主席国，中国可以极大地影响该组织的议程。但是中国需要放下自己的切身利益，并且与其他国家一道克服疲软的全球经济、美国大选期间的国内政治和新竞争贸易集团及治理机构的出现所带来的问题"。

报告认为，"中国在基础设施方面的专长将同样会影响二十国集团议程。在'一带一路'倡议之下，中国正在建立'新丝绸之路'，以促进亚洲、欧洲和非洲之间的贸易往来和互联互通。2015 年早期，中国建立了新的多边发展银行，即亚洲基础设施投资银行，与美国主导的世界银行和日本主导的亚洲开发银行并列。二十国集团需要面对的另一个发展问题是可能彼此竞争的新区域贸易集团和治理机构的出现。由于在给予新兴经济体更多话语权上缺乏进展，中国主导的亚洲基础设施投资银行和金砖国家新开发银行建立。通过跨太平洋伙伴关系协定和跨大西洋贸易和投资伙伴协议，美国回避了世界贸易组织多哈谈判的困境。经过多年的谈判，美国、日本和其他太平洋沿岸国家于 10 月份签署跨太平洋伙伴关系协定，以建立历史上最大的自由贸易区，这一协定排除了中国。而中国则一直进行其自己的自由贸易谈判，即区域全面经济伙伴关系协定"。

作者指出，"中国担任二十国集团轮值主席国是最令人期待的，并将提示中国领导人如何思考国际经济治理和将愿意承担什么样的国际责任。无论提出怎样的增长方式、基础设施发展和竞争性的贸易集团管理，中国都将有望推动并为自己的倡议寻求支持，如'一带一路'和亚洲基础设施投资银行"。

◇◇三 英国智库：英国是中国在西方最好的伙伴

英国智库对中英关系的现状表示满意，对两国关系的未来表示期待。但是，这并不代表他们在总体满意之中没有隐忧和担心。

1. 英国查塔姆研究所

英国查塔姆研究所在《英国加入亚投行展示领导力》[①] 报告中认为，"通过加入亚洲基础设施投资银行，英国在对华外交政策上表现出更加务实的实用主义。在英国宣布加入亚投行之前，美国和英国之间的

---

① 作者：克里·布朗（Kerry Brown），剑桥大学硕士，英国利兹大学博士，查塔姆研究所亚洲项目（悉尼）副研究员。2000—2003 年担任英国外交部驻北京一等秘书，2003—2005 年担任英国外交部驻印度尼西亚东帝汶地区主管，2006 年担任查塔姆学会副研究员，2010 年担任查塔姆学会亚洲项目主管。还曾任剑桥大学蒙古和亚洲内陆研究部门关联学者，伦敦政治经济学院思想中心高级研究员，诺丁汉大学中国政策研究所高级研究员，悉尼大学中国研究中心执行总裁、中国政治方向教授。其关于中国的著作有十余本，在中国精英政治和政治经济、中国外交关系和海外投资方面著述颇丰。研究领域包括中国经济和政治，东亚国家关系，蒙古、柬埔寨、印度尼西亚和朝鲜问题。来源：英国查塔姆研究所（英国智库），2015 年 3 月 20 日。

协商似乎不多，这使美国官员感到惊讶，英国表现出罕见的独立性。英国很少违背其最重要的盟友，但这次的原因实在是太强大以至于无法抵抗。最初的抱怨过后，德国、法国和意大利很快同意加入亚投行。韩国和澳大利亚也有可能这样做。因此，英国率先做了该做的事，它甚至赢得了世界银行和国际货币基金组织的喝彩。美国反对成立亚投行。英国有权自行出击。它应该施展它的中国政策。事实上，英国已不再单独处在这一立场上，其他欧盟伙伴现在也选择加入亚投行。甚至美国对于亚投行的看法也在改变。英国最重要的合作伙伴的外交附带损害可能是微不足道的"。

英国查塔姆研究所在《中国外交政策：2015 年的看点》①中认为，"自 2013 年年中以来，中国外交最让人意外的一点就是中国领导人在外交方面投入大量的时间和精力。与前任领导人相比，中国国家主席习近平更像一位'外交政策主席'。他不仅出访过很多国家，而且在国内接见了许多外国政要。李克强总理在国际上也非常活跃，特别是其与东南亚及欧洲领导人的磋商。考虑到政策资源面临竞争性压力这一因素，中国领导人高水平的国际参与本身就具有启示性。中国领导层对外交的关注推动了一些重要的局势发展。2014 年 6 月，中国举办了亚洲相互协作与信任措施会议（CICA）。这引起了人们的猜测——中国是否意图建立将美国排除在外的亚洲区域主义。然而，2014 年 11 月在北京召开的 APEC 峰会及中国国家主席习近平和美国总统奥巴马的成功会晤打消

---

① 作者：蒂姆·萨默斯（Tim Summers），剑桥大学皇后学院硕士，香港中文大学中国研究方向博士，查塔姆研究所亚洲项目高级研究员。1997—2001 年担任香港英国总领事馆领事；2001—2003 年就职于伦敦内阁办公室；2004—2007 年担任英国驻重庆总领事馆总领事；2009—2012 年在伦敦对外政策研究中心担任副研究员；2010 年至今在香港中文大学中国研究中心（原东亚研究中心）担任助理教授，同时从事中国的商业研究和咨询工作。研究领域包括中国政治和经济、中国国际关系、中国地区特别是西部地区以及香港。来源：英国查塔姆研究所（英国智库），2015 年 1 月 13 日。

了这些忧虑。中美两国就碳排放、技术和军事交流签署多项双边协议。一段时间以来，中国一直参与国际事务，且试图通过实际行动改革现有国际秩序，并在两者之间取得平衡。2014 年，中国筹建金砖国家新开发银行和亚洲基础设施投资银行，尽管美国劝说几个重要国家不要参与后者。中国成立亚投行、筹建'金砖国家'开发银行及成立丝路基金，所有这些倡议都不是单边行为，这些举措共同构成了改革现有国际秩序的积极步骤，比中国之前采取的步骤还要积极。2008—2009 年全球金融危机爆发后，中国更加温和，旨在提高其在国际金融机构中的投票权并支持二十国集团。然而，这些举措不应被视作中国试图建立一种新的国际秩序，即某些人所预测的中国治理下的世界秩序。这些人认为，未来中国和亚洲的关系与过去清朝的地区霸权相类似。中国一直密切参与1945 年后建立的国际制度。在某种程度上，中国目前对国际关系的把握类似于一种理想化的战后全球秩序，体现了互不干涉原则和国家的主权平等。因此，中国强调联合国在国际决策中扮演的角色。在 2014 年11 月召开的中央外事工作会议上，中国国家主席习近平的讲话反映了中国领导层的意图。他的语气比以前要温和，而且传达的重要信息是政策连贯性。习近平主席提到的是'改革'而非修正国际秩序，没有暗示中国正准备争取全球领导角色，或设想很快赶超美国的实力（尽管中国的经济规模与美国接近）。对 2015 年的国际事务而言，这些意味着什么？首先，中国的经济外交规模将不断扩大。其可能会试图利用经济外交而非妥协其长期立场，修复受海事争端影响的地区关系。考虑到美国接受习近平提出的'新型大国关系'存在一定困难，经济也有可能日渐成为中国在同美国往来时考虑的一个重点领域。其次，我们预计中国会更温和地推动现有机构内部的改革。如果国际社会的改革呼声不强，中国将会寻求其他解决之道。这意味着，2015 年的中国政策将在很大程度上取决于其与其他国家的接触，尤其是美国。美国曾反对成立亚投行，错失了一次向外界证明它并没遏制中国崛起的机会。再次，我们预测，中国将继续把中俄关系视为优先事项，西欧在中国政策的优先次序中仍将排在靠后位置。另一个不大可能发生改变的关系是中日之间的紧张关系。2014 年 11 月中国国家主席习近平和日本首相安倍晋三的会晤，使中日关系在 2014 年底看起来要比年初好一点。尽管中日之间爆发军事冲突的预测值得怀疑，但中日关系的本质还没有得到实质性的改变"。

英国查塔姆研究所在《英国在与中国合作方面拥有驱动力》① 报告中认为："如果习近平本周访问英国表明中英关系的'黄金时代'有着重要意义，那么两国之间的关系将最终进行分类——这是重要性意义下的第一阶段。这最终会被英国政府最资深政治人物的关注和兴趣所反映。这就是为什么英国财政大臣乔治·奥斯本（George Osborne）的角色和态度是如此的重要。这是自从 1997 年以来绝无仅有的政治人物，在大型的新兴经济体中，中国对他有着重要意义，而且一些人认为事情会变得更好。事实证明，为了向中国展示承诺，乔治·奥斯本愿意承担重大的风险以为英国争取利益。2015 年早些时候，英国决定加入中国主导的亚洲基础设施投资银行就是一个很好的例子。据报道，乔治·奥斯本对该举动的大力支持惹恼了美国，但随后欧盟其他国家的加入表明亚投行的价值所在。

"乔治·奥斯本在 9 月访华期间对新疆维吾尔自治区进行访问，这是一个大胆的举动。在其他问题上，从公共事业和核电厂的投资到促进

① 作者：克里·布朗（Kerry Brown），英国剑桥大学硕士和利兹大学博士。他是悉尼大学中国研究中心的总监和中国政治系的教授。他曾经是英国查塔姆研究所亚洲项目的负责人；在 1998 年至 2005 年之间，他是英国外交部成员。他所写的关于中国的书超过 10 本之多，并且已经写了大量关于中国的精英政治和政治经济学、中国的外交关系以及中国的海外投资的文章。来源：英国查塔姆研究所（英国智库），2015 年 10 月 19 日。

伦敦成为人民币中心，乔治·奥斯本在过去几十年已经受到许多无情的评价，这些评价都与良好经济关系有关。作为世界第五大经济体的财政领导，他询问第二大经济体，为什么它们之间没有在贸易和投资流动方面做得更好。因此，习近平访问英国是一个重要的标志。英国一直渴望与中国有一个新的开始，并且在乔治·奥斯本看来，最终在顶端的英国系统中会出现这样一位政治家——他清楚自己对中国的看法，他想从中国得到什么以及如何获得。他已经为中国和英国之间形成更好的关系创造了机会。"

英国查塔姆研究所在《英国正押注人民币》[①] 报告中认为："英国向中国大献殷勤的一个关键目标便是在伦敦建立离岸人民币中心，以此作为亚洲以外区域人民币主要交易地，从而推动中国货币全球化。英国首相戴维·卡梅伦（David Cameron）正在逐步实现他的目标。中国国家主席习近平近期对英国的国事访问不可避免地引起争议。一些评论人士认为英国当局为了贸易往来而有意忽视人权问题去向中国献殷勤，廉价出口钢材，甚至邀请中国帮忙建设新的核电站从而把英国置于网络安全风险之下。

"相比之下，在伦敦建设离岸人民币中心也并非充斥着政治险恶。借用中国官方常用的一句话来讲，这是一个双赢局面。法兰克福、卢森堡、巴黎与伦敦一同角逐离岸人民币中心，成为伦敦在与纽约竞争全球

---

① 作者：艾伦·惠特利（Alan Wheatley），前路透社全球经济问题记者，英国查塔姆研究所国际经济研究员。苏芭绮（Paola Subacchi），意大利籍经济学家，现任英国查塔姆研究所（Chatham House）国际经济研究主管。1991—1996 年在意大利米兰的博科尼大学（Bocconi University）经济系工作。2004 年起加入英国皇家国际事务研究所。美国的《外交政策》和意大利《赫芬顿邮报》专栏作家。专长是国际金融和货币体系的运作与管理，并为各国政府、国际组织、非营利组织和公司提供建议。研究领域包括国际货币体系、全球金融失衡、国际资本流动、国际金融中心以及老龄化和养老金等问题。来源：英国查塔姆研究所（英国智库），2015 年 10 月 21 日。

第一经济中心进程中的阻碍。不过英国首相卡梅伦在白金汉宫与中国国家主席习近平举行会晤之后就放松下来，对外宣称伦敦为'继中国香港之后的主要离岸人民币贸易中心'。在寻求与中国建立更密切经贸关系的过程中，金融服务业是英国最有希望的领域之一。但它并不是唯一的一个。中国正在稳步实现从投资驱动型到消费驱动型的经济增长。就在第三季度，服务和消费总额仍占到了中国总 GDP 的半数以上。过去十年间，这一份额从 41.4% 涨至 51.4%。结合收入增长的预期判断，这种上涨趋势无疑还将继续。这样一来，民众将有更多钱用于其他服务性行业消费，比如英国拿手的文化（例如《唐顿庄园》和《小羊肖恩》）、教育和旅游方面。可见，对中国游客们降低签证难度和费用是英国对习近平访英的又一项馈赠。

"英国是否能从向中国献殷勤中获得其他收益尚不确定。英国财政大臣乔治·奥斯本渴望加入中国主导的亚洲基础设施投资银行，这使得美国很是恼怒。这样的政治口角能否换来英国在亚投行的影响力和纷至沓来的中国在英工程投资合同呢？谁也无法保证讨好中国市场的回报将大于风险。虽然通常中国会很尊重立场明显而坚定的国家。但这些既无法保证新建的离岸人民币中心能够成为中国之外最主要的人民币储备地，也无法保证伦敦能够垄断这个市场。就英国而言，其向中国献殷勤可能是有道理的。"

2. 欧洲改革研究中心

欧洲改革研究中心在《中国对欧洲的魅力攻势：丝绸之路或者丝绳》① 报告中认为："英国不应该认为中国国家主席习近平 10 月访问英

---

① 作者：伊恩·邦德（Ian Bond），欧洲改革研究中心外交政策主任。来源：欧洲改革研究中心（英国智库），2015 年 11 月 27 日。

国就意味着其与英国有特殊关系，此次访问仅仅是中国向欧盟发起的魅力攻势的一部分。习近平 10 月 20 日至 23 日对英国访问前，英国财政大臣乔治·奥斯本称，英国是中国在西方最好的伙伴。习近平在随后的国会联合会议上表示，中国和英国正在成为利益交织在一起的相互依存的共同体。然而，尽管最近几年中国与英国的贸易额有显著增长，但中国并未给予英国特殊照顾，英国距离成为中国在欧洲最重要的经济合作伙伴还有很长的路要走。

"中国正在培育许多欧洲国家，自从 2015 年 9 月 1 日以来，中国领导人曾多次会晤欧盟成员国的高级代表，至少有四位是欧洲委员，这超过了同期美国与其欧洲伙伴接触的频率。中国的动机之一很明显是经济，欧盟是中国最大的贸易伙伴（中国是欧盟的第二大贸易伙伴，仅次于美国），经历了几十年的快速增长后，贸易增长于 2010 年在欧元区爆发危机后出现停滞，尽管北京方面希望将其经济增长建立在国内消费上而不是投资和出口中，但中国专家在私下里承认，这种转变所需的重组会导致经济混乱，危及政治稳定，更好的做法是寻找新的市场，或者增加向已有市场的出口。寻找新的市场也促使习近平签署'一带一路'（分别是'海上丝绸之路'和'丝绸之路经济带'）倡议，该倡议旨在为中国和欧洲之间的陆上及海上路线创建基础设施。大型基础设施项目，无论是中亚的铁路还是印度洋地区的港口设施都会帮助中国处理过剩生产的钢铁和其他产品，并且不需要关闭工厂，还能带动就业。

"墨卡托中国研究所及铑研究最近的一份报告显示，中国在欧盟成员国中每年的投资从 2005 年的零增长为 2014 年的 140 亿欧元，投资股份额达 460 亿欧元。该报告预测，投资的步伐还将继续加快，对于欧盟来说，中国将其 3.5 万亿美元的外汇储备投资于欧洲基础设施的前景是极其诱人的。6 月份在布鲁塞尔召开的中国—欧盟首脑会议同意欧洲投资计划（又称'容克计划'）和'一带一路'之间的'支持协同效应'。'容克计划'的目标是在三年内产生3150亿欧元的投资，包括基础设施。中国计划利用亚洲基础设施投资银行（AIIB），向'一带一路'相关项目投资1000亿美元，并且中国还设立了400亿美元的丝路基金，用于投资沿线企业。中国和欧盟双方一致同意，欧盟委员会、欧洲投资银行（EIB）及丝路基金将会在12月份明确中国如何与'容克计划'进行合作。中国和欧洲在丝绸之路项目上的经济合作可能的确是共赢的，正如中国领导人所描述的，商品及农产品的运输时间将缩短，那些在1991年从苏联政府中独立出来的中亚国家可能会与全球市场联系在一起，而且欧洲本身可能会利用中国的资金来刺激经济增长。现在的问题是'一带一路'是否真的是一项单纯的经济项目，或者是否还有地缘政治色彩。中国人当然竭力否认他们在促进'一带一路'项目中别有用心，但并非所有人都信服。

"北京方面一直在努力减轻俄罗斯的担忧：中国正在转向莫斯科的后院。当5月份在莫斯科会晤的时候，俄罗斯总统普京和中国国家主席习近平同意统筹发展'丝绸之路经济带'和俄罗斯主导的欧亚经济联盟。即使双方都不清楚将如何融合两个完全不同的概念。然而，对于中国而言，与俄罗斯保持良好的关系是非常重要的，因为这样可以除去通往欧洲道路上的一大潜在障碍。至少对于中国的一些官员而言，中国与欧洲的关系可通过中国与美国的竞争棱镜看出，欧洲国家参与亚投行是一件好事，不仅因为欧洲国家将会投入资本，而且还因为它们否认美国反对加入的事实。面对亚投行，英国是第一个冒着丢失其与美国的特殊关系加入的国家，只为赢得与中国的'黄金时期'。中国提出的'一带一路'倡议将包括65个国家及44亿人口，将会为中国带来两大好处。

"首先，它可以与美国推出的自由贸易协定，即跨太平洋伙伴关系协定（TPP）和跨大西洋贸易和投资伙伴关系协定（TTIP）形成对抗，TPP和TTIP旨在确保西方国家，而不是中国，设定全球贸易标准，如果中国成为 TPP 或 TTIP 的成员，它可能会鼓励西方国家照顾中国的利益。其次，它可以降低欧洲起来反对中国在南海权益的概率，如果可以从东亚经过陆地将大量货物更快速地运往欧洲，南海对于欧洲的重要性可能会大打折扣。美国官员现在可能会私下承认，美国试图说服欧洲伙伴拒绝加入亚投行是错误的做法，但一些欧洲人感到遗憾的是，英国第一个选择加入亚投行，签署中国的计划，而不是与其他欧盟伙伴协调。这样一来，英国一石二鸟，但却削弱了欧洲吸取中国关于亚投行治理及透明度标准的能力。

"北京利用经济合作的诱饵，以阻止欧洲批评中国的人权记录。德国与中国经济关系的规模可能意味着中国不可能反对德国何时出现担忧。在默克尔 10 月访华期间，她与人权活动人士及持不同政见者进行了私人会晤。中国官方媒体曾表扬奥斯本在人权问题上不反对中国。欧盟需要制定一种策略，既要从中国的经济实力中获益，又不忽视欧洲的利益和价值。最重要的是拥有一套对待中国的统一的欧洲政策，其中可以将欧盟在维护全球秩序和原则中的利益考虑在内。如果个别国家破坏欧洲线，以获得商业优势，那欧洲对外行动服务局和委员会发表苛刻的言论是毫无意义的。德国人表示可以向中国提供令人不快的消息，只要贸易关系对中国足够重要。欧盟整体的贸易关系才是最重要的。委员会和欧洲对外行动服务应该确保它们拥有一个应对'一带一路'倡议的做法，最好是能够拥有一位资深人员来观察技术层面及其地缘政治影响。欧洲需要铭记的是，中国不是其在该地区唯一的伙伴，像日本、韩国及越南也是其政治和经济领域重要的合作伙伴，欧盟应该权衡这些利弊。

"欧盟应向中国明确的是，欧洲在南海的利益远远超过欧洲航船的自由通行。欧盟在各种领土诉求中保持中立是正确的，但它应该支持菲律宾的说法：国际法庭是各申诉国间的一个正确的组织。欧盟应该就该地区的实际问题，如海上监视和渔业管理为东盟提供建议，作为避免冲突来源的一种方式。中国及其邻国需要就南海问题进行多边对话，欧盟应当以11月5日和6日在卢森堡召开的外长会议中的先例为基础，欧盟部长们曾在那里与所有沿岸国家包括中国秘密会面。欧盟应该与美国重振对待中国的政策，美国国务卿希拉里与欧盟高级代表凯瑟琳·阿什顿于2012年就亚太地区问题共同发表演讲，制定了一系列的共同目标，呼吁高层定期对话，但后续的跟进工作却几乎没有。美国和欧盟的利益不一致，但它们以往会一致，无论是知识产权保护还是遵守世界贸易组织标准或者航行自由。欧盟应当确保着重促使中国满足欧洲的经济治理和投资保护的标准，而不是放宽标准以吸引中国人到欧洲投资。中国没有哪个公司能够无视欧盟规则，就像俄罗斯天然气公司那样。英国不应该成为中国在欧洲的拥护者，当习近平声称英国作为欧盟的重要成员，应当在中欧关系的发展中扮演更为积极和建设性的角色时，英国应该注意这些言论。如果美国和中国都敦促英国保持一个积极的欧盟成员国状态，它们必须有很好的理由。作为一个拥有全球政治、安全及经济利益的国家，英国应该与其合作伙伴一道，建立欧盟对华的更为有序的政策。中国与欧盟之间的经济丝绸之路可能是双方的一个福音，但欧盟应该避免在政治上由于丝绳而受中国的束缚。"

3. 国际特赦组织

国际特赦组织在报告中对亚投行关于环境和社会条款表示满意。其报告认为，"国际特赦组织（AI）欣赏亚洲基础设施投资银行建立环境和社会框架的努力。就解决银行未来活动的风险和影响而言，这将为其提供环境和社会标准方面的依据。我们也注意到，亚投行政策草案的某些方面是好的，在某些情况下要优于其他更成熟的国际金融机构

（IFI）的政策。例如，在环境和社会框架中，亚投行指出其政策将适用于所有投资。国际特赦组织坚决支持这一立场"。

但是，该机构也认为："目前草案中确定的主要差距包括：缺乏对人权标准的充分参考以及在政策和过程中进行尽职调查，以便查明所有潜在的人权影响、问责程序、排序和信息获取；缺乏关于如何适用该国和企业体系代替银行政策的详细信息；缺乏通过金融中介机构贷款的透明度；以及在移民和土著民族、性别和劳工标准方面存在空白。尽管延长了两周时间，但是六周的商讨期还是很短，无法深入到大多数利益相关者，特别是那些最脆弱和被边缘化的利益相关者。因此，这不能被认为是有意义的商讨。而且，有关各方没有完全得到商讨即将开始的通知。此外，限制用英语进行商讨咨询，以及采用视频会议代替面对面的会议，进一步限制了许多亚裔团体和社区组织、原住民（IPS）和其他弱势群体的参与。

"国际特赦组织鼓励亚投行将人权尽职调查摆在合适的位置，以便正确地识别、防范和化解（如果预防是不可能的）风险。虽然草案似乎认识到工程项目实施、亚投行的独立验证过程、在某些情况下聘请独立顾问小组的必要性，但是该框架的内容未能达到运营阶段任务的标准。国际特赦组织认为，亚投行应满足公开的最高标准，确保高风险项目至少提前120天得到董事会的批准。鉴于亚投行打算直接资助企业部门，基于客户保密协议的例外应该是有限的。虽然大家公认的是，在环境和社会框架下，亚投行将需要进行尽职调查，以评估金融中介机构的政策、程序和实施能力，以及项目组合，但是国际特赦组织敦促亚投行充分考虑最近的报告。

"环境和社会框架草案没有提供以下内容，即国家系统如何用来取代亚投行政策的详细信息。亚投行需要制定明确的标准，以利于决定使用该国系统的可行性。这些标准应确保：它们的使用不会使易受到亚投行举措影响的社区面临不必要的风险。这些措施应包括健全监测和有效执行的措施。环境和社会政策草案规定，因亚投行运营受到不利影响的人可以向银行监督机制提交投诉。然而，它也指出，监督机制目前正在制定当中。我们强烈鼓励亚投行就机制的政策和程序进行有意义的公共协商，确保从其他问责机制中吸取经验教训，那些已经提交索赔的人也将被考虑在内。

"国际特赦组织鼓励亚投行始终打算满足所有多边开发银行的最高标准，并确保自己的标准能够充分体现其成员国的国际环境和社会法律义务，包括那些有关人权的部分。劳动力管理系统的要求应适用于公共和私营部门业务。当事人在招聘、待遇、雇用条款和条件、报酬等方面应确保不歧视原则。特别是环境和社会框架应要求当事人保证怀孕的员工享有安全的工作环境、公平且非歧视性的产假条款，以及防止与生育相关的歧视。环境和社会框架在性别方面也需要加强。

"国际特赦组织欢迎亚投行在环境和社会框架中声明，该银行承诺不会资助涉及或导致强制拆迁的项目。然而，为了提供更多的保护以反对强制拆迁，它也有必要修改相关内容。亚投行有责任确保自由，事先知情同意（FPIC）过程包括社区的所有部门，它们必须能够参与并影响咨询过程中的决策。"

4. 海外发展研究所

海外发展研究所在《二十国集团：2030 年全球可持续发展议程（SDG）的成功离不开治理和经济转型》① 中认为，中国的转型是受欢迎的，全球金融规则对于良好治理是必要的，国际货币基金组织的治理

---

① 作者：菲利斯·帕帕达维德（Phyllis Papadavid），法国巴黎银行驻伦敦的资深全球外汇策略师。来源：海外发展研究所（英国智库），2015 年 11 月。

整顿是必要的。作者指出，"在最近的世界经济展望（WEO）中，国际货币基金组织（IMF）指出，中国的转型是受欢迎的，而石油价格下跌可能会增加而非降低全球增长。资源丰富的经济体必须抓住机会进入多样化的新部门，石油进口国应利用好较低的石油价格带来的意外收获。全球金融规则对于良好治理是必要的。除此之外，更频繁的信息共享是必要的，以便于及时采取行动去响应早期预警系统。金融监管机构规范特定类型的风险行为是必要的，以便于应对金融溢出效应的影响。这将有利于保障低收入国家的长期可持续增长"。"国际货币基金组织的治理整顿是必要的。改革其配额制度以使新兴市场经济体具有更多话语权是早应完成的。随着中国开放其金融体系，人民币将纳入国际货币基金组织的特别提款权（SDR）货币篮子。这是必要的，但不充分。在缺乏一个更具包容性的国际货币基金组织的情况下，通过亚洲基础设施投资银行或金砖银行，中国利用其在撒哈拉以南非洲和东南亚的财政盈余，可能会使全球性机构面临分散的风险。"

5. 新经济基金会

新经济基金会以"为什么英国政府对中国如此感兴趣"[①]为题发表的报告中指出："英国政府对与中国具有争议性的交易抱有如此热情的原因有四个：首先，英国迫切需要进行基础设施建设的投资。英国有两个主要的煤炭发电厂定于2016年停用，多年基础设施投资不足的结果

---

① 作者：詹姆斯·米德威（James Meadway），伦敦经济学院经济史和经济学学士，伦敦大学伯贝克学院经济学硕士，伦敦大学亚非学院博士，专门研究资本流动模型。现任新经济基金会首席经济学家。加入新经济基金会之前，任英国财政部政策顾问，咨询领域包括区域经济发展、科技和创新政策。曾任英国皇家学会政策顾问。研究领域包括宏观经济政策和应对紧缩问题等。来源：新经济基金会（英国智库），2015年10月26日。

是，当前英国电力供应异常紧张。国家电网的运转不力将造成人民生活的诸多麻烦和问题。而英国的基础设施问题产生的主要原因可能是生产力的衰退。基础设施投资暴跌也将影响英国的 GDP。其次，英国当前坚持紧缩政策，这有利于控制日益增加的政府债务，但同时也抑制了国内投资。因此，英国转向海外获取投资。再次，这是更广泛战略的一部分。英国政府已经确定将与中国的经济往来作为外交重点之一。它还希望保持英国作为全球重要金融中心的地位，因为这是英国的少数战略优势之一。英国政府希望通过与中国互惠的交易，来获得中国更多的市场。最后，英国在发达国家中有着最大的经常账户赤字（相对于GDP）。这意味着英国在国内的消费比其从世界其他国家赚得的钱要多。英国需要出售资产。它需要向世界表明，英国是易于投资的地方，从而吸引来自世界其他国家的贷款，并出售资产。

"中国国家主席习近平对英国进行访问，政府发出了无数公告，宣布英国将与中国政府达成数百亿英镑的交易项目。目前，英国政府声称在习近平访问英国的过程中，中英已经达成 400 亿英镑的交易。尽管英国《金融时报》的报道表示，官方的数额出现了将现有交易重复计算的情况，实际的中英交易总额可能约为 250 亿英镑。无论依哪一方提供的数据，中英交易涉及的金额都是巨大的。但中英交易也存在争议。在如此欢迎中国投资的情况下，财政大臣乔治·奥斯本（George Osborne）打破了西方世界曾达成的共识，其他西方国家对英国允许中国进入关键基础设施项目如核能项目感到担忧。作为美国最亲密的伙伴，英国已经激怒了美国。2015 年早些时候，英国宣布加入中国主导的亚洲基础设施投资银行（AIIB）。美国对此持反对意见，并认为亚投行试图成为世界银行和国际货币基金组织的替代机构，而不受美国影响。

"到目前为止，中国宣布的投资项目包括劳斯莱斯航空发动机、游轮和液化天然气。但最重要的声明是宣布将在英国萨默塞特郡投资建设欣克利角 C 核电站。2015 年 10 月 21 日，中国广核集团和法国电力集团宣布，就共同修建和运营英国萨默塞特郡的欣克利角 C 核电站达成战略投资协议。法国电力集团表示，该项目的总投资最终将达到 180 亿英镑，中国广东核电集团有限公司将投入 60 亿英镑（约合 588 亿元人民币），占股 1/3。法国电力集团将投入建设该项目需要的其余 120 亿英镑。180 亿英镑的投资总额让欣克利角 C 核电站成为有史以来最昂贵的发电厂。为了确保这个高成本的长期项目获得所需的投入资金，英国政府已经承诺了额外的回报。该发电厂建成后，其电力售价将达到92.50 英镑/兆瓦时。这是当前市场中电力售价的两倍。这样的承诺似乎有些过度慷慨，奥地利政府将英国政府告上欧洲法院，称该特殊承诺违反欧盟的'国家援助'规则。"

但是，报告也对英国的对华政策略有微词："中国自身面临着过度投资的典型问题，长达几十年的过高投资导致企业无法为它们的产品找到市场。这有助于促使政府建立大型基础设施项目的投资计划（例如构建'丝绸之路'），但这也导致钢铁等产品生产过剩的倾销。世界钢铁价格的崩溃导致英国关闭在雷德卡和拉纳克郡的钢铁厂，使许多人失业。英国政府声称无法帮助这些失业者的同时，却为中国和法国的公司提供了巨额补贴。"

◇◇四　比利时智库：世界不会因为欧盟的存在与否而发展或者停止发展

1. 艾格蒙特研究所

"欧洲中心论"是个伪命题，但在学界、政界似乎又是一种无人能撼动的定论。比利时的艾格蒙特研究所认为："欧盟目前反思的一个新的全球战略可能是一个进步，但欧盟需要加快速度，因为世界不会因为欧盟的存在与否而发展或者停止发展。"在其《俄罗斯、中国和欧洲如何适应不断变化的全球秩序》① 报告中似乎在挑战这个命题。作者在报告中指出："在俄罗斯干预乌克兰和叙利亚与中国繁荣的战略投资计划之间有什么相同的地方吗？最近这个问题引起了注意，包括中国的'一带一路'倡议和亚洲基础设施投资银行。它们都是通过外交政策调整来改变世界秩序。一些人认为俄罗斯是一个伟大的国家，然而，苏联帝国早已不复存在。根据大多数指标来看，如今的俄罗斯表现不佳。其经济生产力和多样性很低，腐败很严重，平均寿命远低于欧洲的任何地方（以及世界许多地区）。市场上的低油价在西方国家的制裁下对改善这些条件也起不了多大作用。然而，在国际上，俄罗斯通常表现得仿佛仍是一个强国。例如，在叙利亚，弗拉基米尔·普京（Vladimir Putin）反对美国来保卫阿萨德政权和该地区的利益。俄罗斯已经重新塑造自己作为一个中东大国了。对于俄罗斯的邻国，莫斯科方面利用所有的方式，包括武力，试图维持前苏联在这些地区的影响力，像俄罗斯在乌克兰所做的那样。俄罗斯也提出一些地区性的倡议，如欧亚联盟，这样的联盟将把俄罗斯的邻居都牢牢地固定在俄罗斯的影响下。与此同时，西方国家的紧张情绪也在不断上升。虽然西方国家对俄罗斯的这种紧张情绪一直都有，但因为乌克兰危机，这种紧张情绪上升了。

"如何解释这种侵略性的外交呢？其中的一部分是故作姿态。在许多方面，俄罗斯超水平发挥，这便呼应了俄罗斯是一个大国，或者是一个新兴大国（和其他金砖国家一道）。其他象征性的符号，包括这个国

---

① 作者：托马斯·雷纳（Thomas Renard），艾格蒙特研究所高级研究员。主要研究侧重于多极化、国际事务和欧盟应对新兴大国的策略，特别是所谓的战略合作伙伴关系。他领导了欧洲战略伙伴关系天文台（ESPO）FRIDE 和艾格蒙特的联合项目。来源：艾格蒙特研究所（比利时智库），2015 年 11 月 12 日。

家的核能力和作为联合国安理会常任理事国的身份都支持着俄罗斯成为一个大国。对俄罗斯咄咄逼人的外交政策的另一种解释与它的能力有关，考虑到国内条件差和缺乏所谓的'软实力'，俄罗斯的外交严重依赖于'硬实力'。就像俗话所说的：'当你只有一把锤子时，所有问题都开始被看成钉子。'

"与俄罗斯相比，中国的外交政策在大多数情况下，同时依赖'软实力'和'硬实力'。事实上，中国不仅是一个实力日益增长的军事大国——其军事支出超过英国和法国的总和的2倍，而且也是一个巨大的经济强国。可以肯定的是，中国在其经济发展上仍将面临巨大的挑战，最近中国的经济放缓说明了这一点。尽管如此，在其庞大的外汇储备和国家控制的全球投资政策下，中国正在积极利用其现金作为外交政策的工具。中国在全球进行投资，这些投资对于它自己是有战略价值的（如在英国投资新一代核电站，或购买希腊港口的股份等），但中国把这种投资政策本身作为一种战略工具。通过双边和区域倡议，如'一带一路'，中国首先寻求稳定和发展周边国家，这些国家也会反过来惠及中国，同时安抚邻国对中国的意图。

"中国推出的亚投行也是其挑战西方主导的金融机构的一种方式，并通过中国主导的多边主义来促进中国的利益。尽管美国强烈反对，但亚投行出人意料地成功吸引了全球的支持，包括欧洲国家。对于中国而言，这是一个重要的软实力的成功，因为对于世界来说，中国在促进自身利益并与西方国家划清界限的同时，是以一个'负责任的利益相关者'的身份出现的。最近英国对习近平国事访问的欢迎仪式证实了中国成功地获得了全球影响力。有趣的是，中国的战略投资政策强调与国内政策有关的外交政策的数量。的确，经济低迷或不稳定的国内环境可能会迅速破坏整个国家政策。前美国外交官理查德·哈斯曾经说过，外交政策始于国内。这是千真万确的。除了中国的投资政策，中国的硬实力也不容忽视。除了上升的军事预算和能力，中国显然在东部和南海舒展手脚，它对该地区的许多岛屿和海洋地区发表声明。在联合国大会上，习近平还宣布，中国将大大增加其对全球维和的贡献，尽管一些中国专家正在讨论'一带一路'的安全维度（例如，在投资和中国公民方面的安全）。在追求战略利益和全球地位上，中国的外交显得日益自信。但中国仍然保持'软实力'和'硬实力'之间的整体平衡，这样做可以使中国在总体上发展更加有效、更加可持续。尽管这在很大程度上取决于中国的国内政策。

"在追求全球地位问题上，中国和俄罗斯正在使用不同的策略。就像我们之前讨论的那样，俄罗斯的战略可能并不像一些人所认为的那么高明，显然不如中国的高明。然而，两国都在积极利用当前的过渡时期维护自己的利益，提高自己的目标。相比之下，欧洲人经常对国际上的发展做出一些反应。对于叙利亚问题，欧洲人看起来是完全无能为力的，它无法提供一个真正的外交解决方案，而它们完全可以应对中国的攻势。欧盟成员国外交政策有不同的优先级，一些人向东看，而另一些人向南看。欧盟各成员国缺乏共识或协调通常减缓或削弱欧洲的立场。此外，欧洲的资源与能力日益削弱也限制了其行动的范围。因此，欧洲的外交政策也不是特别清晰的。不断变化的全球秩序需要欧洲做出一个强有力的反应。最近的事件表明欧洲是有改进的空间的。欧洲的目标是什么（如果欧盟旨在获得'全球影响力'，那么如何重新定义其在亚洲蓬勃发展的战略与经济作用）？欧盟对全球秩序的愿景是什么？以及如何追求它（促进有效的多边主义可能是不够的，因为多边系统可能被破坏也可能由其他人重塑）？如何应对新出现的权力和这些权力使用的不同的外交策略？欧盟能够成为它们的'战略伙伴'，并满足它们不同的长期的野心和竞争利益吗？其中的成员国如何做出最好的贡献？这些问题都需要欧盟给出一个答案。"

2. 欧洲之友

欧洲之友在《亚欧会议二十周年：互联互通的挑战》报告中写道："1996 年，首届亚欧会议在泰国首都曼谷举行。2016 年 7 月，亚欧各国领导人将在蒙古首都乌兰巴托举行的亚欧峰会上庆祝亚欧会议 20 周年。虽然亚欧各国领导人都会在即将到来的峰会上总结过去取得的巨大成就，但亚欧会议仍需通过更新第三个十年的议程来升级亚欧伙伴关系。现在，亚欧会议比以往任何时候都更充满活力，参与国政府寻求实践新想法以确保亚欧峰会与当前相互依赖的世界紧密相连。亚欧各国的经济和社会联系日益密切，人民交往日益增多。与 1996 年甚至十年前相比，现在有一个更高的标准来衡量贸易、商业、安全和文化方面的亚欧对话。如今，双向贸易和投资流动对亚欧安全、经济增长和良好发展至关重要。自 1996 年第一届亚欧会议召开以来，该会议一直专注于加强亚欧各国及其企业和人民之间的交流。亚欧各国联系日益密切是当前世界的现实情况，加强制度、基础设施、数字网络和人民之间的联系无疑成为亚欧会议新议程的核心内容。

"包括加强数字网络在内的互联互通是在意大利米兰举行的第十届亚欧首脑会议上提出的重要议程。领导人指出，亚欧各国的互联互通将促进亚欧各国的经济繁荣和可持续发展，促进贸易、投资、能源、信息、知识、思想和人员的自由流动。米兰亚欧首脑会议制定出进一步行动的明确议程，敦促亚欧大陆建成一个'集成、可持续、安全、高效、便捷的空中、海洋和陆地交通系统'。与会国领导人表示亚欧各国需要在共同利益领域实现实践和经验的交流互通，如有关欧盟单一市场的治理和'东盟互联互通总体规划'的实现。重要的是，他们强调增强所有利益相关者的参与，包括工业团体、智库和学术社区等。

"即将在蒙古举行的亚欧首脑会议面临的挑战是亚欧各国领导人需要把制定的政策落实到行动中。米兰的亚欧峰会和最近在拉脱维亚首都里加和中国重庆举行的相关会议的优先议程往往集中在交通和基础设施的互联互通上，这是为了推动互联互通新供应链和'欧亚多式联运走廊'项目的建设（于2015年4月在里加举行的亚欧交通部长会议上达成）。2015年在重庆举行的亚欧互联互通产业对话会计划改进并建设新的'欧亚大陆桥，跨欧亚大陆交通走廊'，升级海上航线、高速公路并建设一个'信息高速公路'。里加和重庆的会议都强调公私合作的重要性，并进一步指出在工业领域、价值链方面升级亚欧各国合作的必要性。

"专注于卡车、火车、轮船和飞机等交通领域的互联互通是有道理的。亚欧各国关系的支柱是商业和贸易。建立新的、更快捷的交通连通项目将促进贸易和投资，为欧亚各国企业创造新的商业机会，从而推动欧亚各国的就业增长，在该区域开辟广阔的新市场。此外，欧亚各国的共同努力将释放更多的资源。实施由欧盟委员会主席容克制订的投资计划需要动员数十亿欧元的私人和公共基金以及来自欧洲投资银行（EIB）的资本。因此，就像在重庆的会议上指出的那样——一些亚欧会议的项目可能会得益于中国数十亿美元的'一带一路'项目。'一带一路'项目将促进交通、数字网络和物流的互联互通，为欧亚各国相关企业提供商业机会，使其获得巨大的经济效益。互联互通项目工作组可以通过举行论坛、设置主要目标、交流和共享实践经验、鼓励合作与创新方案来促进项目实施。一旦初步工作完成，符合条件的项目必须满足严格的治理、环境和技术标准，实现可持续发展。亚欧会议互联互通项目专注于扩大新经济走廊沿线的货物、服务、投资、信息和人员流动，这将促进亚欧各国法律、法规、技术和管理规范的融合。亚欧会议希望实现的'互联互通'不仅仅是交通和基础设施的连通，也包括各领域的连通网络，如教育、科学和技术以及贸易、商业、安全、旅游和文化。亚欧会议的有关项目旨在进一步扩大欧亚各国之间的协同效应，实现'软'连接。

"欧洲、东南亚和中国有各自的互联互通计划，它们已经开始探索有关项目的合作方案。欧盟的尝试包括构建一个边境自由的单一市场（包括数字单一市场）、能源联盟、金融服务单一市场和欧洲网络。东南亚国家联盟（ASEAN）的各国领导人正在通过《东盟互联互通总体规划》努力构建更强大的区域连通网络。2010年，第16届东盟首脑会议在越南河内举行，会议通过《东盟互联互通总体规划》，该项目被视为构建2015年东盟共同体的一个重要步骤，能够促进东盟国家基础设施建设并推动东盟区域人民、货物、服务和资本的紧密相连。欧盟已经确定将支持东盟的互联互通作为升级与东南亚区域关系的核心元素。截至目前，东盟已经选择15个优先项目，包括东盟公路网络、新加坡—昆明铁路、东盟宽带走廊和国家单一窗口。虽然东盟国家已经设立4.852亿美元的东盟基础设施基金、推进融资上的公私合作模式和开发银行项目，但项目融资仍然是一个重大挑战。最近，中国雄心勃勃的'一带一路'倡议引发了国际社会的广泛关注。中国设立400亿美元的丝绸之路基金，并建立法定资本为1000亿美元的亚洲基础设施投资银行。这些举措的目的是通过中亚、西亚连接中国与欧洲，同时连接中国与南亚、东南亚国家。项目的初步实施将专注于基础设施建设，中国在这方面有丰富经验，可以提供工程技术、施工经验、机械设备以及建筑材料，如中国国内产能过剩的水泥和钢铁。该倡议为改善中国和其他经济体之间互联互通的尝试提供了一个总体框架。值得注意的是，为了研究'容克计划'和'一带一路'蓝图之间的潜在协同效应，中国和欧盟已经同意共同推出一个'连通平台'。在重庆举行的亚欧互联互通产业对话会上，中国国务院副总理张高丽表示，北京方面正在考虑在

'一带一路'沿线国家建设六条经济走廊，从而促进亚洲和欧洲之间的互联互通。亚投行和'丝绸之路基金'将为这六条经济走廊的建设提供强有力的资金支持。经济走廊将贯穿中国—蒙古—俄罗斯、新亚欧大陆桥、中国—中亚—西亚、中国—中南半岛、中国—巴基斯坦以及孟加拉国—中国—印度—缅甸。

"亚洲基础设施需求巨大且不断增长。亚洲开发银行（ADB）预计，2010—2020年，亚洲的基础设施建设融资缺口大约为8万亿美元。普华永道最新的全球报告指出，亚太地区基础设施建设投入预计在下一个十年将每年增加7—8个百分点，2025年达到5.36万亿美元，占全球总量的60%。此份报告明确显示亚洲市场对于基础设施的巨大需求，也表明中国提出设立的亚投行对亚洲市场的重要性。报告中指出亚太地区需要新的运输和公用事业基础设施以运输商品，连通经济中心；包括学校、医疗设施和老年护理在内的社会基础设施；'软'基础设施以发展电子商务，确保宽带接入网络更快捷、价格更低廉；包括住房、交通、供水、废物管理在内的城市化基础设施。亚洲对基础设施巨大需求的例子比比皆是。印度政府此前提出到2017年前将花费1万亿美元全面改善基础设施。印度总理莫迪最雄心勃勃的计划是投资逾1000亿美元的德里—孟买工业走廊项目，该项目计划创建七个工业城市、六个机场、三个港口并建设高速铁路。在越南，基础设施建设重点项目是隆成机场，该机场将位于胡志明市外，最终目标是实现每年1亿人次旅客量及500万吨货邮吞吐量。越南希望隆成机场能成为可以与中国香港、新加坡和曼谷机场竞争的区域中转枢纽，计划投资158亿美元。泰国制订2015—2022年出资920亿美元的投资计划，包括建造以曼谷为中心的四条高速铁路、跨国道路及工业港口，高速铁路的建成将通过马来西亚连接北面的中国和南面的新加坡。菲律宾总统阿基诺三世批准投入14亿美元建设马尼拉通勤铁路和其他基建项目，自阿基诺上台以来，菲律宾基础设施投资已达到 318 亿美元。印度尼西亚增加基础设施建设支出，升级道路、港口、水利设施和电厂，取代严重依赖公共资金的做法，政府也邀请私营部门参与基础设施投资。亚洲开发银行称，如果亚洲所需的基础设施能够建成，到 2020 年，该区域的人民收入将增加 4.5 万亿美元，在 2020 年之后，将继续增加 8.5 万亿美元。亚洲（非洲和拉丁美洲也是如此）对基础设施建设融资需求巨大。基础设施正成为绝大多数国际和国家金融机构需要优先处理和重点解决的问题。中国主导的亚投行专注亚洲基础设施的发展建设，世界银行（已推出的全球基础设施基金可以动员私人投资基础设施项目）、亚洲开发银行和一些国家金融机构如日本国际合作银行专注于交通和其他基础设施项目融资。日本宣布今后五年将投资 1100 亿美元支持亚洲基础设施建设。

"尽管亚洲和欧洲的智能手机使用普及率很高，数字信息网络的技术发展也日渐成熟，但亚欧区域仍应专注扩大电子商务和网上交易领域的合作，尤其是亚欧各国的中小企业。欧盟委员会已将建设数字单一市场作为重点发展项目，该项目的完成将创造就业机会、提高公共服务水平并每年为欧洲经济贡献 4150 亿欧元。亚洲经济体发展迅速，但在移动访问和宽带连接领域的发展程度较低。东盟工商咨询理事会主席丹斯里·慕尼尔（Tan Sri Munir Majid）称，扩大数字连接的潜力巨大。目前，东盟只有 1% 的零售业务额是通过互联网进行的（发达国家为 9%）。

"2008 年，第一届亚欧教育部长会议在德国柏林举行，此次会议是在亚欧会议（ASEM）框架下举办的首次教育部长会议，会议主题为'面向未来的亚欧教育与培训'，亚欧会议成员国还设立亚欧教育部长会议秘书处（在印度尼西亚）。2015 年 4 月，亚欧各国教育部长在里加相关会议上同意增加以结果为导向的合作活动，包括商业和工业教育、终身学习、技术和职业教育与培训等。他们也关注教育在促进可持续发展和创新方面的作用，鼓励学生、教师、研究人员的互通与交流。在重庆举行的会议上，与会国支持建立亚欧各国在科学、技术和创新领域的合作中心。亚欧会议已经开始讨论促进各领域的互联互通，2015 年在里加举行的会议专注交通和教育的交流，在重庆举行的会议主要议题为工业建设领域的互联互通，在韩国举行的会议则讨论了多式联运问题。2015 年 10 月在东京举行的会议将推进民间的交流，2015 年 7 月举行的乌兰巴托亚欧首脑会议也将关注互联互通问题。这不足为奇，亚欧会议目的是巩固亚欧各国之间的联系，并创建新联系的议事平台，它作为非正式对话的论坛寻求加强亚洲和欧洲之间的沟通与交流。在当前不断变化的国际社会中，专注互联互通将有助于进一步推动亚欧各国之间的贸易和投资，加强人民、机构之间的交流。这也意味着欧亚各国能够交流实践经验，如治理、透明度、可持续发展和贸易便利化等。专注于互联互通发展的亚欧会议将汇集政策制定者、企业、媒体和公民社会组织，讨论互联互通方面的相关问题和创新方案。更加重要的是，它将推动亚欧会议成员国之间进行实实在在的合作。"

3. 布鲁盖尔研究所

这个世界也许是太挤了，以至于布鲁盖尔研究所在发表了《为中国留出空间》[①] 的报告。作者认为，"当英国本月早些时候宣布同意成为中国主导的亚洲基础设施投资银行（AIIB）的创始成员国的时候，大多数头条新闻关注的不是新闻本身，而是此决定带来的美国和英国之间的摩擦。白宫方面发表声明敦促英国政府呼吁采用高标准，美国一位高级官员指责英国不断纵容中国。然而，事实上，是美国在倡导错误的做法。在英国，外交争端作为英国媒体用以传播那些认为英国政府会对中

---

① 作者：吉姆·奥尼尔（Jim O'Neill），高盛资产管理业务前主席、首席经济学家。来源：布鲁盖尔研究所（比利时智库），2015 年 3 月 17 日。

国采取强硬立场的批评。英国的确需要为自己站起来，但没有理由与中国内部事务形成对抗，尤其是在香港事件中。美国也一样，明智的做法是停止对抗世界正在变化的这一既定事实。美国、法国、德国及意大利不情愿给予新兴大国在已有国际金融体系中的发言权的做法会适得其反，这促使新的平行机构出现，如 AIIB、新开发银行等。中国 10 万亿美元的经济量比法国、德国及意大利的经济量总和还要多。即使每年的增速下滑至 7%，这个国家每年也会向全球 GDP 贡献 7000 亿美元。通过创建 AIIB 和新开发银行，中国和其他新兴经济体暗示，它们迫切希望在国际社会中拥有发言权"。

◇◇五 瑞士智库：中国的新贸易政策会对全球贸易秩序的未来产生深刻影响

作为欧洲小国，瑞士的智库却具有大国学者所不具备的国际视野。面对纷繁复杂的贸易政策和贸易问题，瑞士的智库却认为："我们可能有理由对中国经济未来的发展前景持乐观态度"，并指出"中国的新贸易政策会对全球贸易秩序的未来产生深刻影响"。

世界经济论坛在《我们应该乐观对待中国的贸易战略》[1] 报告中认为："最近几个月，股市的动荡和货币贬值引发大家对中国经济可能影响全球经济的担忧。如果我们看一下中国新兴的贸易政策——更开放而且已接受更高标准的市场准入——我们可能有理由对中国经济未来的发展前景持乐观态度。作为最大的贸易国，中国认识到必须迅速适应世界贸易的新趋势，即所谓的大型区域自由贸易协定（FTA）。起初，中国

---

[1] 作者：王勇（Yong Wang），中国北京大学国际政治经济研究中心主任。贸易与外国直接投资全球议程理事会世界经济论坛成员。来源：世界经济论坛（瑞士智库），2015 年 9 月 15 日。

评论家怀疑这些协定，包括跨太平洋伙伴关系协定（TPP）和跨大西洋贸易和投资伙伴协定（TTIP）。他们特别关心 TPP 的地缘政治的影响，并认为 TPP 是美国'重返亚洲'的经济决策。但是现在中国已经开始采取更加积极的态度，并努力建立具有市场准入高标准的自由贸易协定网络。

"为了应对国际和国内挑战，中国政府已开始制定一个新的、更积极的贸易政策，特别是自习近平和李克强于 2012 年底上任以来。中国的新贸易政策的核心原则似乎很明确：中国不应只是一个规则的跟随者，还应该成为规则的制定者，并在区域和全球贸易秩序中发挥领导作用。特别是当其他国家开始签订大区域自由贸易协定时，中国不应该被边缘化。自从新一届领导人宣誓就职以来，中国政府已认真考虑申请成为 TPP 成员国。虽然现在决定反对 TPP，但是中国仍有可能选择在未来成为 TPP 的一部分，尤其是对中国的国有企业而言。

"中国也急切地寻求成为新一代规则谈判的一部分，特别是新服务贸易协定（TISA）。部分原因是中国害怕被边缘化，并希望发展其服务业。通过 TPP 和其他大型区域自由贸易协定的推动，中国政府于 2014 年提出与瑞士升级自由贸易协定，并于 2015 年提出与韩国和澳大利亚升级自由贸易协定。中国在推动与东盟升级自由贸易协定进程的同时，也得到东盟各国的积极反馈。此外，中国决心加快区域全面经济伙伴关系协定（RCEP）的谈判步伐，并设定一个目标，希望于 2015 年底完成谈判。中国还于 2014 年 11 月在北京成功举办亚太经合组织（APEC）领导人非正式会议，在会议期间，成功通过亚太自由贸易区（FTAAP）提议。中国和其他国家期望 FTAAP 可以成为整合 TPP 和 RCEP 规则的公共空间，并确保亚太地区的区域贸易秩序的完整性。

"中国正在与世界主要经济体，尤其是美国、欧盟和日本进行贸易往来，这将有助于减少或分散地缘政治竞争的风险。中国与美国的双边投资协定（BIT）谈判取得重要进展，中国也对与欧盟的双边投资协定的谈判持热情态度。中国还决定加快与日本和韩国的三方自由贸易协定的谈判。这些举措都是建立在更加开放的市场准入原则基础上的，将推动全球经济更加稳定和开放，并巩固其基础。更重要的是，自 2013 年以来，中国领导人已经开始测试上海自由贸易区试点情况，不仅包括自由贸易自由化，涉及放宽有关服务贸易、资本控制、人民币可兑换、提升知识产权标准和贸易便利化的规定，还采取了一系列精简政府结构和程序的措施。此后，国务院还在全国范围内扩大试点，包括天津、广东和福建，这些地区在 2015 年 3 月已经开始运行。这些试点必将进一步扩大中国向外国投资的开放程度。

"2013 年 10 月，中国国家主席习近平引入了新丝绸之路经济合作，亦被称为'一带一路'，由'新丝绸之路经济带'和'21 世纪海上丝绸之路'组成。不久，中国政府设立了 400 亿美元的'丝路基金'。同时，中国还推动建立亚投行，以帮助亚洲国家发展急需的基础设施项目。中国的发展计划引起了美国、日本以及现有国际金融机构的争论和反对。然而，亚投行受到广大亚洲发展中国家的积极回应，这些国家显然是为从中获益。东盟十国都签署了亚投行的谅解备忘录；2015 年 3 月，英国和其他欧洲国家也纷纷申请成为亚投行的创始成员国；同时美国的一些重要盟友，包括韩国、澳大利亚也表示愿意加入。亚投行定于 2016 年开始运营，美国似乎也表现得温和起来，将帮助这个新银行继续发展，弥补亚洲国家基础设施投资的缺口。

"亚投行和'新丝绸之路'有望缓解产能过剩和过多外汇储备带来的压力，促使中国经济迈向'新常态'，'新丝绸之路'会帮助中国与丝绸之路沿线国家建立更高标准的自由贸易协定，WTO 规则可能还适用于中国与这些国家的合作。中国的新贸易政策会对全球贸易秩序的未来产生深刻影响：（1）中国积极的举措似乎会帮助全球贸易变得更加开放。中国已就双边自由贸易协定与主要贸易伙伴展开对话，'新丝绸之路'会进一步开放该地区的经济，并通过在这些经济体中投资基础设施、提升互联互通，促进经济增长。事实上，世界各国都会从中国的这些举措中受益。（2）中国对更高标准的双边和区域自由贸易协定的优惠和 WTO 多哈回合谈判施压，该项谈判已经停滞，中国会帮助 WTO 解决版权和荣誉问题，并缩小不同组织间的差距。（3）中国和美国的双边会谈将降低地缘政治竞争的风险，中国崛起已在区域大国中造成领土争端，但加强双边经济联系会维持双边关系平稳发展。（4）当谈到中国贸易政策时，我们应该感到乐观。随着中国继续开放，它不仅会促进我们的经济发展，也会造福于全球经济。"

该智库在此前一周发布的《中国的对外投资》中写道："中国日益成为对海外企业的全球投资者，同时，国有和私人企业都将投资海外的项目和资产，包括基础设施、技术、房地产、农业、债券和股票市场等。2014 年，在中国的外国直接投资（FDI）为 1285 亿美元，而其对外直接投资（OFDI）总计 1160 亿美元，比前一年增加了 15%，比十年前增长了 10 倍。如果这一趋势继续下去，中国预计将在 2015 年底由净进口国转变为资本净输出国。这种趋势在很大程度上是由中国的'走出去'战略推动的。与此同时，由于日益激烈的竞争，开放的中国企业（无论是国有企业还是私营企业）都走向海外市场以获取更多机会。2014 年，政府还鼓励通过减少和简化对外投资的审批程序同时提高门槛，企业不得不寻求国家的批准从而进行海外投资。

"中国对外投资的类型和目的地发生明显变化。过去，大量的资金投入到资源丰富的新兴市场，以资助基础设施项目，这经常受到中国政策性银行的支持，如中国开发银行。近年来，私营公司都发挥了较大的作用，2014 年，私营公司对外投资占对中国对外直接投资（OFDI）的 41%，而投资更多集中在获取技术和技术诀窍，旨在通过购买专业知识、技术和品牌资产提高竞争力。许多中国对外直接投资的最大受资者是发达国家市场，包括美国、澳大利亚、英国和意大利。政府主导的对外直接投资（OFDI）也在不断发展，采取更多的多边制度模式。最近，三个机构已经开始在这一战略中发挥核心作用，包括亚洲基础设施投资银行（AIIB）、'丝绸之路基金'和新开发银行（金砖国家银行）。这些机构的目标是金融投资，并分散各自区域基础设施建设的风险。除了有助于中国进行海外投资，这些机构的建立也意味着，自从二战后建立布雷顿森林体系以来，中国在全球治理中的影响力日益增长。就境外投资而言，经济和政治的影响通常会错综复杂地交织在一起，这种微妙的平衡可能会影响中国对外投资的前景。"

◇◇六　法国智库：世界一直在学习如何与经济和军力日益强大的中国相处

法国智库国际关系和战略研究所在《北京盛况：中国展示军事力量》① 报告中认为："中国在北京天安门广场举行阅兵式，参阅兵力约为12000人。这是纪念'中国人民抗日战争暨世界反法西斯战争胜利70周年'的阅兵式，事实上，这也是为了在中国国家主席习近平进行几个重要的国事访问之前向国际社会展示其现代化武器。中国邀请西方领导人出席阅兵式，但西方领导人意识到中国意在展现本国的自信。在

---

① 作者：菲利普·科尔（Philippe Le Corre），巴黎索邦大学国际法专业学士、政治学硕士，拥有法国国立东方语言文化学院颁发的东方语言文化证书。现任美国布鲁金斯学会美国与欧洲中心的访问学者。加入布鲁金斯学会之前，曾任法国国际和战略关系研究所副研究员。2007—2013年，曾作为阳狮集团合伙人领导顾问团队为2010年上海世博会组委会提供国际交流事宜的相关咨询。研究领域包括亚欧政治和经济关系、中国的外交政策和法国事务。来源：国际关系和战略研究所（法国智库），2015年9月3日。

二战结束后，世界一直在学习如何与经济和军力日益强大的中国相处。中国的国防预算在过去的 25 年中不断增加，目前已经拥有歼-15 战斗机、Z-19 攻击直升机和 DF-41 洲际导弹。毫无疑问，此次阅兵游行将令人印象深刻。

"中国利用阅兵式作为展示其优势的工具，确保其在亚太地区发挥更大的影响力。俄罗斯领导人普京、南非总统雅各布·祖马、委内瑞拉总统马杜罗、苏丹总统巴希尔以及韩国总统朴槿惠都将参加此次阅兵。朝鲜领导人金正恩和日本首相安倍晋三不会参加中国的阅兵。主要的工业大国不希望日本陷入困境，但是没有人愿意得罪中国。因此，不参加此次阅兵的受邀领导人都委婉回应中国的邀请。为几周后中国国家主席习近平来访做准备的美国总统奥巴马将由美国驻华大使鲍卡斯代表参加此次阅兵式。此前，中国提议设立亚洲基础设施投资银行，2015 年 3 月，亚投行进行成员国扩充，华盛顿方面对有兴趣加入亚投行的盟国进行游说，希望阻止它们加入该机构。然而，在参加阅兵的问题上，美国并没有像处理亚投行问题一样对其他西方国家领导人施加压力，阻止他们参加中国的阅兵式。但西方国家领导人有各自的理由不参加阅兵式，法国总统弗朗索瓦·奥朗德将于 10 月份前往中国讨论气候问题，法国外长洛朗·法比尤斯将代替他出席北京的阅兵式，意大利也由外交部长参加阅兵式。至于英国首相戴维·卡梅伦选择等待中国政府于 2015 年 10 月对伦敦进行的访问，与中国国家主席习近平会面。英国由前保守党内阁大臣肯尼斯·克拉克前往出席阅兵式。令人吃惊的是德国前总理施罗德和前英国首相托尼·布莱尔也将出席此次阅兵式。

"虽然中国利用阅兵展示其军事力量，但中美关系已经足够复杂，无须进一步加剧紧张局势。美国总统竞选期间，共和党候选人、威斯康星州州长斯科特·沃克最近公开批评中国，并呼吁取消中国领导人访美计划。美国'地产之王'唐纳德·特朗普声称，如果他成为总统，'中国就有麻烦了'。我们没有必要将这样的言论当回事,但这些言论证明美国的现任政府和其继任者需要更多的外交技巧来恢复全面的美中对话。华盛顿方面似乎没有兴趣在北京出席活动,奥巴马政府也不想在中国国家主席习近平对美国进行国事访问之前参与中国展示力量的活动。历史告诉我们,中美关系会比阅兵游行更有趣。"

◇◇七 荷兰智库:中国正寻求在国际事务中发挥更大的影响力,同时也准备承担更大的责任

荷兰国际关系研究所在《中国在维持和平与非洲安全中不断变化的角色》① 报告中指出:"截至 2015 年中期,中国共派出了 3082 名人员执行联合国维和任务(包括 2883 名军人、176 名警察和 23 名军事专家)。中国目前是第九大部队派遣国,绝大多数中国维和人员部署在非洲。目前,中国联合国维和人员总数从 2014 年初的 2078 名逐渐攀升。中国参与联合国维和任务的情况应该放在中国不断变化的外交政策的背景下来看待。自 2012 年 11 月中国国家主席习近平上任以来,中国外交政策的风格已变得更加自信。中国在一定程度上放弃了在全球事务中保持低调的倾向。相反,中国国家主席习近平指出:'中国必须有自己特色的大国外交。'因此,中国正寻求在国际事务中发挥更大的影响力,同时也准备承担更大的责任。中国大力推动新的多边金融机构的建设,如金砖国家新开发银行(NDB)和亚洲基础设施投资银行,就是这种做法的例证。

---

① 作者:弗朗斯·保罗·冯·德·皮滕(Frans Paul van der Putten),荷兰国际关系研究所高级研究员。来源:荷兰国际关系研究所(荷兰智库),2015 年 9 月。

"联合国组织是中国外交政策的一个重要着力点。中国外交部部长王毅指出，中国希望联合国保持其自 1945 年以来在国际秩序中发挥的重要作用。王毅还指出，联合国应增加发展中国家的代表性。其含义是，中国希望看到联合国系统内一些权力部门的调整，中国也愿意继续将联合国看作国际秩序的主要支柱。对于中国而言，联合国是一个合适的工具，以塑造中国作为全球崛起大国的角色。尽管中国已是联合国安理会常任理事国（因此拥有否决权），但它仍然希望巩固自身在联合国体系中的地位。完成该目标的主要途径之一是更多地参与联合国维和行动。中国是唯一在军队和资金方面都扮演重要角色的国家。在联合国安理会常任理事国中，中国是最大的军队贡献国和第四大资金贡献国。"

该智库在《金砖国家成为欧盟的安全挑战》[①] 报告中认为："除了要求在全球治理中获得更大的话语权，金砖国家多数成员对当前国际体系的框架与功能基本满意，它们对全球经济的愿景是保守的，而非革命性的。金砖国家在全球治理中的话语权将会日益增加，但它们在全球政治中所发挥的积极作用仍将是微不足道的。在现实安全问题上，金砖国家过去很少作为一个集团发声或行动，因此在多边论坛中，金砖国家组织对军事和安全问题的解决几乎没有发挥什么作用。欧盟的经济和政治实力不断下降，使欧洲容易受到金砖国家（尤其是中国）的影响。欧盟应采取一种谨慎的做法应对'金砖国家'的挑战，适应这些国家的崛起。中国的保守倾向对欧盟来说是有利的。在金砖国家框架内，中国可以控制甚至约束俄罗斯与日俱增的好战性。这显然符合西方的战略利益，欧盟对金砖国家应该采取更成熟理性的策略。

"国际社会似乎对金砖五国（巴西、俄罗斯、印度、中国和南非）有所忽视。这些新兴大国批评西方主导的国际发展机构，希望重新调整

---

① 作者：皮特·冯·哈姆（Peter van Ham），荷兰国际关系研究所全球治理方面的主任。来源：荷兰国际关系研究所（荷兰智库），2015 年 9 月。

当前全球治理框架的权力平衡。尽管仍不确定金砖国家在全球政治中是否会发展成为一个成熟可靠的联盟，但当前加强合作和制度化的趋势表明，金砖国家组织很可能会达到其发展目标。2001 年，高盛的经济学家用首字母缩略词来命名金砖国家组织；而现在，金砖国家组织发展日渐成熟，新一届金砖国家峰会将于 2015 年 7 月 7 日在俄罗斯乌法举行。"

该报告分析了金砖国家对欧盟来说是不是一个安全挑战。鉴于欧盟议程的综合性质和日益扩大的"安全"定义，该报告不仅涵盖传统军事方面的安全分析，而且还考虑到金砖四国的崛起带来的经济、金融、制度和规范方面的挑战。"几年前，围绕金砖国家的讨论一直在经济领域，直到最近，金砖国家开始作为'安全问题参与者'发挥作用。2011 年 3 月，金砖国家首次触及西方的战略安全领域。2011 年，金砖国家恰好都进入联合国安理会。2011 年 2 月 26 日，这些新兴大国（除南非）为西方制裁利比亚卡扎菲当局的安理会 1970 号决议投赞成票。之后，西方国家提出在利比亚设立'禁飞区'的 1973 号决议草案。这些新兴大国在联合国安理会表决 1973 号决议时投弃权票。但弃权却为北约军事干涉利比亚提供了合法性。之后，金砖国家得到经验教训，同时加强国家元首和政府首脑、部长、外交官、国会议员和学者的参与，协调金砖国家之间的政策并寻求在国际论坛中发出一致的声音。最近，金砖国家在危机中展现其力量，在美国发起的有关克里米亚的联合国决议上，巴西、印度、中国和南非均投了弃权票并公开支持俄罗斯。作为建立非西方经济和金融机构的新驱动力，金砖国家组织建设了像亚洲基础设施投资银行（AIIB）和新开发银行（NDB）这样的金融机构，金砖四国已成为国际社会中不容小觑的参与者。但这并不意味着所有金砖国家都享有相同或相似的战略利益和愿景。巴西和南非都是大陆强国，主要感兴趣的金砖国家组织将加强南南贸易并增强其在世界政治中发挥的作用；中国希望在金砖国家的多边框架下扩展自己的全球影响力；俄罗斯坚持用金砖国家组织来掩盖经济下滑的事实，并增强自身的战略地位；印度寻求获得与其日益增长的经济实力相称的地位和影响力。有人会因此认为，金砖国家是像欧盟一样的论坛，用于满足其成员国的国家利益。然而，金砖国家组织还可能像欧盟一样，将鼓励成员国调整国家利益和愿景，通过联合政策向成员国施压，克服它们之间的分歧。目前，金砖五国在经济利益和传统战略中有着不少分歧。但西方不应指望这些分歧会阻碍这些国家发出一致的声音，或者限制它们在国际舞台中发挥作用。

"金砖四国在欧洲和欧洲以外获得较大的影响力，主要是因为欧盟缺乏经济资源和政治意愿提供一个有吸引力的选择。例如，2015 年夏天，欧盟发现在处理希腊经济问题上陷入困境，而金砖五国国家元首和政府首脑在俄罗斯乌法举行了第七届峰会，创建新开发银行并建立应急储备安排。在欧盟等机构的压力下，金砖国家正在稳步发展它们自己的机构，欧盟的错误政策使其形象受损，而此时金砖国家提出一项雄心勃勃的倡议'2015 年路线图'，这是中国'新丝绸之路'项目中的一部分。就目前而言，这种转变对于全球力量平衡和全球安全的影响是温和的。欧盟决策者首先应关注自身的经济和政治危机以及影响力减弱的问题，并采取保守的方式应对金融国家的崛起。

"通常的看法是，金砖四国是所谓的'主权鹰派'：它们采取深远的措施，利用全球化和限制经济与政治调整成本，确保国内稳定。它们的利益关注点为主权和稳定，因此不愿全面参与西方现有的国际秩序，并且通常只准备提供符合国内需求的全球公共产品。欧盟外交政策上唯一有关金砖国家的战略文件由欧洲议会外交事务委员会于 2012 年 2 月发表。这种所谓的金砖国家报告表明新兴经济和外交大国的崛起不会减少欧盟在国际舞台上的作用，通过与金砖国家加强联系，欧盟将发挥重要作用，促进与新兴大国之间在政策选择上的共同理解。欧盟的外交与安全政策高级代表阿什顿（Baroness Ashton）触及关键问题，他在有关演讲中指出：'最重要的是金砖国家的经济影响力将转化为政治影响力，成为自信和有野心的全球事务参与者。'由于欧盟不断削弱的经济和金融实力，金砖国家新的经济治理方法对于欧盟来说尤为重要。2008 年爆发的全球经济危机严重削弱了欧盟的政治信心。2008 年后，欧盟出现的经济问题使世界开始怀疑其首选的外交政策工具（贸易和金融）是否有效。'阿拉伯之春'是阿拉伯起义的新名称，欧盟希望通过与基辅签署贸易协议将乌克兰纳入欧洲的努力激发了乌克兰东部的内战（给予俄罗斯机会占领克里米亚）。在这两个地区，欧盟未能达到它的主要外交政策目标（民主和法治），同时因极端民族主义和宗教极端主义的崛起而经历政治动荡和经济衰退。针对这些情况，欧盟应重新评估其战略，以确保其发挥预期的影响力。

"尽管金砖国家正在经历经济放缓和政治危机的阶段。但清楚的是，金砖国家的经济活力和政治风格正在挑战欧盟发挥的影响力。中国主导建设的亚投行和金砖国家创建的新开发银行表明金砖国家正在制度化政治决策合议。这些机构设置建于金砖国家各国领导人、部长和其他相关人士参与的协调会议网络形成五年之后。亚投行和新开发银行将不会向世界南部贷款，它们的借贷不会附加一系列条件（如人权和可持续性等），但这些条件通常是西方世界利用经济杠杆时要求借款方达到的目标。金砖国家作为一个新兴集团将对全球经济和政治同时发挥其影响力。欧盟对其邻国的策略是基于其邻国可能拒绝加入欧盟，但仍可能被纳入欧盟战略轨道。这将适用于东部伙伴关系（EaP）以及欧盟南部地中海伙伴关系。在这两种情况下，欧盟的自信和野心受到一系列严重打击，这为金砖国家提供机会来扩展它们的影响力，进入欧盟的传统战略。这对中国和俄罗斯都非常有利。中国因本国的能源需求正积极与中东和北非地区增加接触。在过去的几年中，欧盟和美国减少来自中东和北非地区的原油进口，这给中国提供充足的机会使之成为中东和北非的主要经济伙伴，该区域逐渐成为中国产品新的出口市场，这也解释了中国政府为何支持该区域的一些独裁政府。鉴于中东和北非地区不稳定的政治局势，中国仍不愿真正参与该区域事务。然而，中国在中东和北非地区的经济利益将不断增加，到2035年，该区域出口到中国的石油总量将翻一番，中国在该区域发挥更积极的政治和战略作用似乎是不可避免的。中国在海湾地区日益增长的经济股份需要其他手段来加以维护。'阿拉伯之春'与叙利亚和利比亚持续的内战向中国和西方提出同样的挑战。尽管中国在大多数问题上都保持中立立场，但其在叙利亚危机中支持俄罗斯的行动表明金砖国家正日益发挥战略影响。

"中国在中东和北非地区长期保持低调的政治形象与俄罗斯在该区域的活跃和傲慢的政策形成鲜明对比。作为苏联战略继承者，俄罗斯缺乏中国的地缘政治禁忌，它积极使用金砖国家集团在全球扩大其影响力。俄罗斯因本国脆弱的经济地位而希望借助金砖国家的经济影响力来实现自身的战略目标。这并不意味着俄罗斯和中国的利益总是一致的。俄罗斯热衷于在中东和北非地区获得影响力以获取能源、进行军火交易，以及抗衡西方的战略措施。可能是因为经济疲软和后帝国时代的不安全感，俄罗斯是金砖四国中最'革命'的，这不同于金砖国家的首选事项——全球治理改革和发展。最近俄罗斯夸耀在地中海进行的俄中海军演习，并宣称'当前世界秩序需要重组'。

"金砖四国的安全影响不仅限于东欧、中东和北非地区，也延伸到巴尔干半岛西部。欧盟委员会主席容克已明确表示，巴尔干西部的六个国家不会在2020年之前加入欧盟，该区域的政治领袖们将希望寄托在吸引新兴力量（俄罗斯、中国和海湾国家）的金融投资和贸易上。俄罗斯在能源行业利用其主导地位扩大在该地区的战略影响力。中国也同样加强它在西巴尔干地区的融资建设基础设施项目（主要是电厂和道路）。2014 年 12 月 16 日，第三次中国—中东欧国家领导人会晤在塞尔维亚贝尔格莱德举行，这凸显中国在该区域的战略利益。2012 年，中国将目光投向中东欧，并建立了中国和中东欧国家合作的'16+1'机制，该机制成为振兴东欧国家萧条经济的新引擎。该项目为中东欧国家提供 100 亿美元的特别信贷额度和一个投资合作基金，还将推进中国和中东欧国家的文化合作、旅游业发展和学术研究。巴尔干半岛西部的情况证实了三个结论：首先，即使是在一个欧盟已发挥政治杠杆作用的区域，金砖四国等新兴大国也能扩展它们的经济和战略影响。其次，由于欧元区危机，欧盟对巴尔干半岛西部的经济和政治吸引力日益减弱，金砖国家的影响力日益增强。最后，俄罗斯和中国（以及海湾国家）正在运用它们独特的非西方社会规范（基于支持独裁民主）来迎合巴尔干半岛西部各国腐败的政治精英。

"虽然西方国家的战略问题是现实存在的，但金砖国家对全球治理制度仍然持保守的态度。所有金砖国家都意识到安全紧张局势的升级将影响世界经济的发展，从而影响本国的发展前景。金砖国家没有直接削弱西方主导的现有国际论坛，而是开发一种所谓的'平行秩序'（包括亚投行、新开发银行、上海合作组织和其他南南合作项目）。这为金砖国家参与多边竞争提供了机会，扩大了其在国际事务中的影响力。南南合作的进展也为发展中国家提供新选择、打开新局面。在发展合作领域，中国显然是金砖五国中最大、最有影响力的参与者。非洲是中国援助最大的接受方（约占中国对外援助总额的 46%），其次是亚洲（33%）和拉丁美洲（13%）。中国对外援助只有一小部分的对象是东欧国家。亚投行的推出将会继续推进中国的对外援助，也许在所谓的'安哥拉模式'之后，中国资助的信贷项目将以未来的石油和原材料供应来偿还。南南合作意味着欧盟在发展中世界的影响力将会减弱，而欧洲有制约性的援助方法会输给所谓的中国'流氓援助'。中国将使用亚投行和新开发银行等多边平台来进行对外援助，从而减少西方惯例的严格审查。中国支持新开发银行反映出中国希望建立一个组织，它是可控的并减少中国对发展中国家日益增长影响力的国际审查。中国在亚投行和新开发银行中占据主导地位，这意味着大多数援助将施予它的盟友，较低信用条件的吸引力将使更多国家进入中国的战略轨道。

"这对欧盟的战略周边的影响是温和的。中国不干涉其他国家内政的原则（包括那些接受中国的援助和投资的国家）将巩固那些已建立的政权，无论这些政权是否民主以及民主程度如何。然而，由于欧盟自身的经济实力日渐衰弱，中国在中东、北非和巴尔干半岛西部地区日益增强的影响力更多的是由于西方国家的政治无能和对这些区域的战略忽视造成的，而不仅仅是因为北京的规划。观察人士经常引用中国的一句战略格言，'隐藏实力，等待时机'。虽然中国可能会应用这样的战略，但金砖国家的崛起与这样的战略形成鲜明对比，比如俄罗斯经常成为全球或区域权力掮客。我们可以得出这样的结论：金砖国家对欧盟的影响力形成挑战，但我们不应夸大这种挑战。金砖四国显然在利用它们的经济实力和地位来帮助达到外交政策目标，并在国际论坛上借助其实力来影响决策。它们也开发替代西方的国际发展机构。然而，金砖四国的政治凝聚力是脆弱的，欧盟有很多机会能够与金砖国家发展建设性的安全关系，无论是个别成员国或整个金砖国家组织。欧盟担心宗教激进组织的崛起和圣战组织，而俄罗斯和中国也将同欧盟一起应对这些挑战。对抗伊斯兰武装的新前线可能会在俄罗斯和中国新疆的边境地区。欧盟现在面临的关键问题是在未来如何与金砖国家合作，以及欧盟是否应该与金砖国家集团或某几个成员国发展战略合作伙伴关系。"

◇◇八　波兰智库："16＋1"机制正在改变东欧

波兰智库东方研究中心对"16＋1"机制进行了全面研究，其发表的《"16＋1"合作机制内的中国对外直接投资：战略、机构与结果》①报告认为："'16＋1'合作机制在中欧和东欧国家与中国之间的合作于2012年启动。这个机制中一个优先考虑的问题是增加中国在这些地区的国外投资的流入。中国一直对那些可能帮助中国公司获得优先竞争力的地区进行投资感兴趣，如在先进的技术、知名的品牌和分销渠道方面进行投资。以下行业确为中东欧重要的优先领域：建筑和现代化的交通基础设施，包括公路、铁路网络的发展，机场和港口；能源，尤其是可再生能源和核能，公司的大宗商品交易；粮食生产部门。

"国家参与定位海外投资的过程，这是典型的中国经济模式，稳定与中东欧伙伴的双边关系已成为实现这些目标的关键因素。在这种背景下，2011—2014年中国在其与中东欧政治关系的稳定方面的作为可以被视为一个成功举措。然而，在创建多边机构对中国企业提供实质性的金融支持的过程中却遇到了困扰。其中包括中东欧的伙伴缺乏承担协调任务的意愿，中国企业在追求这种合作模式上也缺乏经验，以及在对该地区经济的合作倡议下未能很好地调整设施。中国提供的价值100亿美元的信贷额度一直只用于由巴尔干半岛西部非欧盟成员国进行的基础设施项目。中国中东欧投资合作基金作为一种专业的投资基金将会更成功。然而，该基金对波兰、匈牙利和保加利亚的基金投资价值仅为5亿美元。可以预计，中国将寻求其他融资模式对该地区进行投资，中国可

---

① 作者：贾科布·雅各博夫斯基（Jakub Jakobowski），波兰东方研究中心研究员。来源：东方研究中心（波兰智库），2015年12月3日。

能会利用丝路基金或亚洲基础设施投资银行等工具。

"创建基础设施对国外市场的公司提供实质性的金融支持是典型的中国海外投资策略。中国对外国直接投资的国家干预过程包括几个层面：战略层面、管理层面和通过创建支持机制层面。自 2000 年以来，实施'走出去'战略后，开启了中国资本扩张的时代，中国政府已经确定优先考虑外国投资符合中国经济长期发展的目标。由特定政府机构指示的部门进行的投资获得了各种制度和财政上的支持——通过国有银行推出的专用基金和信贷额度为这些优先项目提供资金。公司可以申请补贴来支持它们的业务，也可以申请报销投资的初始成本和咨询服务费用。通常这些设施是由于国家间的政治协议设置的。目前，中国政府逐渐放弃对外国投资的行政控制。所有在行政程序下价值超过限制设定的投资仍然需要贸易部门、国家发展和改革委员会、中华人民共和国国务院的事先批准。中国国外直接投资的主要部分是由国有企业执行的，因此政治关系也变得更为重要。与投资国保持良好的关系有利于具体投资的接受国减少风险。在某种程度上，它们的谈判过程会遇到各种困难，如果在政府层面上就更容易达成某些协议。中国在中欧和东欧地区的直接投资的目标应该被置于一个更大的背景下，其发展目标应该涵盖在 2011—2015 年的第十二个五年计划中。计划提到需要获取战略资产的必要性，从而使中国企业在全球市场上提高其竞争力，包括通过收购外国公司保证中国企业获得技术和研发基地、国际销售渠道和知名的品牌。在中国经济中原材料的安全供应的任务正落在自然资源的勘探和食品的生产上。另一个五年计划设定中国企业的外国投资目标涉及在国外的基础设施项目以及由中国承包商提供优惠贷款项目。这也是中国工程公司扩大国际发展战略的一个广泛元素。这种策略元素的目的是获得外国经验，中国促进出口中国制造的建筑材料和技术供应中的贸易顺差，特别是在高速铁路和核电站行业。

"中国贸易部于 2011 年发表各部门视为首要任务的详细目录、中国在中欧和东欧的初步外交攻势状况，并提供了一个中国在这些地区投资策略的前景。目录包含了中国投资者关于 16 个中东欧国家中 12 个国家的意见和建议。重点放在建设现代化的交通基础设施、高速公路和发展网络的铁路、机场和港口等行业上。基础设施投资的另一个重要的领域是能源行业，特别是可再生能源和核能。中国政府建议优先部门在进行外国直接投资时应根据中东欧国家的不同来制定特定的策略。例如，在经济欠发达的国家中，主要是西方巴尔干半岛诸国，贸易应主要涉及采矿业、木材加工行业和食品生产。在其他国家的私有化项目中，多为国有公司的大宗商品交易公司成为潜在的收购对象，包括波兰等地。在更发达的经济体中，如匈牙利、波兰和捷克共和国的投资建议涉及先进技术、汽车工业、电子、生物技术、纳米技术、精密工业和研发中心等行业。在该地区几个国家中，先进的服务和软件开发以及旅游行业已被确定为关键部门。在一些特定的中东欧国家中，行业类型的选择在很大程度上反映了该地区的潜力，中国的第十二个五年计划在这些领域定义的目标是可以被达到的。聚焦基础设施的合作是重点之一，从北京的角度来看，这就关系到中东欧国家落后和不够发达的基础设施问题。中国也已经强调了这个问题。这一领域发展的重要性因为'新丝绸之路'项目得到了发展。在建设中国和欧盟之间的陆路连接的背景下，该地区交通基础设施的发展也已成为一个关键问题。列表中对其余地区的建议表明中方对可以帮助中国企业获得竞争优势的投资很感兴趣。这些投资包括技术和分销渠道等。有趣的是，相对有竞争力的行业对特定国家的选择，其中包括在立陶宛生产激光器，在捷克共和国发展先进的汽车工业，在波兰开展生物技术和建立航空部门。

"2011—2014 年启动的'16+1'合作机制很大程度上反映了中国在该地区外交政策的战略目标。然而，中国遇到了许多障碍。这些障碍包括协调任务的动机水平较低和中东欧国家的双边关系问题，调整中国投资模型去应对欧盟法规和一些西方国家对中国在中东欧追求的新的多边倡议的批评。所有这些都会影响一些机构对最近几年中国在中东欧市场中的投资和基础设施建设项目的支持，同时，也限制了它们的效用。所以，（从北京的角度来看）几个重要领域的合作仍然是未知数。2011—2014 年合作发展的三个最重要的领域是：政府机构之间的合作、推进基础设施领域的合作和运用资金建设基础设施。'16+1'合作机制中各国政府面临的主要挑战之一涉及对中国投资者和当地的商业伙伴在投资法规上提供实质性的支持和信息，以及创建进行业务联系的平台。为了实现这一目标，2014 年在'16+1'合作机制之下创建了两个多边机构给其中的业务提供支持。中国—中东欧国家经贸合作商业委员会由波兰代理企业协调发展，并由中国和来自 13 个国家的机构组成。其任务包括促进投资、贸易和技术合作。中国—中东欧国家经贸合作投资促进机构接触机构是一个更专业的平台，它于 2014 年 11 月成立。这个机构聚集了所有 16 个国家和地区的处理相关信息的交换投资、组织培训活动、研讨会和会议出席的潜在投资者。中东欧国家多年来争夺来自发达国家的直接投资。逐渐地，它们所使用的政府机构已被归为'16+1'合作机制中的机构了。这就是为什么针对中国投资者的大部分事宜和基础设施的建设正恢复创建，各边关系最近也已恢复。

"2011—2014 年，整个地区在基础设施领域的多边合作仅限于'16+1'合作机制中参与国领导人在年会期间发表的联合声明中宣布的事项。'16+1'合作机制中的战略重点包括建立一个从欧洲到中国的铁路运输走廊，支持集中在交通基础设施建设上的联合项目，以及合作简化海关手续和建设交通枢纽。之后几年，普遍认同的与中东欧的多边合作框架增强了与'新丝绸之路'计划相关内容的关系。中国于 2014 年 12 月与匈牙利和塞尔维亚达成并签署了一项协议，其中涉及连接贝尔格莱德和布达佩斯的现代化铁路建设，这些都表明'16+1'合作机制对于中国在中东欧地区协调跨境基础设施建设项目来说是一个有用的工具。然而，到目前为止，创建一个有关该地区所有国家的基础设施问题相关机构的协议，尚未能够在谈判中予以达成，考虑到2013年和2014年峰会期间已经宣布的目标，这样一个协议的缺失似乎更令人吃惊。同样地，另一个有关处理能源问题的这种类型的机构也以失败而告终。能源基础设施领域的合作主要是在双边层面上进行的，中国与罗马尼亚和捷克共和国签署了关于核能领域合作的框架协议；中国还与匈牙利签署了类似的谅解备忘录。资助机制的建立对于中国支持对外直接投资模式和基础设施项目来说是至关重要的。在中国与中东欧国家的合作过程及发展中，中国会遇到相对比较大的困难。当2012年中国总理温家宝在波兰首都华沙启动'16+1'合作机制时，中国宣布创建一个100亿美元特别信贷额度用于基础设施投资、现代技术和绿色经济。最初在政府担保的贷款制度下推出这个特殊的信贷额度，还是遇到了欧盟法规的法律障碍。因此，'16+1'合作机制的启动被推迟了。最终的结果就是来自中东欧地区的企业能够从欧盟国家企业和公共机构获得更有吸引力的融资形式，包括对欧盟结构性基金变得感兴趣了。因此，2011—2014年由中国提供的信贷额度仅供在巴尔干半岛西部的非欧盟成员国进行基础设施建设的项目中使用。例如，包括在亚德里沿海岸边地区的Bar-Boljare高速公路的建设、在贝尔格莱德和波黑斯坦纳瑞的Mihajlo Pupin桥上的热电厂的建设。这意味着资金的地理覆盖在很大程度上是有限的，也阻止了中国在更大的区域中追求目标。

"在'16+1'合作机制下建立的多边信用工具的疲软使得可以提供资金的'双边合作机制'兴起。近年来，中国最大的国有银行在波兰和匈牙利开设海外分行。到2015年底，中国银行计划在捷克共和国开设分支银行。中国的进出口银行在罗马尼亚、保加利亚和匈牙利签署了多项关于支持当地银行实施政府政策的协议。2012 年，时任中国总理的温家宝提出了另一种基金的机制，在中国—中东欧投资合作基金的名义下设立一个专业投资基金，这个基金机制已被证明是更成功的。最初的可支配的资金数额是 5 亿美元，由中国进出口银行与来自波兰和匈牙利机构的投资者提供。在波兰，该基金启动的投资涉及风力发电场（项目 Wroblew 和 Zopowy）和电信（ECS SA）行业。在匈牙利，该基金投资于教育部门（私立大学 BKF 大学）。在保加利亚，则运用于生产运动器材（Walltopia）。2014 年 12 月，进出口银行宣布将可支配的资金数额进一步扩大到 10 亿美元。

"从中国的战略角度来看，该基金已经满足了它的一些最初的目标。例如，它促成了中国外汇储备的多元化。然而，它未能确保中国公司在中东欧项目的实施。这种类型的金融机构的成功运作，需要追求另一种能够代替传统政府提供的信贷额度的模型。并且这种信贷额度的模型能够鼓励中国寻求新的方法在中东欧地区进行投资。2014 年，中国总理李克强访问贝尔格莱德期间宣布将开启'资金和投资的新模式'，将会成立一个新的价值 30 亿美元的基金，并将通过公私合作来探索合作的新方法。到目前为止，这些计划还没有成为现实。从中国的战略角度来增加中东欧的外国直接投资来看，'16+1'合作机制的最大成功涉及加强该地区双边合作伙伴关系。中东欧国家提高它们的努力去吸引中国的投资者，中国投资者可以为它们提供实质性的、法律和政治上的支持。通过这种方式，在很大程度上中国定义的目标就达到了，尽管北京方面未能实现在整个地区进行多边活动的目标。在'16+1'合作机制下进一步发展多边经济合作机构将需要解决争夺中国投资的问题。中国融资投资机制创建的进步结合了总理李克强在贝尔格莱德的'16+1'峰会上的宣称，这表明中国正寻求新的融资投资模式，这种模式将提供一种代替信用额度不足的方式。中东欧以外地区使用的融资工具，是由中国设计的，这样可能会使投资更加繁荣。因为这些地区位于提倡的'新丝绸之路'的附近，该地区有权使用'丝绸之路'价值400亿美元的基金。另一个资金来源可能是亚洲基础设施投资银行，投资银行可能对投资位于亚洲以外的地区感兴趣，而这些地区可能是会刺激亚洲经济增长的地区。'16+1'合作机制中有很多欧盟成员国，中国直接对中东欧投资还取决于中欧关系的状态。在政治层面上，西欧国家对'16+1'合作机制的批评之声一直不断，这可能阻碍合作的发展。中国和欧盟之间签署的双边投资条约可能对中国在该地区的投资是一个重要的刺激。"

◇◇九 丹麦智库：如何理解中国外交政策的新变化

丹麦智库用"中国外交政策的新常态"来取代西方国家惯用的"中国崛起"一词。哥本哈根大学军事研究中心发表的《检验中国外交政策中的"新常态"》[①] 报告中认为："中国在国际体系中的崛起，尤其是自20世纪90年代之后，一直被誉为现代国际关系中一个最突出的变化。已经有很多人以不同方式讨论过中国不断增长的经济实力，通常被称为'崛起'或'上升'。中国在很大程度上从一个封闭的国家转变成为强大的经济体和世界大国，不仅在亚太地区发挥很大的影响力，而且在国际上也在发挥重大的影响力。这一崛起及伴随的政治影响力可以

---

① 作者：兰马克（Marc Lanteigne），挪威国际事务研究所高级研究员。曾在加拿大哈利法克斯市戴豪斯大学、苏格兰圣安德鲁斯大学和新西兰惠灵顿维多利亚大学任教，曾写过关于中国区域和国际关系的相关问题，包括中国外交政策以及经济安全、自由贸易政策和能源问题的教材。研究领域包括中国和东北亚各国的政治与外交政策、国际政治经济和制度建设。来源：哥本哈根大学军事研究中心（丹麦智库），2015年9月25日。

在各种国际关系领域中被发现，如安全、经济、文化与环境领域。中国将会同美国一样成为一个世界大国（或超级大国）吗？这一构想如果得以实现，那么中国将成为哪种世界大国？假设中国经济继续以稳定的速度增长，在理解中国外交政策的变化时，这些问题变得越来越重要。

"习近平自2012年底上任以来，在中国发生的事件已经给中国提出新的问题，这些问题是关于中国未来崛起的轨迹和假设、中国在未来成为世界大国的类型。在中国的国内和国外，很多人都广泛讨论在中国政治中出现的'新常态'，不仅有关于其经济实力（在经济领域中，这一术语经常被政府决策者使用），而且还有关于其对外关系的发展。首先，中国正处于全球经济放缓的环境中，以及其正在进行内部审议——就在何种程度上市场应该决定未来中国经济的增长，很多人进行了大量猜测，中国是否能继续保持强劲的经济增长，因为中国经济放缓似乎已经开始；自2015年夏天开始，中国股票市场出现高波动性；决策者做出使人民币贬值的决定，此举可能有助于出口，但却对希望将商品卖给中国日益壮大的、中产阶级的外资企业产生不利影响。虽然，与20世纪90年代末发生的亚洲金融危机比较没有那么严重，但是这种经济放缓已经打破长期存在的、中国经济不被影响的神话。中国经济历经多年且呈两位数增长的时代可能即将结束，在未来不产生并发症的情况下，中国长期承诺的'软着陆'经济是否可以成功仍是一个开放性问题。其次，尽管中国经济出现问题，习近平自两年前上任以来，已经制定了非常独特的外交政策，这说明中国对现在的大国的地位十分满足。虽然习近平众多的国际关系政策是基于胡锦涛建立的基础，以及其在东南亚、非洲和拉丁美洲的跨区域外交而制定的。胡锦涛曾经常将中国描述为一个追求科学发展方法的'大型发展中国家'，习近平现在经常乐观地将中国定义为一个为全球谋利益的超级大国。

"在习近平领导下，在多年的'怯场'后，中国政府正试图推动中国成为一个充满自信的大国。当习近平刚上任不久，就开始提出'中国梦'构想，后来于 2014 年 11 月在北京召开的亚太经合组织（APEC）论坛会议上，用'亚太梦'重申这一构想。习近平政府还建立新的共同经济机构，如新的开发银行（金砖国家银行）和亚洲基础设施投资银行（AIIB），并呼吁通过一个雄心勃勃的区域政策——'一带一路'（OBOR），开放新的贸易路线，穿过欧亚大陆和印度洋，进一步推动中国的贸易发展。虽然中国政府一直小心翼翼地将'一带一路'倡议和由美国于 1948 年至 1952 年制定的马歇尔计划（旨在恢复二战后欧洲的经济）进行比较，'一带一路'甚至在亚太地区实现部分经济和政治权力的平衡。'一带一路'倡议表明，提高中国出口商品的流动将成为习近平政府的当务之急。再次，中国安全和战略利益问题日益突出，对中国在过去的五年里'过分自信'的争论一直是美国和其他西方国家争论的主题。从中国的观点来看，在政策界仍然存在广泛关注，美国正在有条不紊地通过一个多面的'支点'或'再平衡'政策（开始于 2011 年），意图牵制中国的崛起。中国和美国之间变化的安全动态已经促使美国的盟友改变自己的战略政策，这些盟友包括澳大利亚、日本、菲律宾和越南，这些战略政策经常涉及反击北京，且被认为是其合法的战略权利，包括在东海和南海的权利。过去几年发生的事件，包括中国在东海设置防空识别区（ADIZ）和在南海争端中进行土地复垦，都说明中国希望强调其在亚太地区日渐扩大的海上利益。

　　"简而言之，当中国越来越对目前所处的角色感到满意时，其正试图平衡大国地位的权利和责任，但是其不得不处理国内出现的越来越多的经济问题，以及很多国家关注的（特别是美国和日本）和区域（海上安全、贸易、网络安全）中出现的多种安全问题。正是在这种条件下，对中国对外政策的发展思维的定义可以被逐步构建，现在完全评价习近平的对外政策仍为时过早。在中国'新常态'外交政策中，可以说是第一个也是最紧迫的潜在组成部分，这与中国现在与未来的经济状态有关。根据最近胡鞍钢的评论得出，中国经济的放缓，应被视为一个在中国长期经济改革的中间阶段的必要步骤。他认为 2015 年所发生的事件是一个关键的再平衡，在此过程中，中国要使经济实现多样化、使经济维持一个更可持续的增长水平，以及更均匀地分配利益。中国媒体经常提及的'软着陆'，意味中国经济要经历一段经济增长放缓的时期，但中国政府仍可设法避免类似于一些欧洲南部经济体曾出现的经济大幅下滑的严重后果。然而，近期中国股市出现混乱，北京方面试图力挽狂澜，以及中国商品出口需求的下降，引起全球对'软着陆'能否成功发挥作用的担忧。于 2015 年 8 月在天津港口发生的化学爆炸及之后的政治影响，为'软着陆'又增加了不确定性。

"今天，中国经济正在发生的一切，使中国共产党持续讨论政府应在什么程度上平衡监督经济增长与市场的作用。自 2008 年全球经济开始衰退以来，批评人士抨击中国在关键的改革时刻行动过于缓慢。例如，政治经济学家认为，胡锦涛政府为了使中国免于金融危机的影响，当初设想的市场改革被迫停止。习近平最初试图解决这些问题，其中包括 2013 年 11 月，中国共产党十八届三中全会在北京召开，宣布市场将在经济改革中发挥'决定性的作用'。然而，中国经济改革步伐的问题依然存在。例如，在 2015 年 9 月，欧洲商会在中国发布的报告中指出，中国的改革仍在继续，但应该对日益增长的自由化的安全性给予足够重视。同时，减少国有企业的作用，法律改革和透明度等领域仍需要更大的改进。因此，中国正面临艰难的任务，不仅要在全球市场中维护经济稳定，还要在全球金融体系中试图稳固国家地位。北京方面正在寻求最终将人民币作为同美元和欧元一样的、可被接受的储备货币，并很快进入世界贸易组织（WTO）'市场经济体'。习近平在 2015 年 9 月访问美国期间，试图进一步减轻国际市场的担忧，他向西雅图的企业领导人承诺，中国不会封闭其经济以及将欢迎更多中外合资企业入驻中国。

"正如许多经济学家所说的，尽管中国在改革过程中将遇到严重的障碍，但现在仍缺乏证据表明中国经济即将崩盘。全球金融危机发生后不久，经济学家提出质疑，在经济仍没实现多样化的情况下，中国能否保持其出口导向型经济增长，中国经济出现放缓已被预测到。然而，在短时间内发生的变化已经成为中国形象，中国已在国际金融体系中占有一定地位，因为中国能够经受之前的冲击，从亚洲金融危机到非典型肺炎（SARS）的爆发，中国都相对未受到影响。即使经济超高速增长的时代已经结束，中国在面临同样情况时仍可以很好应对。中国对外政策'新常态'的第二种方法，是其对国际和地区组织采取的同样做法，以及由美国和西方国家制定的制度和规范。改革开放以来，中国一直致力于参与许多不同规模的组织，从参与经济活动开始，到参与安全制度的制定，尽管世界贸易组织和核不扩散条约等由美国创造或受美国影响。然而，随着中国逐渐成为大国，便开始从规则的接受者转变为规则的制定者，在没有遵循西方模式的情况下，创造和支持新的制度。一个早期的例子是，中国和俄罗斯于 2001 年带头创建的上海合作组织，但最近中国开始成为亚投行背后的驱动力。2015 年初，很多国家急于成为亚投行的创始成员国，尤其是欧洲国家，这使得美国措手不及，因此引发一场外交竞争。在美国主要的盟友中，只有加拿大和日本选择不加入亚投行。中国似乎也在时刻关注着跨太平洋伙伴关系协定（TPP）的动态，中国的一些政策制定者将 TPP 视为美国主要的经济政策，而另一些国家则只参与少部分的 TPP 政策，它们也质疑中国是否能在将来加入该组织。中国仍然不可能建立较大规模的组织，来平衡使用华沙条约模式的西方国家。鉴于目前中国仍受益于各种规模的组织，也不会公开退出现有的组织。然而，这些金融机构的发展和'一带一路'作为一种伟大的力量，标志着中国成为超级大国新阶段的开始。

"在'一带一路'的发展中仍存在一些问题，包括支持或反对印度和俄罗斯的参与，两大强国关心自己的势力范围是否被侵蚀。其他问题包括未来欧洲经济的健康、美国的潜在反应以及中国本身的经济状况。北京将对其'一带一路'的贸易伙伴的安全负责，特别是阿富汗和巴基斯坦。'一带一路'能否成功，部分也取决于中俄关系的稳健性。目前中俄在经济和能源领域发展良好，但是在政治领域仍不确定，因为西方国家谴责俄罗斯在乌克兰危机中扮演的角色，这使中国陷入外交困境。最后，中国正在以更符合传统的大国崛起的方式制定战略政策，极大地关注未来发展的能力。中国的邻国和美国都担心，中国在南海创建'新事实'。在其邻国改变政策的基础上，中国对这些断言的反应都集中于需要采取更多的防御姿态。日本首相安倍晋三政府使国会通过安全法案，这将使日本自二战以来首次参与海外作战行动。

"习近平呼吁与美国开启'大国关系新模式'，这有力地证明，中国现在将美国视为一个可与其匹敌的国家。这一立场将在本月即将到来的奥巴马与习近平华盛顿峰会上得到验证。这一事件发生后，研究中国关系发展方向的美国学术界，已经开始从长期支持一种方法，转变为给予多方面的观点和政策建议。这意味着在政策领域和学术领域将产生更广泛的分裂。沈大伟于2015年6月在《南华早报》刊登的文章中，惋惜中美关系步入消极轨迹，并指出很多问题，包括东海和南海海上安全、网络安全、人权和法律差异以及经济问题，这都是导致不良外交氛围的原因。当一天过去，一个人如果没有打开报纸，就可能错过很多内容。这就是'新常态'，双方最好习惯它，而不是天真地信奉一种和谐关系，这是不可能实现的。

"鉴于在不久的将来，中国人民解放军将进行改革，中国的军事预算将受到很多审查。在北京举行的反法西斯胜利70周年阅兵令人瞩目。习近平宣布中国将裁兵30万人，同时也承诺进一步重视人民解放军海军。习近平承诺将通过双边合作，进一步推动国际和地区和平。但是，在阅兵式上，同样也展示各种新的军事装备，作为中国正在进行军事现代化的示范。同时，在阅兵式举行前不久，美国当局证实，五艘中国海军舰艇经过美国阿拉斯加海岸海域的白令海，第一次未经美国官方许可进入美国海域。对在不知晓的情况下过境，在法律上是合法的，但该事件进一步显示中国海军的能力。中国海军在东亚之外的海域更为活跃，包括 2015 年初两艘船协助中国公民从发生内战的也门撤离。

"在中国不断扩大的经济利益和不断扩大的安全领域的政策期间，中国对美国制定的战略政策将会继续，并可能蔓延到新的领域，从目前对网络安全的争论就可以证明这一点。然而，随着中国成为强国，我们将发现中国很难对远离本国的战略问题保持冷漠。这些问题包括俄罗斯—乌克兰的冲突。从外交层面上看，一方面，这使得中国在主权问题上难以给予坚定的立场；另一方面，北京方面希望与俄罗斯维持稳固关系。另一个例子就是叙利亚冲突和整个欧洲与东南亚的难民潮，中国迄今为止没有表态。这将使中国越来越难以保持在大国权利和义务间保持平衡。在中国的国际关系中确定中国的'新常态'，仍有许多问题和未知数。但可以说，这条国家朝着大国地位发展的道路，在许多方面是完整的，下一步将是如何使中国在全球事务中发现自我的能力，并警惕来自不同方向的安全威胁。中国正进入经济改革的进程，可能面临国内和全球经济带来的挑战。最后，仍存在一个问题，中国成为超级大国后，其最终将扮演什么角色，揭晓答案的时间比几年前更接近了。"

◇◇十　俄罗斯智库：中国和其他国家的崛起标志着新秩序的开始

俄罗斯智库在关注亚投行时，把其作为当今国际关系和国际秩序的标志来对待，并认为在中国推出亚投行等外交工具后，国际新秩序的轮廓开始变得越来越清楚。

战略和科技分析中心在《德国、欧洲和多极世界的挑战》①报告中认为："全球化是当今时代的大势所趋。全球经济和世界政治的重心正在从北大西洋地区转向亚洲。以中国和印度为首的金砖国家提升了它们在全球事务中的影响力。相比之下，'美国治理下的和平'的影响力正在持续下降。中国和其他国家的崛起标志着新秩序的开始，其轮廓正日趋清晰。虽然新兴国家助推了西方主导的战后秩序的消亡，但是利益冲突使得它们不能或不愿意一起建设新秩序。统一后的德国正处在其权力的高峰期，但由于它的人口特征和缺乏经济活力，其在未来保持相关影响力的唯一机会是加强与欧盟和欧洲的强大合作伙伴关系。德国和欧洲政策的任务必须是促成基于旧秩序的新自由国际秩序。我们生活在一个前所未有的快速变化的时代。全球化持续推进，由此造成新兴国家崛起。与此同时，美国相对衰落。技术发展与冷战胜利推动了全球化的进程。

"单极世界阶段只有一个超级大国——美国——只持续了 20 年左右，新的多极世界的参数日益凸显。中国的政治和经济迅速崛起，这使得一些人开始谈论两极世界。而另一些人认为，亚洲世界的未来以中国和印度（China-india）为核心。毫无疑问，全球经济和世界政治的重心正从北大西洋地区转向亚洲。中国和印度是世界上人口密度最为密集的两个国家。'新钻十一国'中的韩国、印度尼西亚、菲律宾、巴基斯

---

① 作者：海因里希·克雷夫特（Heinrich Kreft），国际战略问题专家，曾在东京和华盛顿担任外交官，曾任德国联邦议院基民盟/基社盟党团的外交政策顾问、德国外交部对外科学与文化政策及文化间对话专员，现在是德国驻马德里大使馆副团长。撰写的文章涉及国际安全、阿拉伯世界、伊斯兰教和德国外交政策、地缘政治和文化、德国和欧洲外交政策，以及欧洲、美洲和亚洲的政治和经济事务。来源：战略和科技分析中心（俄罗斯智库），2015 年 9 月。

坦、孟加拉国和越南都在亚洲。然而，南非、埃及和尼日利亚、巴西、拉丁美洲的墨西哥、中东的沙特阿拉伯和中亚的哈萨克斯坦也成为全球事务的参与者。俄罗斯对乌克兰的强硬政策有可能会——至少暂时——提升其在全球事务中的影响力。然而，全球化也导致非国家行为体的兴起，尤其是跨国公司和非政府组织在国际议程中的影响力越来越大，因此限制了国家和国际组织的行动范围。

"巴西、俄罗斯、印度、中国和南非被称为'金砖国家'的主要新兴经济体，这些国家约占世界人口的43%左右。它们的全球生产份额现在已经达到了20%，并且这一数值正在稳步上升。这些国家的总体经济活力现在已经达到了二线国家水平。经济实力的增长通常伴随着政治影响力的不断提升。虽然全球权力的更迭不是一场瞬息而至的海啸，但它可能是不可阻挡的。尽管其权力相对削弱，但是，很长一段时期内，美国将仍然是最强大的国家。然而，美国是否可以在未来20年里维持现状，这是不确定的。相比于'美国治理下的和平'的鼎盛时期，美国在全球的影响力持续下降。美国从阿富汗和伊拉克撤军清楚地表明了这一点。'美国时代'与旧秩序正走向消亡。

"中国和其他新的全球参与者的崛起象征着新秩序的开始。其轮廓逐渐变得清晰可见。未来，中国有望成为世界上最大的经济体。此外，到2025年，中国的国防开支甚至可以赶上美国。新兴经济体不仅在人口和资源方面有很大的不同，而且在人均收入、经济影响力和活力以及政治制度方面都是不同的。中国是一个非民主的、非自由的国家，它在全球经济和政治体系中的影响力持续上升，并且中国的发展模式可能成为其他国家效仿的政治发展模式。过去的35年里，中国创造了一个非常成功的发展和现代化的模式，它把专制政治领导与国家监督下的资本主义结合起来。

"四个民主国家——巴西、印度、印度尼西亚和土耳其——有着越来越大的影响力，不仅仅在区域层面。然而，西方的多元化和自由市场资本主义、西方规范和价值观及现有的自由世界秩序在这些国家遭到一定的怀疑。许多新兴经济体青睐国家控制下的资本主义。它们的产业政策彰显着国有企业和龙头企业的主导地位。主权财富基金、补贴和资本管制以及汇率操纵是这种战略的关键手段。这种经济政策不仅在中国已经产生良好的效果，而且在一些其他专制国家的效果也同样良好。这意味着，没有压力去推动民主，并且公民对于社会运行也不会渴望拥有更大的话语权。虽然大多数的新全球参与者都对西方持有反帝反殖民的态度，但是它们彼此之间也不乏戒心。这些国家没有兴趣长期与某一强大的合作伙伴进行合作，比如美国或中国。因此，尽管它们之间会召开首脑会议并且最近成立了开发银行，但是，把金砖国家视为团结的新集团的观点是错误的。

"在经济崛起的过程中，几乎所有的新全球参与者都增加了国防预算，并将其军事设备予以现代化，特别是亚洲。不断增长的军事开支可能是由持续的区域竞争以及在某些情况下的持续增长引起的。许多新的全球参与者都着眼于狭隘的国家和区域利益。例如，在全球贸易领域，尽管巴西与中国存在战略伙伴关系，双方也同为金砖国家成员，但这并没有影响巴西与美国及欧盟在世贸组织采取行动，指责中国倾销。

"尽管全球相互依存关系日益凸显，但机构建设和政治一体化只存在于区域层面。在南美洲，巴西正推动南美洲国家联盟建立一个新的一体化项目，而东盟国家正试图通过彼此之间以及与美国、日本和印度的合作，降低其对中国日益增长的经济依赖。尽管许多新的全球参与者先后崛起，但是，它们仍然具有发展中国家的典型特点。它们中的一些国家过于依赖原材料和加工（例如巴西和南非），而其他国家只开发几个具有全球竞争力的核心产业（例如印度）。尽管新兴经济体都对西方主导的战后秩序的消亡做出了'贡献'，但由于存在利益冲突，它们不能或不愿意建立一个新秩序展开建设性合作。然而，我们可以假设它们足够强大，有能力阻碍一个新层次秩序的诞生。

"早在 21 世纪的第二个十年，德国就处在其国际地位的顶峰。在英国广播公司的调查中，对于希望看到哪个国家承担更大的国际角色这个问题，德国成了受访者选择最多的对象。德国实现了前所未有的繁荣、安全和自由。它从全球化和自由国际秩序以及欧洲一体化中获益良多。从长远来看，德国也不可能有任何机会在全球经济中保持其地位，除非欧洲保持竞争力。即使在最好的情况下，即希腊危机得以迅速解决，德国和欧洲在未来也将失去经济和政治影响力。欧洲在全球经济产量中的份额将从 2010 年的 26% 下降到 2030 年的 17%—18%。在人均收入和生产率方面，欧洲仍遥遥领先于中国，后者是新全球参与者中的佼佼者。欧洲的致命弱点是经济增长缓慢。欧盟还没有达到'里斯本战略'（为加快经济改革、促进就业，欧盟 15 国领导人于 2000 年 3 月在葡萄牙首都里斯本举行特别首脑会议，达成并通过了一项关于欧盟十年经济发展的规划）的目标，即在 2010 年成为'世界上最具竞争力和活力的知识型经济区'。今天，欧盟正经历着最严重的危机，如人口问题（特别是德国）、增加的国家债务、疲软和不平衡的增长、生产力下降、结构性失业（特别是青年失业）和关键成员国的政治危机。由于危机，欧盟一直缺乏硬实力，它现在也失去了软实力。

"虽然旧的秩序被证明是相对稳定的，过渡到一个新的秩序很可能带来重大的不确定性和不稳定的风险，但是，稳定的新秩序是否会出现，它将何时出现，它将采取什么形式，仍然是不确定的。确定的是，联合国、北约和欧盟正在经历着变革，甚至旧自由主义秩序的维护者——美国也正日益失去其影响力。在新全球参与者崛起之际，欧洲必须迅速恢复其实力。为了实现这一目的，欧盟必须克服主权债务危机，并确保其企业的竞争力。否则，欧洲可能会被抛在后面，被推到全球经济秩序乃至国际政治的边缘。只有巩固经济基础、推进政治一体化，欧盟才能充分发挥其自身的作用，参与塑造未来的新秩序，并在其中扮演重要角色。

“由于德国自身影响力的丧失，它将不得不依赖于更强大的欧盟以推动建立新的全球秩序。欧元区和欧盟的稳定及进一步发展仍然是德国在欧洲政策上的一个优先事项。货币联盟必须辅之以经济和财政联盟。如果德国和欧洲想要保持竞争力，那么大规模投资不仅需要用于基础设施建设，而且还需要在教育和研究方面有所倾斜。如果欧盟想要继续在塑造世界的过程中扮演重要角色，其需要一个强大的共同外交与安全政策（CFSP）以及共同安全与防务政策（CSDP），这包括加强欧盟对外行动署职能等。促进民主、多元化、善政和法治以及对人权的尊重是欧盟议程的优先事项。虽然全球权力转移不可避免地转向新的参与者，但是德国和欧盟可以在塑造新的多极秩序过程中发挥作用。德国和欧盟外交政策的战略目标是确保权力的和平过渡，并且新秩序是自由的、基于规则的。德国和欧洲的外交政策必须以赢得合作伙伴为目的。如果可能的话，在它们的帮助下进一步扩大在西方已经发展了多年的规范网络。因此，德国和欧盟必须加强与志同道合国家的关系，包括土耳其、美国、加拿大、日本、韩国、澳大利亚、新西兰、墨西哥、智利和以色列。

“然而，德国和欧盟也必须扩大和深化与新的全球参与者的关系，特别是与德国有着类似价值观和规范的国家。毫无疑问，这包括巴西和印度。此外，与‘新钻十一国’的关系也应进一步加强。在加强与这些国家的关系时，如果我们想要保留或引起它们对于这些机构的兴趣，我们必须支持其在国际组织中适当的代表性。否则，在面对区域机构时，这些机构将可能失去影响力，如中国发起的亚洲基础设施投资银行。德国和欧洲外交政策的目标必须是说服新的全球参与者为国际秩序承担更大的责任。这包括对付那些造成麻烦的国家，如朝鲜，并有助于防止国家失败，如索马里地区已成为恐怖分子和海盗的滋生地和避风港。德国必须表现出相当程度的谨慎、耐心和准备调和利益的意愿。鉴于它们相对的权力丧失，以及美国重新聚焦于其自身的核心利益和优先区域的事实，德国和欧盟必须采取更多的举措来确保没有权力真空的存在。最终，德国的任务是保持一个自由的国际秩序，或者在世界政治的新情况下创造一个新秩序，使其在未来为德国的繁荣、安全和自由保驾护航。"

战略和科技分析中心在《"再平衡"获得动力》①报告中认为："TPP 是奥巴马政府'亚太再平衡'的经济中心。这个涉及多层面的战略在美国国务卿克里出席东盟地区论坛（ARF）和国防部部长阿什顿·卡特出席在新加坡举行的香格里拉对话中得到巩固。中国继续参与区域事务，中国国家主席习近平与其他金砖国家和上合组织领导人出席在俄罗斯乌法举行的双峰会，并继续寻求'丝绸之路'和亚洲基础设施投资银行，尽管中国经济也遭受了沉重打击。6 月，当美国国会授予贸易促进权（TPA）时，奥巴马政府和其他 TPP 谈判的支持者也如释重负。

"中国继续坚持自己的发展模式，同时进一步参与到不包括美国的区域组织中，这些组织包括金砖国家组织（BRICS）（巴西、俄罗斯、

① 作者：巴德·葛罗瑟曼（Brad Glosserman），里德学院学士，约翰·霍普金斯大学高级国际研究学院（SAIS）硕士，华盛顿大学法学博士。太平洋论坛 CSIS 执行董事，太平洋论坛青年领袖计划主任，太平洋论坛研究前董事。加入太平洋论坛前，曾是《日本时报》编辑委员会成员，在那里工作了 10 年，目前仍是该报纸的特约编辑，曾撰写过许多与美国对外政策和亚洲安全等话题有关的专题著作。他的评论文章出现在全球各大媒体中。拉尔夫·科萨（Ralph Cossa），檀香山太平洋论坛 CSIS 主席，隶属于战略与国际研究中心的一家非营利、外交政策研究所。东盟区域论坛（ARF）专家和知名人士小组成员，亚太安全合作理事会（CSCAP）创始成员，还参与主持旨在阻止大规模杀伤性武器的 CSCAP 研究小组，国际战略研究所（伦敦）成员。经常向地区报纸投稿，包括《日本时报》、《韩国时报》、《国际先驱论坛报》等。来源：战略和科技分析中心（俄罗斯智库），2015 年 9 月。

印度、中国和南非）、上海合作组织（SCO）以及亚洲相互协作与信任措施会议（CICA）等。金砖国家以及上海合作组织峰会都在俄罗斯乌法举行，由俄罗斯总统普京主持。BRICS 会议上的一大要闻是推出了新开发银行（NDB），也被称为金砖国家银行，初始资本为 1000 亿美元。该银行总部将设立在中国上海，首任行长将由印度第二大 IT 服务公司印孚瑟斯（Infosys）有限公司的前任董事长、印度最大私营银行印度工业信贷投资银行（ICICI）的非执行董事长 K. V. 卡马斯担任。新开发银行将于 2016 年 4 月首次发放贷款。该银行是中国倡导的四个新金融机构之一，其他三个分别是亚投行、'丝路基金'、上海合作组织开发银行。上海合作组织传统上拥有六个成员：中国、俄罗斯、哈萨克斯坦、吉尔吉斯斯坦、塔吉克斯坦和乌兹别克斯坦。乌法峰会传来的一大消息是将加入两个新成员，即印度和巴基斯坦。普京表示，这两个南亚国家的加入将会提升上合组织的政治和经济潜力，并增强应对现代威胁和挑战的能力。伊朗与 P5+1 组织（美国、英国、法国、德国、俄罗斯和中国）的联合全面核协议行动计划也为伊朗成为上合组织成员铺平了道路，其有望 2016 年加入。上合组织领导人还签署了一项声明，重申愿意在 SCO 内共同建立开发银行和发展基金，同时支持中国在 SCO 成员国中建立'丝绸之路经济带'的倡议。

"北京成功地设立这个新的国家金融机构。2015 年 6 月 29 日，57 个国家中有 50 个签署了协定条款。截至 8 月，没有政府曾愿意批准协定条款。有关银行的经营问题也正逐渐得到解决。中国将保持第一大股东的特权身份，但不能为所欲为。目前尚不清楚中国 2015 年夏天遭遇的金融问题会如何限制中国的选择，以及塑造中国人的思维。国内经济增速放缓将会加大利用亚投行和'丝绸之路'促进国内经济发展的压力。有关亚投行挑战国际秩序的担忧仍未完全消除，但大众情绪发生了变化，不仅仅因为多国政府都为亚投行代言。"

该智库在《习近平国事访问的前奏》①报告中认为，"2015 年 5—8 月，中国国家主席习近平访美的准备工作是中美关系的焦点。6 月举行的第七次战略与经济对话也是为促进峰会能够达成协定。双边在一系列问题上摩擦不断加剧，包括中国在南海建设人工岛、中国网络黑客对美国公司和政府的攻击、中国政府实施的具有镇压性的法律和行动，其中一些内容很可能对未来中美人文交流带来负面影响。美国国务卿克里和财政部部长雅各布·卢于 2015 年 6 月 23—24 日与中国国务院副总理汪洋和国务委员杨洁篪联合举办第七届战略与经济对话（S&ED）。对话的首要目标就是为国家主席习近平 9 月访美铺平道路。据美国国务院负责东亚和太平洋事务助理国务卿丹尼尔·罗素介绍，S&ED 无疑会推动这一议程，为国事访问做准备。经济领域的会谈重点是调整中国的增长模式：从投资到消费、从制造到服务、从出口到国内消费。中国致力于举行双边会议，讨论以一种更透明、非歧视的方式实施《反垄断法》的可能性，并同意讨论非歧视的专利政策。在 S&ED 中，中国方面主要担忧是巩固中国的国际经济地位，并限制美国对这一目标的干涉。副总理汪洋强调了美国关于落实国际货币基金组织（IMF）的配额和执行董

---

① 作者：邦妮·格拉泽（Bonnie Glaser），波士顿大学政治科学专业学士，约翰·霍普金斯大学高级国际研究学院国际经济学与中国研究专业硕士。CSIS 弗里曼中国研究高级研究员，工作任务主要与中国的外交和安全政策有关。2003—2008 年，担任 CSIS 国际安全项目高级助理。加入 CSIS 前，曾在美国多个政府部门担任顾问，包括国防部等。目前是亚太安全合作理事会美国委员会、外交关系委员会成员。曾是国防部国防政策委员会中国专家组成员。曾撰写许多与中国外交政策、中美关系、中国安全问题、威胁、两岸关系、中国对朝鲜半岛评估以及中国就亚洲多边安全观点的文章，曾在《华盛顿季刊》、《中国季刊》、《亚洲调查》、《国际安全》、《共产主义问题》、《当代东南亚》、《美国外交政策利益》等报刊中发表。杰奎琳·维特洛（Jacqueline Vitello），佛罗里达州立大学化学和国际事务专业学士，丹佛大学约瑟夫·科贝尔国际研究学院硕士。CSIS 中国研究弗里曼助理研究员和项目协调员。工作内容主要与中国外交和安全政策、中美双边关系和两岸关系有关。加入 CSIS 之前，曾于 2012 年在台北麦克阿瑟安全研究中心、CSIS 弗里曼实习。来源：战略和科技分析中心（俄罗斯智库），2015 年 9 月。

事会改革，同时指出中国的立场，即配额应继续向有利于新兴市场的方向转移，以更好地反映 IMF 成员国在全球经济体中的相对权重。中国最近在建立亚投行方面取得了意想不到的成功，该银行也是世界银行（WB）和 IMF 等现有金融机构的替代机构。驱使中国推动建立亚投行的一个因素是中国在这些现有机构中有限的发言权。中国继续在 IMF 和 WB 中寻求更高的地位"。

该智库还评论了美国与东南亚国家的关系。在其《美国—东南亚关系：讨好式的合作伙伴》[①] 报告中认为："过去四个月中，美国高级国防官员多次造访东南亚，美国在该地区仍致力于发展强大的空军和海军力量，并协助南海沿岸国家发展海上安全能力。美国在东南亚尤其注重提供军事力量。就南海领土争端而言，美国官员强调，诉求方需要以和平的方式解决冲突，并根据 1982 年的《联合国海洋法公约》进行仲裁和谈判。美国还强调安全合作伙伴的重要性，合作伙伴能够分担重担，并指出日本海上自卫队将在南海巡逻任务中表现出更大的潜力。东南亚政府普遍认为，美国会在该地区维持显著的海军和空军军事力量。然而，这些政府不太确定的是，奥巴马政府是否能够关注亚洲战略。该地区的领导人担心美国会由于中东和南亚的冲突、乌克兰局势而分心，东欧国家呼吁美国对抗俄罗斯在乌克兰的行动。雪上加霜的是，美国国防预算的削减限制了用于部署和军事援助的资源。为缓解这些担忧，一些官员安抚东盟国家：美国计划加强军事存在和军事援助。

"在美国一些亲密的合作伙伴看来，跨太平洋伙伴关系协定（TPP）

---

① 作者：谢尔登·西蒙（Sheldon Simon），美国亚利桑那州立大学政治与国际研究学院教授，自 1975 年以来，一直在那里担任教师；亚洲国际政治学和美国国家安全专家。曾撰写 10 多本书，并在《亚洲调查》、《亚太事务》、《太平洋评论》、《澳大利亚国际事务杂志》、《中国季刊》、《亚洲安全》、《奥比斯》等多家报刊发表逾 200 篇学术论文。也是美国国防部和国务院顾问，亚洲研究国家统计局高级顾问。来源：战略和科技分析中心（俄罗斯智库），2015 年 9 月。

的运作具有重要意义。6月中旬，新加坡外长担心，TPP的失败会导致美国在亚洲失去经济领导力，只剩下军事优势。美国已经表示，TPP向其他原来不是谈判最初成员的亚洲国家开放。正如常务副国务卿安东尼布林肯2015年6月15日在美国—东盟商务理事会上的演讲所说，这种合作伙伴关系不会以任何方式试图孤立中国，这不是零和博弈，TPP与中国的亚洲基础设施投资银行（AIIB）具有互补关系，我们会寻找合作机会，同时继续争取多边融资的高标准。

"尽管泰国与中国保持着密切的关系，但其武装部队几十年来都在与美国部队合作。泰国和美国的军队每年都会举行50多次联合演习。2015年5月，泰国军方政府允许美国使用乌塔堡和普吉岛机场，作为美国监测和营救被困在安达曼海的罗兴亚族难民的基地。美军在东南亚地区正争取更多机遇，用于美军回旋、联合演习以及储备设备和燃料。"

对韩国在亚投行的态度上，该智库认为韩国应"更加重视地区秩序，而不是朝鲜的威胁。韩国应在美国和中国之间构建'桥梁'，而不是在经济上依靠中国，在安全上依靠美国。韩国应积极加入类似亚洲基础设施投资银行（AIIB）这样的机构，并说服美国采取有选择性的参与方式"。该智库还认为，"韩国加入亚洲基础设施投资银行后，中韩就达成贸易协议。韩国是亚投行的第五大股东，占股3.81%，在未来五年缴纳7.5亿美元。但由于对透明度的担忧和中国实际控制否决权的地缘政治影响，韩国的加入也受到限制。韩国加入亚投行增加了加入TPP的压力。尽管中国大多数媒体都在披露亚投行将美国从亚洲经济事务中边缘化，但韩国正采取措施支持亚投行与现有区域伙伴协调。韩国总统朴槿惠5月在首尔会晤亚洲开发银行行长中尾武彦，呼吁亚洲开发银行与韩国和亚投行进行合作。韩国财政部部长崔炅焕和英国外长乔治·奥斯本6月份也同意就亚投行透明度事宜展开合作。除了中韩自由贸易协定，亚投行还推动了朝鲜经济复苏。崔炅焕还承诺支持朝鲜的基础设施发展。朴槿惠将于9月参加在中国举行的纪念二战胜利70周年庆祝活动，肯定了韩国作为一个重要的自由贸易协定合作伙伴和亚投行创始成员与中国的关系"。

该智库对日本在亚投行问题上的态度和作为进行了研究。在《中日关系：8月15日—9月3日》①报告中评论说，"2015年夏季，自民党一些高级领袖先后访华，包括副总裁高村正彦（Komura Masahiko）、前财务大臣额贺福志郎（Nukaga Fukushiro）、自民党总理事会主席二阶俊博（Nikai Toshihiro）等，二阶俊博率3000人商务代表团秘密会见了中国国家主席习近平，递交了日本首相安倍的亲笔信。2015年7月，日本国家安全保障局局长谷内正太郎会见了中国国务委员杨洁篪和国家总理李克强。这些访问旨在维持积极的政治态势。东海和南海的安全问题仍困扰着双边关系，同时，中国准备于2015年9月3日举行中国人民抗日战争暨反法西斯战争胜利70周年庆祝活动，并举行阅兵式。2015年5月4日，由自民党副总裁高村正彦和公明党副领袖北川一夫领导的中日友好议员联盟的跨党派代表团访华，他们会见了中日友好议员联盟前国务委员唐家璇。唐家璇强调了妥善处理历史遗留问题的重要性，高村回答说，首相安倍的言论强调日本作为一个和平国家的身份，日本会努力为世界和平贡献力量，高村正彦也呼吁亚洲基础设施投资银行（AIIB）能够更透明。2015年6月3日，日本自民党财务部开会讨论加入亚投行事宜，报告草案列举了加入亚投行的利与弊，但未能就此达成一致结论，只是建议政府仔细观察形势变化。此前，首相安倍晋三曾建议该小组无须着急。据一位高级官员称，这种做法透露出安倍的想

---

① 作者：詹姆斯·J.普瑞斯特普（James J. Przystup），底特律大学国际关系专业硕士，芝加哥大学外交史专业博士。国防大学国家战略研究所高级研究员及研究教授，此前曾是美国传统基金会亚洲研究中心主任、美国众议院亚太事务小组委员会职员，曾在伊藤忠商事和IBM中任职。来源：战略和科技分析中心（俄罗斯智库），2015年9月。

法：中国需要日本加入亚投行，以提升信用评级"。

该智库在《中日关系和亚投行的成立》① 报告中认为："2015 年 6 月 29 日，来自 57 个国家的代表齐聚北京，他们作为亚洲基础设施投资银行的创始成员国代表正式签署协定。然而，安倍政府决定不参加。到目前为止，日本政府决定暂缓加入亚投行的决策一直是理性的选择，特别是因为它并不一定意味着放弃与中国主导的银行进行合作。日本应该首先坚持推进两国政府达成的'基于共同战略利益的互惠关系'，而不是急于加入亚投行。正如伦敦经济学院中国问题教授迈克尔·亚呼达（Michael Yahuda）在他的新书中所说的那样，日本和中国就像两只老虎，它们必须学会如何分享同一座山。然而，它们在亚投行创建问题上的角力说明，在应对地区和全球性问题时，学习和平共处和保持互惠互利的方式将不会是一个线性或简单的过程。

"日本仍然不愿意加入新的机构。很多日本官员和学者认为，指责中国创建亚投行不是处理这个问题的明智办法。世界其他地区的真正问题是如何对中国推出的亚投行施加影响。一些日本专家坚持认为，日本应成为亚投行的创始成员，以便于从内部推动改革。他们还指出，日本应满足东南亚国家的期望，监督和制衡中国，不允许它在亚投行内拥有太多的权力。然而，日本首相安倍晋三和日本财务省官员一直不愿冒险，他们认为中国主导的银行透明度较低，可能会将日本的钱挥霍掉。因此，安倍晋三政府决定放弃以创始成员国的身份加入亚投行，但它又宣布了今后五年投资大约 1100 亿美元的亚洲基础设施建设计划。有趣的是，日本媒体报道称，中国在 2014 年春季到夏季的时间里，一直试图说服日本成为亚投行的创始成员之一。此外，2015 年 4 月在雅加达举行的亚非峰会上，中国国家主席习近平解读了'一带一路'倡议和

① 作者：亚希坂部森（Aki Sakabe-Mori），筑波大学人文与社会科学副教授。来源：战略和科技分析中心（俄罗斯智库），2015 年 9 月 9 日。

亚投行。对此，日本首相安倍晋三称保持着谨慎的态度。安倍指出，虽然日本与其他国家存在共识，即亚洲基础设施需求巨大，但是日本政府希望中国能够对机构治理和债务可持续性做出明确解释。

"一些日本媒体和专家批评安倍政府过分顺从美国，而后者也没有成为亚投行的创始成员国。然而，中国为何希望日本成为新银行的创始成员之一？这是值得深思的问题。根据 2013 年秋天中国国家主席习近平在哈萨克斯坦和印度尼西亚的言论，中国把创建亚投行视为中国在亚洲建立基础设施的初步行动。此外，尽管中国驻日大使程永华在他发表在《日经新闻》的文章中坚称：'一带一路'将为中日合作打造新平台，但是中国媒体的报道还没有将日本包括在这一倡议中。总之，在实现其新的陆地和海上丝绸之路构想方面，中国愿意在何种程度上与日本进行合作目前尚不清楚。

"中国政府希望日本成为亚投行一员的原因如下：首先，中国可能已经预见到日本的加入会为亚投行带来更高的信用评级。如果中国能获得日本的资金申购，亚投行以低利率借出资金的能力就会大大提高。其次，更重要的是，通过邀请日本加入亚投行，中国可能试图降低日本对亚投行的反对情绪。程大使称，他希望日本支持中国的'一带一路'倡议。无论是哪种情况，对中国而言，日本都可能会对中国周边国家外交政策产生负面影响。

"日本努力区分其与中国的角色，这可以被看作两只老虎就一座山的控制权展开竞争，而不是合作。2015 年 6 月初，第五届中日金融对话结束后公布联合新闻稿显示，虽然日本没有成为亚投行的一员，但是中日两国一致同意推动亚洲基础设施建设。这意味着，双方可以并且愿意继续努力，以找到东亚区域合作的共同利益。日本关于东亚合作的战略旨在扩大其区域影响力。安倍晋三政府并没有放弃促进区域的政策选择，它通过与中国接触，以塑造其选择的稳定性。然而，中日两国在

2008 年一致同意'在开放、透明和包容等三项原则基础上推动东亚区域合作',但是近年来在促进'共同战略利益基础上的互惠关系'进展不大。中日整体政治关系没有进展的话,安倍政府决定加入亚投行并成为创始成员的政治条件也就不存在。在此背景下,日本有关中国的战略审计的关键指标将是:中国方面能否落实 2008 年 6 月的协议,采取行动使东海成为'和平、合作、友谊之海'。"

◇◇十一 日本智库:美国制造业就业率的下降是由于中国进口的竞争

日本经济产业研究所在《中国再平衡》① 报告中写道:"许多人认为,中国经济正处于再平衡的阶段。中国官方记录的经常账户盈余已经从占国内生产总值(GDP)的 10%(在全球金融危机之前)下降到略微超过 GDP 的 2%(2014 年)。然而现实情况更为复杂。为了使中国报道的和其他国家的贸易与其他国家报道的和中国的贸易相匹配,正如法国智库法国国际经济研究中心(CEPII)所称,中国产生了更大的贸易顺差。其中一个原因是,中国在其贸易统计中包括从'中国'进口到中国的贸易数据。正如中国研究院政策研究所教授所讨论的,这些都是在中国生产的商品。2014 年,这些中国生产的商品超过 GDP 的 1%。如果这些'进口'不包括在统计数据中,那么中国 2014 年的贸易顺差会上升到 5000 亿美元。这是具有中国特色的经济再平衡。中国盈余对应的是在中国外国财富的积累。直到 2014 年中期,由中国人民银行

① 作者:威伦·托尔贝克(Willem Thorbecke),康奈尔大学学士,加州大学伯克利分校博士,1985—1986 年担任耶鲁大学访问学者。1988—2009 年,担任乔治梅森大学经济学系副教授。研究领域包括货币经济学、金融经济学、国际经济学。来源:经济产业研究所(日本智库),2015 年 9 月 28 日。

（PBOC）购买的美国国债和其他外汇资产仍是中国财富积累的重要来源。2006—2014年，中国人民银行的外汇储备增加近3万亿美元。中国公民，企业和政府官员也在国外购买房屋和土地，囤积商品以及购买股票和债券。

"中国正在建立亚洲基础设施投资银行（AIIB），并向周边国家输出资本。许多这样的投资与回报并不相匹配。囤积大宗商品价格也大幅下跌，房地产投资很容易繁荣和萧条。在亚投行成为一个有经验的银行前，向国外基础设施融资也将充满风险。然而，相比其他国内投资，如减少空气、水污染以及致癌物质，并为公民提供更好的医疗条件，海外投资的回报率一直很低。来自斯坦福大学的研究人员报告称，在中国对农村教育投资的社会回报率每年约为20%。在中国国内投资也有助于改善收入分配。目前中国中上阶层和富裕的孩子接受的是良好教育，而农村孩子接受的是普通教育。接受良好的教育的少数学生将在未来更容易取得成就，并可能获得更高的收入；而接受普通教育的大多数学生未来收入较低。这种会产生不利影响的收入分配将持续下去。中国扭曲的收入分配是导致中国消费占GDP比例只有40%的一个因素。虽然高收入者增加了旅游、奢侈品和其他消费品的消费，但是他们只消费了他们收入的一小部分。这种低消耗的另一面是，中国全球储蓄率最高。中国政府官员决定向海外输出资本。然而，正如上面所讨论的，输出这些资金的回报率往往远远低于投资于农村教育、污染治理和医疗保健的社会回报率。

"中国输出越来越多的资本对世界其他国家是不利的。由于国际收支平衡认同，中国输出资本的增加也会使其经常账户盈余增加。来自麻省理工学院的研究人员称，近年来，至少有1/4的美国制造业就业率的下降是由于中国进口的竞争。经济学家指出，由于中国进口的竞争，欧洲南部国家和新兴经济体的就业率也大幅下降。因此，如果中国投资转向国内而非国外，中国和世界其他国家都将受益。通过投资农村教育、医疗和污染减排，中国将为未来创新和经济发展奠定基础。通过对中产阶级和贫困生的投资，中国能够改善收入分配，并为消费主导型的经济增长铺平道路。在世界总需求不足的情况下，世界其他国家可能会无法适应中国每年5000亿美元的贸易顺差。长期来看，对人力资本和环境的投资是值得的。在短期内，中国面临着股票市场的波动、萎靡不振的经济增长和疲软的国外市场。"

◇◇十二 德国智库：中国的议程更像一个温和的改革而不是对已成立机构的正面攻击

德国国际与安全事务研究所在《地缘经济与地缘政治》[①] 中认为，"中国新一届领导层已经推出了一系列的外交政策和经济举措，其影响远远超出亚洲。美国特别将中国推出的金融机构视为对其的挑战。中国的回应是，这些都是对现有机构合理和重要的补充。欧洲国家未能支持美国的立场，许多国家都成为亚洲基础设施投资银行（AIIB）的成员。中国'新丝绸之路'的总体设想，旨在连接亚洲和欧洲。为了在 AIIB 管理问题上达成更好的协调，欧盟和欧洲国家需要在整体背景下，讨论和评价中国所提出倡议的经济和政治意义。中国希望嵌入一个准多边框架，这将给予其在同盟国的基础设施项目上更多的合法性和可接受性。例如，在缅甸、吉尔吉斯斯坦和斯里兰卡，有很多人批评与中国建立双

---

① 作者：汉斯·巩特尔·希尔珀特（Hanns Günther Hilpert），德国国际与安全事务研究所亚洲部主任。古德·瓦克尔（Gudrun Wacker），德国国际政策和安全研究所亚洲科研小组的主要成员之一。研究领域包括中国的外交和发展政策、欧盟同中国的关系以及中国在亚太地区的政策等。来源：德国国际与安全事务研究所（德国智库），2015 年 6 月。

边合作关系及由此产生的经济依赖关系。西方长期以来一直呼吁中国成为'负责任的利益相关者'，第二次世界大战后，中国是否在试图破坏由西方主导的、已建立的金融机构，并希望用自己的机构取而代之，是否中国提出的一系列倡议都是对现有机构的合理和重要的补充，在这些问题上，大家的意见产生了分歧。美国一些智库批评美国错过了一个机会，他们认为中国的议程更像一个温和的改革而不是对已成立机构的正面攻击"。

◇◇十三 澳大利亚智库：亚投行作为一个新兴的信贷机构无疑是亚洲经济发展的积极变化，中国正通过创建多边经济论坛建立其国际领导地位

澳大利亚智库从多个角度考察亚投行，他们普遍认为，"亚投行作为一个新兴的信贷机构无疑是亚洲经济发展的积极变化"，"中国正通过创建多边经济论坛建立其国际领导地位"，"亚投行的成立将会深化区域大国的经济竞争"。

1. 国际事务澳大利亚研究所

国际事务澳大利亚研究所在《亚投行：对中美关系的测试》[①] 报告

---

① 作者：张汛潮（Xunchao Zhang），毕业于澳大利亚国立大学，国际事务观察人士，中澳青年联合会中澳事务期刊助理编辑，国际海洋安全中心成员。目前担任悉尼大学中国研究中心研究员和国际事务澳大利亚研究所实习生。研究领域包括中国外交政策、澳大利亚国家安全和能源安全、地缘政治和国际关系等。来源：国际事务澳大利亚研究所（澳大利亚智库），2015年9月24日。

中指出："亚投行对美国、中国和世界意味着什么？亚投行囊括了50个国家，其中包括许多美国的传统盟国，如英国、德国、澳大利亚、韩国和以色列。有三个与亚投行相关的问题值得一问：亚投行的概况及其愿景是什么？美国对亚投行的态度是如何变化的？中国、美国和世界其他国家的相关外交政策有什么暗示？

"中国于2013年10月提议设立亚投行，旨在建设一个新的国际金融机构，以满足亚洲基础设施建设投资需求。初始协议由20个创始成员国于2014年签署，其中概述了亚投行的主要愿景。各成员国的GDP成为划分在该机构中投票份额大小的依据，因此各成员国的份额以及相应的投票权能够基本反映它们的发展水平。这样的设计显然是吸取了世界银行和国际货币基金组织（IMF）投票权弊端的经验教训。这两个机构的投票权份额改革缓慢，份额的分配已无法反映世界经济力量的平衡。此外，亚投行75%的投票权份额将给予亚洲成员国，亚洲以外的其他成员国持有25%的投票权份额。最初，中国的投票权份额约占50%。亚投行不仅是中国扩大其影响力的工具，也是妥置中国一些外汇储备（3.8万亿美元）的方法。

"中国成为一个国际放贷者并不是什么新鲜事。2009年，中国国家开发银行和中国进出口银行取代世界银行和国际货币基金组织，成为向发展中国家借贷额最大的银行。中国寻求建立替代的国际机构也不是新鲜事，举办亚洲相互协作与信任措施会议（CICA）和设立金砖国家开发银行都是类似的例子。具有讽刺意味的是，如果没有美国的反对，亚投行将会是一个未经公开辩论就设立的新兴机构。美国未能阻止其传统盟友加入亚投行，这使亚投行成为中国'公关宣传上的胜利'。

"美国敌视中国设立亚投行的举措，并试图阻止其盟友加入。值得注意的是，白宫官员于2015年3月12日公开指责英国'不断迁就中国'。然而2015年6月，亚投行成员国已经包括所有金砖国家、四个联合国安理会常任理事国（美国除外）和四个七国集团（G7）成员国。现在亚投行涵盖了美国在欧亚的大多数主要盟国，如英国、法国、德国、韩国、澳大利亚和以色列。亚投行于 2015 年 3 月进行的成员扩充使美国和日本成为仅有的两个没有申请加入亚投行的主要经济体。大多数美国盟友没有因美国反对而放弃加入亚投行，美国发现自己试图'孤立'中国的行动变成'自我孤立'。因此，明智的做法是基于新的国际背景改变其策略。《国家利益》上发表的一篇文章认为，截至 3 月底，奥巴马政府应该采取的理性举措是加入亚投行。美国不加入亚投行的做法可能是由于美国的国内政治情况。美国加入亚投行必须贡献数十亿美元的资金，而在美国国内，共和党控制美国国会，由共和党主导的美国国会不会批准这些资金投入。当前，奥巴马总统与共和党人在一些外交政策问题上产生摩擦，如最近批准的核协议，他处理亚投行问题的政治资本变得更少。此外，美国国内对中国的政治政策日益以安全领域为重心，呈现对抗性趋势，如网络安全方面。公众对中美两国安全关系恶化的认知也使两国很难在经济方面达成合作。

"对中国来说，亚投行的扩展并不一定会产生积极影响，西方国家的参与限制亚投行成为中国外交政策的工具。例如，中国最初计划持有的 50% 投票份额被新加入的成员国'稀释'。换句话说，美国盟国加入亚投行一方面是中国公共关系的胜利，另一方面也限制中国对亚投行施加的影响力。美国财政部负责国际事务的次长那桑·希特（Nathan Sheets）建议，加入亚投行的西方大国应该努力使亚投行的规范和运作流程符合西方标准。亚投行中的西方国家可能会干预亚投行其他成员国的国内治理问题和劳工标准——这样的议程与中国一直提倡的'不干涉'政策相矛盾。但就目前而言，中国似乎是想利用亚投行的国际性质使之成为中国引领国际机构的试验场。2015 年 9 月 19 日，亚投行尚未就职的当选主席金立群称'亚投行将关注透明度、开放性、独立性和责任感'。尽管在短期内，亚投行国际化约束中国发挥更大的影响力，但从长远来看，这对中国是有利的，亚投行能够利用西方在处理环境和治理问题上的经验来优化机构、促进机构良性发展。

"中国主导的亚投行和传统的国际金融机构之间的竞争，能够推进双方的良性发展。西方和中国的国际发展机构可以根据各自的规范提供不同的解决方案：'不干涉'方案、中国的商业模式方案或者是美国基于共识、民主的方案。历史表明，国际发展政策总是涉及地缘政治竞争。然而，有一件事是肯定的：亚投行作为一个新兴的信贷机构无疑是亚洲经济发展的积极变化。"

该智库还在《区域对抗或区域发展？——中国在亚洲基础设施投资银行中的意图》[①] 报告中认为："中国正在崛起，并逐步迈向国际化。最近一段时间，中国的外交政策已经从毛泽东时代的政策转向积极参与全球事务的立场，出现了概念性飞跃。20 世纪 90 年代以来，中国已经加入或共同创立了一系列多边机构，包括世界贸易组织（WTO）及上海合作组织等。2014 年成立了金砖国家新开发银行，亚洲基础设施投资银行有望在 2015 年成立，中国将会在这两个机构中发挥主导作用，表明中国正在努力提升引领全球经济的认可度。最重要的是，国际社会中有很大一部分国家申请加入亚投行表明对中国这些倡议的接纳与支持。

"与金砖国家银行不同的是，亚投行因有广泛成员具有全球合法性，亚投行成员包括欧洲大部分经济体以及大约 2/3 的二十国集团成员。虽然美国和日本并没有申请成员资格，但亚投行的成员名单对于中国也是一种惊喜。此外，中国将为亚投行提供最大份额的资金，将会在银行治理中发挥同等水平的影响力。亚投行协定条款明确指出，中国在银行运作中的重要问题上拥有一票否决权，包括资本化水平、接收新成

---

① 作者：塞恩·布恩（Thane Bourne），目前在中国从事英语教学。来源：国际事务澳大利亚研究所，（澳大利亚智库）2015 年 11 月 27 日。

员及中止现有成员等，这为中国在亚投行中的意图提出了明显问题。随着中国国际地位的崛起，中国政府改变其对亚投行立场的可能性有多大？亚投行会成为亚洲公共产品的相对独立的提供者吗？或者中国会使用这个银行作为一种外交政策的工具吗？会像美国决策者对世界银行和国际货币基金组织的看法一样吗？在这些问题上的不确定性关系到就中国发展路线、国际体系中的立场及国家利益未来定义的内外争论。

"在国际上，关于中国的话题往往是中国庞大的经济影响力、不断增多的军费开支及挑衅性的领土诉求。然而，中国国内关注的话题往往是国家主席习近平提出的'中国梦'。亚投行可被视为中国投射其国家复兴的工具，随着很多人认为亚投行很可能是中国的开发银行，中国有机会利用其财富及经济影响力为全球谋福利，从而帮助中国领导人建立全球政治资本及软实力：首先，亚投行将成为中国主权投资风险管理的一种形式。中国的外汇储备已被用于投资以美元计价的资产及美国国债，这样使这两个经济体更为紧密，但也带来越来越多的政治摩擦。亚洲各发展中国家的基础设施投资为中国的资本存储提供了另一种途径，尽管这不大可能在短期内减少与美国在全球经济及治理问题上的冲突。其次，通过与其他经合组织国家建立伙伴关系，建立一个新的多边论坛，然而，美国未加入亚投行对于中国也是一把双刃剑。

"尽管在亚投行内扮演领导角色将会大幅提升中国的国际威望，但亚投行在实现其经济发展、改善基础设施及促进更深的区域合作目标的效力将积极地或消极地影响中国领导全球经济的信誉。亚投行作为一个负责任的、积极的且慷慨的区域经济发展的赞助商，将会提升中国的地位，并有利于反驳西方对中国崛起的怀疑及贬低。中国在说服国际社会，表明它是负责任的领导者。亚投行是中国在定义其国际角色的过程中的重要一步，因此，它也是对现有美国主导体系的修正主义挑战，这一挑战的成功在很大程度上取决于中国在多边论坛中表现出的领导力。

由于在其他国家中缺乏政治信誉，中国未来做出的关于重新设想全球秩序的努力很有可能会失败。

"即使在发出一个单一的开发贷款之前，亚投行的成立都已在一些关键领域改变了全球政治经济。欧盟中的一些大国，如英国、法国、德国及意大利加入亚投行的决定表明某些国家意在测试中国根据国际准则办事的能力。此外，亚投行为亚洲广大发展中国家提供了一个可行的开发资金来源。来自布雷顿森林体系及亚洲开发银行的开发及财政援助现在将会受到来自亚投行的挑战。亚投行明显关注的是亚洲地区，显然不是协助希腊的一个可行的选择，因此，现有的开发银行可能会发现在亚洲的影响力会有所下滑，如果它们不准备与一些国家进行谈判的话。因此，亚投行的成立很可能会重置亚洲发展融资的局面。此外，亚投行会改变亚洲地缘政治领导力的竞争局面，此前，中国与美国、日本的竞争一直都是基于政治、历史及地缘政治问题，然而现在，一个全新的经济问题正在该地区出现。中国不再仅仅寻求'跟上'区域竞争对手，这已经超越了传统的争论问题。亚投行的成立将会深化区域大国的经济竞争。

"鉴于中国已经实际占据了亚投行的领导地位，接下来的问题是中国将打算追求什么样的议程。随着中国经济持续发展，其经济利益在全球继续蔓延，中国很可能会利用其在亚投行中的地位来施加符合自己利益的条件。可以肯定的是，亚投行的运作将会在很大程度上由中国的外交政策来决定。目前亚投行在带动亚洲经济发展中扮演的角色有很多猜测，世界银行及国际货币基金组织中的投票改革的僵局已经表明有必要为中国在全球经济机构提供更多的发言权。虽然现有机构仍陷于僵局，但中国正通过创建多边经济论坛建立其国际领导地位。"

洛伊国际政策研究所对待亚投行的态度显得比较复杂。在其《亚洲中等强国对中国采取两边下注的措施》①报告中，作者写道："中国想要什么？什么时候想要？这两个问题在有关国际关系中的当代文献中被频繁提出。然而，同十年前一样，专家在这一领域仍没有达成共识。这种问题不仅仅是只在象牙塔中的辩论，而是有真正的政策影响。美国前财政部长劳伦斯·萨默斯在《金融时报》上提到一个需要阐明的主要问题：无论美国和全球一些团体的目标是看到中国在经济上的成功支持全球繁荣，给社会和政策的变化带来积极的驱动力，还是美国想牵制和削弱中国的经济，中国都没有能力构成全球威胁。

"有关中国崛起将如何影响亚洲安全这个问题有两种说法：第一，中国将成为一个防御性强国，它会侧重保卫国家核心利益，而对控制其他国家不感兴趣。就全球层面而言，中国将和美国达成一个权宜之计，中国将更多地参与亚洲的国际论坛，并可能进一步为亚洲其他国家的公共利益负责（这是因为中国已经建立了亚洲基础设施投资银行）。第二种说法较为悲观，那就是随着中国越来越强大，它开始寻求主导并控制其他国家。从全球角度来看，中美关系在面临双方的对质时极其脆弱，中国试图利用高压政治威胁来实现领土主张，中国的政策制定者不会容忍对本地区秩序愿景提出反对的国家。

"近年来，中国在发展与亚洲其他国家的关系时一直表现出防御和支配的态度，这反过来加强了亚洲一些中等强国采取两边下注措施的决心。这种两边下注的好处就是中国以贸易和投资的形式提供资金和商品，而美国为亚洲地区提供安全保障。约翰（John Ikenberry）认为，亚洲正经历着'双层次'结构：由美国维持的安全层面和由中国主导的经济层面。澳大利亚人对这种双层次结构将非常熟悉，澳大利亚将继

---

① 作者：安德鲁·奥尼尔（Andrew O'Neil），格里菲斯大学政府和国际关系学院主任及政治学教授。来源：洛伊国际政策研究所（澳大利亚智库），2015 年 12 月 4 日。

续以深化情报和军事合作的形式巩固与美国联盟的基础，并越来越加强表达意识形态的团结。事实上，在物质和非物质的指标范围中，澳大利亚和美国之间的联盟比以往任何时候都更密切。值得注意的是，自2010年以来，随着澳大利亚对中国的出口增长了50%和中国对澳大利亚的一系列经济部门的内部投资继续快速攀升，澳大利亚和美国之间的关系仍在不断深化。

"2014年11月，因为中国国家主席习近平在澳大利亚国会上发表了具有里程碑意义的演讲，雅培政府同意升级现在的澳中'战略伙伴关系'为'全面战略伙伴关系'（CSP），并配合签署了双边自由贸易协定。然而在外交部的网站上很难找到2014年有关中澳'全面战略伙伴关系'的内容。看来2014年的'升级'是建立在2013年协议的基础上的，其中包括年度高级官员之间的战略对话、两国政府首脑年会指挥和解放军与澳大利亚空军防空部队增强国防合作等内容。2015年6月，时任澳大利亚财政部长的霍奇（Joe Hockey）证实，澳大利亚将加入中国引领的亚洲基础设施投资银行，尽管澳大利亚官员在美国和日本表达了非常强烈的担忧——亚投行将促进中国在澳洲所在地区的战略影响力，澳大利亚仍继续对中国在该地区的战略行为发布强硬的公开声明，尤其是在尊重航行自由的问题上。雅培政府在2013年公开强烈谴责中国在东海防空识别区的宣言。日本和菲律宾也公开发布声明支持2015年10月美国海军在中国宣布的南海苏比礁12海里范围内巡逻。

"澳大利亚在南海没有直接的领土'股份'，但它一半的贸易要经过这片海域，这就意味着澳大利亚不顾与美国的联盟而极力维护航行自由是出于强大的国家利益动机。澳大利亚与中国的对冲类似于其他很多国家在该地区实施过的行为，包括东盟、新西兰和韩国。这种暗中破坏表明了像澳大利亚和其他一些中间大国正面临一个在中国和美国之间的选择。如果美国和中国之间发生了一次重大危机，涉及使用武力，那么就会出现一个信任度问题：美国的盟友会对美国说不吗？然而，因为中国未来的战略行动存在不确定性，而且中国在经济增长上对其他国家的依赖程度不断上升，这就意味着只要美国的盟友和'安全伙伴'采取更为强硬的立场来反对中国对海上领土自信的主张，它们就可能会成功地抵制中国的这种行为。"

该智库在《亚投行用 1000 亿美元打开业务：中国的多边野心会上升还是会下降?》报告中认为："中国引领的亚洲基础设施投资银行于 1月 16 日正式启动。中国国家主席习近平说，亚投行的启动是一个'历史性的时刻'。中国财政部部长楼继伟说，它标志着全球经济治理体系的改革。半岛电视台（Teymoor Babili）写的一篇文章声称亚投行将重塑亚洲经济和贸易地位。亚投行的建立是重要的，但不是因为它很快就会主导亚洲基础设施融资，事实上，亚投行计划 2015 年只往出贷 15亿美元。它的重要性在于它表明中国正在提高其在全球经济秩序中的地位。当中国首次提出亚投行时，一些人认为这是一种对美国国际经济领导力和西方主导的多边开发银行的挑战。

"依据美国和中国之间的竞争，制订亚投行计划是一个令人感兴趣的故事。亚投行对美国来说是一个外交灾难，因为美国未能说服一些关键盟友不加入这个银行。但中国并没有提到亚投行是对美国角色和重要性的挑战。把亚投行看作中国因对现存多边发展银行治理改革进展缓慢不满而建设的新银行的观点是一种误导。中国在这些银行中是被忽视的，所以它希望拥有更大的话语权并促进其缓慢地改革。即使中国在这些多边银行中有更快的进步和改革，中国也仍然会建立亚投行。

"建设一个符合亚洲需要的多边机构会直接关系到中国的利益。习近平主席在重要的外交经济政策中一定会提到亚投行和'一带一路'倡议。亚投行和'一带一路'倡议同时宣布并非巧合，推进亚洲和欧洲之间的连接涉及在亚洲许多国家基础设施上的投资。孤立地看，向多边银行投入资源可能被看作对中国在亚洲为基础设施项目融资自由的限制。但一个高品质的多边银行将对中国在该地区的形象产生积极影响。具有讽刺意味的是，虽然大部分人对亚投行的担心是它不会满足现有的多边机构治理标准，要确保亚投行是一个真正的多边机构而不是中国主导的机构。"

2. 洛伊国际政策研究所

洛伊国际政策研究所在《中国是市场经济吗？》[①] 中认为："2015年是中国的全球金融'加冕'年。中国取得了几个主要的战略突破：亚洲基础设施投资银行的成立，人民币加入国际货币基金组织的特别提款权（SDR）篮子（中国认为人民币拥有了'储备货币'的地位），并且中国敦促国际货币基金组织推进其已经拖延很久的改革。从各方面来看，欧洲比美国更支持中国的目标（日本也是不支持的）：中国一直以来想要在全球金融环境中拥有更大的话语权。现在，中国资本市场出现不稳定，甚至美国强大的联邦储备局都谨慎对待这个问题。

"2016年，一个新的地缘—经济和外交力量测试出炉，中国希望中国被授予市场经济的地位，因为现在中国仍然被许多团体划分为非市场经济国家。中国的当前账户已经存在巨大盈余，如果中国出口商品更加自由的话，这种盈余会变得更大。对于中国是否为市场经济国家，严格来讲，这是一个很难回答的问题。中国仍然属于混合经济。中国有大量的国有企业和数以百万计的蓬勃发展的私营企业。外国品牌似乎也蓬勃

---

① 作者：朱利安（Julian Snelder），新西兰坎特伯雷大学工程学学士，剑桥大学三一学院经济学学士。现任澳大利亚智库洛伊国际政策研究所研究员，曾在印度和中国生活。曾就职于麦肯锡公司以及摩根士丹利公司。来源：洛伊国际政策研究所（澳大利亚智库），2016 年 1 月 21 日。

发展。然而，这些跨国公司敏锐地意识到，中国政府仍然在很大程度上控制着国家的经济，它控制资金流动，并且干涉从贸易到企业合并等各种重要的决定。各行业游说者或支持或反对中国市场经济地位的批准。一些自由市场主义者认为非市场经济和市场经济的区别是固有的保护主义。即使中国获得市场经济地位，其竞争对手还是会行使其他贸易保护措施来阻止中国商品涌入本国。"

◇◇十四 新加坡智库：亚投行在很大程度上被看作是对亚洲开发银行（ADB）的一个挑战

新加坡智库在考察亚投行时，将中日关系、中越关系，以及美国的"亚洲再平衡"战略作为时代背景，认为中国正在塑造亚洲秩序，而美日正确保自己不被排斥在外。

1. 李光耀公共政策学院

李光耀公共政策学院在《中日坎坷之路》①报告中认为："日本政府于 2012 年 9 月决定从私人所有者手里'购买'钓鱼岛在中国引发大规模的抗议。两国之间的关系跌至新低。从 2012 年两国经历紧张关系之后，尽管中国和日本之间的关系已经稳步复苏，但当钓鱼岛危机到达一定高度时，两国关系可能会经历坎坷。日本首相安倍晋三在 2012

---

① 作者：松本健裕（Takehiro Masutomo），日本关西大学社会学学士，加州大学太平洋国际事务专业硕士，任李光耀公共政策学院亚洲与全球化中心的助理研究员和《财新传媒》东北亚时事研究员。研究领域包括中日在东南亚地区的竞争、中国与东盟的关系和日企在这一地区的发展。来源：李光耀公共政策学院（新加坡智库），2015 年 9 月 29 日。

年，也就是他的第二个任期期间，明确表示他的计划是先稳定与美国的关系并改善与其他国家的关系，然后才解决日渐恶化的中日关系。日本认为很难修复与中国的双边关系，尤其是在习近平主席刚刚上任，还在巩固他的权力时。中国和日本政府有理由对彼此保持谨慎。两国政府都是民族主义政府，他们都试图在国际议程中寻求独立，且经常处于互相敌对状态。双方都在相互感知对方的威胁，从而巩固自己在国内的权力。例如，中国于2013年11月建立一个防空识别区，这件事影响东海和钓鱼岛的空中交通限制。日本认为此举是对日本的进一步挑衅。与此同时，双边建立各种信任的措施和机制在接下来的几年都失去作用。双方部长级的经济对话完全停止。在中国因钓鱼岛问题发起的反日抗议活动之后，日本对中国的外商直接投资（FDI）急剧下降，双边贸易的增长率也下降了。两国金融合作达成率大幅下跌。区域合作也遭受重创——2012年之后的中日韩年度会议也没有照常召开。

"与中日关系相比，日本和印度的关系在接下来的一年中取得了很大的进展。早在2012年12月，日本首相安倍在他刚就职后，在亚洲曾提出设想，希望使印度成为民主安全菱形的一部分。日本、韩国、澳大利亚和印度的合作战略被视为维护海上安全和地区贸易的重要战略。钓鱼岛争端之后，日本有意增进与印度的关系，旨在对抗中国。2013年12月，日本天皇首次访问印度。大约一个月后，日本首相安倍作为主要客人出席新德里的共和国日阅兵。纳伦德拉·莫迪在2014年总理的就职典礼已被证明是对双边关系进一步的刺激。印度总理莫迪在2014年9月对日本进行访问时，承诺与日本进行更广泛的商业和国防合作，包括日本可以进入印度进行更大的投资。日本和印度的海军早已定期进行联合军事演习，这也是加强双方安全合作的一部分。

"从日本的角度来看，到2014年12月，中国似乎愿意与日本建立正常化关系，并且中国经济增长率的下降也迫使中国政府改善与日本的关系。日本仍然是对中国进行外国直接投资（FDI）的一个最大来源国。为加速改善中日关系，2015 年 7 月，中国主席习近平在北京向3000 名日本商人强调中日良好关系的重要性。

"2015 年 9 月，日本国会通过了军事安全法案，促使日本军队扮演更为重要的角色并加强了美国与日本在该地区的军事合作，以共同遏制中国的崛起，然而中国的反应却很有限。中国也很少对日本首相安倍在第二次世界大战 70 周年之际不道歉的声明做出回应。在经济政策方面，两国日益在当前的政治局势中成为竞争对手。亚洲基础设施投资银行（AIIB）的成立也有印度的支持，亚投行在很大程度上被看作对亚洲开发银行（ADB）的一个挑战，而亚洲开发银行是以日本为首创建的。日本首相安倍最近提出一个有关亚洲基础设施建设的计划，将投入 110亿美元。中国和日本正在争夺修建东南亚一些国家的高速铁路。可见日本和中国将在未来几年继续竞争。印度将在还有待观察的东亚关系中继续寻找自己的位置。"

2. 拉惹勒南国际研究院

拉惹勒南国际研究院围绕泰国的克拉运河和越南的薯岛深水港，发表了《泰国的克拉运河：越南在"钓鱼"吗？》[①] 报告。作者认为："越南在其南部省份金瓯建设深水港口的决定，可能暗示泰国克拉运河作为新区域航道的最终竣工。克拉运河将会通过泰国的克拉地峡修建，可帮助船只绕过马六甲海峡（新加坡的港口枢纽）。这条运河能将泰国湾和印度洋连接起来，但却充斥着种种区域地缘政治敏感问题。最近事

---

① 作者：格雷厄姆·韦布（Graham Ong-Webb），南洋理工大学拉惹勒南国际关系研究院研究员。来源：拉惹勒南国际研究院（新加坡智库），2015 年 9 月4 日。

态的发展又将会触及中国和美国的敏感问题。据中国媒体报道，中国和泰国已经在广州签署了一份关于建设克拉运河的谅解备忘录，决定投资280亿美元修建克拉运河。

"两国官员几天后又否决了这一报道。不过，这并没有阻止关于此项目恢复的猜测。2015年7月，越南宣布将在距离最南部省份仅有17公里的岛屿上花费25亿美元建设一个深水港，将其命名为薯岛深水港，此项目得到了越南总理阮晋勇的批准。从表面来看，薯岛深水港和克拉运河——许多泰国政治和企业精英都乐见其成——似乎并没有什么关联，这是因为关于港口的讨论已经融入越南关于增加煤炭进口的决议中，以满足不断增长的能源需求。的确，《华尔街日报》的一则报道指出，印度尼西亚和澳大利亚是四个煤炭供应国中最有'潜能'的两个国家。其他两个国家是印度和中国。跨越泰国湾和东海的薯岛深水港有利于接受来自印度尼西亚和澳大利亚的货物，然而，建设薯岛深水港并不完全符合经济逻辑。

"该项目已经历了两次不同的调整，但每次调整都在迎合除煤炭以外的商品。当前的结构是美国最大的建筑与工程公司柏克德集团（Bechtel Corporation）根据同越南公司云峰（Van Phong）签署的协定，于2015年进行的可行性研究结果。按照这个规划，将会得到12个转运泊位，有一半将会用于非煤炭进口。此前越南海事管理局设置的是需要建立24个码头，其中一半用于煤炭，剩下的港口服务于大宗货物、集装箱、石油、液化天然气以及用于携带轮式货物的滚装或滚降船舶，这些货物和产品将会途经克拉运河。

"如果一切按目前柏克德集团的安排进行，薯岛深水港将会把美国商业利益权利置于克拉运河变革力量塑造的新地缘经济前景的核心位置。据报道，除柏克德集团所带来的美国强大的影响之外，薯岛港口的85%的建设资金将由美国进出口银行提供（美国进出口银行是美国的信贷机构）。柏克德集团和美国进出口银行的角色很可能暗示美国的战略举措，意在确保美国不被排除在中国塑造的亚洲经济格局之外。

"克拉运河不仅可以帮助泰国转变成为区域航运中心，马六甲海峡沿岸比新加坡和马来西亚港口枢纽更有优势，而且还可作为中国'海上丝绸之路'的重要动脉，'海上丝绸之路'现在是中国'一带一路'蓝图的一部分。中国的参与将会看到其成立的亚洲基础设施投资银行（AIIB）——目的是为大规模基础设施融资——加入这项计划。中国具有影响力的虚拟社区，如铁血论坛，正呼吁亚投行为泰国克拉运河的建设提供资金，帮助泰国实现长久以来开凿克拉运河的梦想。

"很明显，越南总理阮晋勇和泰国总理巴育·占奥差（Prayut Chan-O-cha）之间最新讨论的结果强调了根据国际法和平解决争端的重要性，国际法包括1982年的《联合国海洋法公约》，促进对话和协商，以在东海达成一项缔约方行为准则。泰国的克拉运河和越南的薯岛深水港现在处于中美合作经济项目的竞争中，中国至少在经济层面上推动区域领导地位，而美国是'再平衡'亚洲、维持在亚洲的领导地位。由于这两个工程都毗邻南海，是中美两国紧张局势的所在地，因此必须将这个时代的区域秩序大背景，置于考察克拉运河和薯岛深水港的评估当中。"

◇◇十五　印度智库：中国和印度在全球化进程中相互推进

印度智库认为在未来的世界秩序中，美国、中国、印度是至关重要的三角，并认为这个三角是不等边的，印度需要以自己的智慧并付出努力不断缩小与其他两极的差距。

1. 南亚分析集团

南亚分析集团在《美国、中国、印度：一个三极世界的新秩序》①
报告中写道："2015 年 9 月，两个亚洲巨人在美国的集会已经透露出一
些确定的信息，那就是在一个新的经济体系中出现一个新的世界秩序，
而这个新的经济体系正见证 2008—2009 年金融危机后，正在发生的全
球化趋势。塞缪尔·亨廷顿于 1999 年做出的预言似乎已实现，他预言
之后的世界并不是呈多极化发展趋势，而是以美国为核心的发展趋势，
其他国家与美国扩展外交联系，并为其提供经济和军事支持，以使其计
划更好地实施。中国和印度想要创建一个多极世界的抱负很快被侵蚀，
而它们正在为美国—中国—印度这样的三极化世界铺平道路。一切迹象
表明，美国将继续保持拥有雄厚军事、经济和技术实力的顶级强国的位
置。中国和印度正在缩小这些差距。例如，在十年内，美国、中国和印
度各自的国内生产总值（GDP）增长量将分别达到 25 万亿美元、19 万
亿美元和 5 万亿美元。但是，如果印度在其基础设施、教育和医疗领域
中，使其创新和技术发展得很好，印度的增长率可能会更高。

"中国和美国之间签署超过 400 亿美元的商业协议，包括中国向美
国购买 300 架波音飞机；印度和美国之间也有近 30 亿美元的交易额。
在习近平主席和印度总理莫迪与美国顶级技术公司的老板的会议中，他
们承诺会深化改革并创建一个友好的投资环境。如果这一承诺得以实
现，美国高科技公司也将致力于投资这两个世界上最大的科技市场，由
此可见三极世界的格局。这一切在新的地缘政治和经济系统中正在逐渐
成形，其中由美国驱动的再全球化形成的三个独特的力量，中国和印度

---

① 作者：B. R. 迪帕克（B. R. Deepak），印度汉学家，是第一个获得中国文
学最高奖的印度人。来源：南亚分析集团（印度智库），2015 年 9 月 30 日。

在全球化进程中相互推进。在人类历史上，中国是世界上唯一在最短时间内让 6 亿人脱贫的国家，这意味着在 2008 年 9 月金融危机之前，中国在全球化的冲击中调整得非常好。相比而言，印度在应对全球化的过程中所采取的措施非常混乱，只使得刚超过一亿人脱贫。

"从'新丝绸之路'战略的角度来讲美国的全球化和跨太平洋伙伴关系（TPP）；中国的全球化即'一带一路'、亚太自由贸易区、其他一些自由贸易协定、已建立的亚洲基础设施投资银行（AIIB）和金砖国家新发展银行；印度全球化是由莫迪制定的一些措施，包括印度制造、印度崛起、印度的中东政策、Bharat Mala 和 Sagarmala 项目等。印度正在努力调整和适应各种地缘政治的拉力和推力，这有时也加剧地区的紧张局势。这些过程是会使彼此变得相互包容还是会引起冲突和对抗不得而知。

"我们相信这三个国家的关系是这个世纪最典型的关系。就三方之间的双边关系而言，它们在如何处理彼此将来的关系方面会达成某种共识。美国和中国之间的共识是避免战争、冲突和对抗，它们达成和平和发展的共识，形成双赢的局面。同样，印度和中国就经济合作达成共识，不让边界问题成为发展全面战略伙伴关系的阻碍。如果美中关系变好是一个困难的现实，而印度与美国拥有融洽的、日益发展的战略关系则是一个愿望，且双方都有这样一个愿望。然而，印度必须意识到，目前在这三极中存在巨大的、不对称的经济和军事力量。美国和中国的贸易额已经超过 5550 亿美元，而印度与美国和中国贸易额总和不超过 1700 亿美元。从中美对话机制的多样性和对话所跨越的各种领域——从经济到安全领域，可见中美的这种深刻的盟约关系。现在大约有 50 万中国留学生在美国学习，大约有 430 万中国人和美国人每年往返于太平洋。印度能在十年间实现像中美这样的关系吗？如果印度很好地回应国内和国际的驱动力，那么印度还是有机会的。

"因此，如果印度希望被视为世界上的三极之一，它的角色将由国内经济和政治的驱动力决定；如果莫迪希望成为国内群众的摇滚明星，他必须勇敢地、正确地诊断印度经济的健康命脉；如果他想要印度在全球化中有一个成功的开始，那么他需要把国内各方面事务都处理得井井有条，如税务、官僚主义、基础设施、管理项目、劳动力改革、能力和技能发展等。各种战略圈中一直提倡对战略竞争对手要有一个'控制弧'，这样的想法是不太成熟的，印度没有原始力量，也没有经济和宪章支持这样的法则。此外，无论是美国还是中国，它们都不认为印度是一个重要的地缘政治角色。为拥有这个重要的地位，印度应该践行邓小平'韬光养晦，等待时机'的格言，让其国内的脱贫人数超过 3 亿，成为如今全球化过程中最大的受益者。"

2. 和平与冲突研究所

和平与冲突研究所在《中韩关系：对美国转向亚洲的影响》[①] 报告中认为："北京 2015 年 9 月 3 日为纪念二战结束 70 周年举行阅兵仪式，在阅兵式中最重要的一个场景是中国、俄罗斯和韩国的最高领导人并列走在人群中。除了一些在第三国举办的会议，在过去的三年里，这是中国国家主席习近平和韩国总统朴槿惠的第三次正式会面。韩国最高领导人参与中国的阅兵仪式对东亚国际关系来说是一个重要转变。韩国是美国最亲密的区域盟友之一。但当美国的另一个盟友——日本，与中国处于僵局时，韩国似乎在向中国靠拢。韩国要脱离美国的联盟很可能是错

① 作者：萨迪卜·库马尔·米斯拉（Sandip Kumar Mishra），贾瓦哈拉尔·尼赫鲁大学的硕士及博士。曾在庆南大学远东问题研究所和韩国的国际经济政策研究所工作，是德里大学东亚研究所的助理教授。发表的文章有《东亚峰会十周年》、《莫迪的东亚三国之行产生的影响》和《日本首相安倍晋三：改变他的立场？》。来源：和平与冲突研究所（印度智库），2015 年 9 月 8 日。

误的判断，但事实确实表明，美国、日本和韩国的区域政策合作关系已不像之前那么紧密。

"特别是当韩国决定成为亚洲基础设施投资银行的创始成员国之一后，韩国对中国态度的改变相当明显，甚至一度使美国不满。有一段时间，美国希望韩国退出中国提出的亚投行，加入它们的终端高空区域防御项目。之后美国表示如果韩国为保持公平同时加入中国和美国，华盛顿方面不会介意。然而，目前韩国已加入亚投行，其是否加入美国的终端高空区域防御项目还悬而未决。中国对韩国加入美国的终端高空区域防御项目持严重的保留意见。从朴槿惠出席中国阅兵仪式可见各国今后的发展关系，这件事也绝对表明韩国对中国态度的转变。

"造成这一转变主要有三个原因：首先，韩国在中国的商业和经济利益非常之多并且正在增长。中国是韩国的第一大贸易伙伴，中韩的双边贸易量超过韩国与美国和日本的双边贸易总量。更重要的是，在与中国进行的贸易中，韩国享有足够多的好处，这种情况是非常罕见的。即使中国经济放缓，韩国与中国维持良好的政治关系仍非常重要，这会使韩国得到更多的好处。其次，韩国逐渐向中国靠拢与朝鲜也有一定关系。韩国在处理朝鲜问题时，中国的援助已经是也将会是最重要的战略资产，韩国通过向中国靠拢，也一直试图阐明这种可能性。有明确的迹象表明，朝鲜对韩国与中国日益增长的紧密关系感到越来越不安，韩国希望采取这些行动进一步孤立朝鲜。最后，造成这一转变与日本日益增长的自信和美国不愿阻止安倍晋三的挑衅姿态有关。韩国对日本解决历史问题、慰安妇问题的方式不满，并且日本多次参拜靖国神社，尝试修改和平宪法，并反复宣称对独岛的主权。也许，韩国通过接近中国，希望给美国传递一个信息，那就是美国对日本的行为保持沉默和美国对日本的偏爱需要被重新考虑和改变。

"从中国的角度来看，让韩国掌握大部分区域的主动权意味着，它已经逐渐开始脱离美国的联盟，从而成为更可被接受的地区政治领袖。这也意味着在中国与日本的竞赛中，日本无论陷入怎样的危机中，都不太可能得到韩国的支持。这也可能意味着以后中国和朝鲜的关系不会很顺利。提升中韩的关系对中国代替美国成为区域性重要角色的可接受性有深远的影响。因此，朴槿惠参加中国阅兵仪式和逐渐紧密的中韩关系标志着一个重要的地区政治的转变，虽然许多学者会告诫不要过分解读这一事件。"

和平与冲突研究所在《预测 2016：歧点上的东亚》① 报告中写道："在 2016 年的新年讲话中，朝鲜领导人金正恩表示愿意与韩国进行会谈，但短短几天之后，朝鲜进行了第四轮核试验。朝鲜政策和行为的不一致性是不容易解释的。朝鲜似乎是在寻求和平，然而，它却不断升级紧张局势。在过去的一年里，东亚的状况也是如此。东亚一些国家已经拥有一些旨在带来和平的双边及多边建议，但也有一些国家同时采取相反的措施，进一步加剧了地区的不安全感。区域政治和经济交流方面也存在一些变化。该地区正在经历一个歧点，所以难以破解任何明确的趋势（伴随着大量正面及负面的行动）。在过去的几年中，东亚地区双边关系的特点一直是猜忌、挑衅和对抗。日本、中国、韩国以及朝鲜一直站在自己的立场，决不妥协。唯一的例外是，中韩关系不断改善。

"2015 年，随着亚洲基础设施投资银行、'一带一路'、南海人工岛的建设以及中国在东海的行为，中国在该区域变得越来越自信。在这一进程中，中国与美国和日本存在严重的竞争。与前几年不同的是，2015 年中国试图接触朝鲜，同时与韩国保持良好关系。中国代表刘云山出席了朝鲜劳动党成立 70 周年庆祝活动，这是两国在 2011 年底金正日逝世后进行的最高层次交流。同时，中国能够邀请韩国加入 AIIB 并

---

① 作者：萨迪卜·库马尔·米斯拉（Sandip Kumar Mishra），德里大学东亚研究系助理教授。来源：和平与冲突研究所（印度智库），2016 年 1 月 22 日。

作为创始成员国之一，让韩国远离美国提议的终端高空区域防御系统'萨德'（THAAD），同时也欢迎韩国总统朴槿惠参加在北京举行的抗日战争胜利 70 周年阅兵仪式。

"基于东亚地区的一些趋势，2016 年可以对该地区进行以下预测。首先，尽管中国在该地区的经济吸引力是可以接受的，但是该地区国家尚需一段较长时间适应。美国、日本、澳大利亚、印度、韩国以及东南亚的一些国家将会更密切地合作，以对抗中国的政治及军事自信。近期的朝鲜核试验，以及韩国已表示可能加入 THAAD，这对于中国而言绝对会成为一个挫折。中国似乎坚持寻求与美国的大国关系，而且在一段时间内，中国似乎想要继续其'经济吸引力'和'政治自信'的双管齐下政策。其次，日本将努力修补与韩国的关系。最近，双方就慰安妇问题达成协议。如果日本和韩国能够改善两国关系，这对于美国（与日本和韩国已建立安全联盟关系）而言将会产生积极影响。朝鲜核试验后，美国、日本和韩国都赞成采取更严厉的制裁措施，但中国似乎要通过要求稀释制裁来保护朝鲜。再次，2016 年将是韩国关键性的一年。如果中国无法遏制朝鲜的核计划、导弹计划及其挑衅行为，韩国将不得不重新考虑其与中国的合作政策，这甚至要以美国的不满为代价。此外，从朝鲜对其核计划的强硬立场来看，可以肯定的是，使朝鲜无核化的可能性很小，区域国家不得不与拥有核武器的朝鲜和平共处。一个更具挑衅性的朝鲜并不意味着一个强大的朝鲜，而意味着一个脆弱和不稳定的朝鲜。最后，2016 年将是美国在该地区的外交政策的关键一年。随着由中国造成的积极和消极影响与日俱增，美国需要采取协调的方式来做出回应。美国似乎已经不情愿对中国做出回应，它需要在该地区采取积极政策。然而，不知道美国是否有意愿或有能力这样做。

"因此，简而言之，对于东亚而言，2016 年将是关键的一年。东亚的区域架构进程将变得更加清晰。该地区的所有国家都必须对其外交政策做出重要决定。该区域将会出现很多政治竞争，这表明未来将会出现不稳定状况。然而，随着该区域国家在经济上的相互依赖和交流，可能会出现一个情况，即一些权宜之计可能会共存。日本与韩国的关系，以及中日韩三国峰会将由这些可能性驱动。东亚的未来将取决于该地区领导人做出的选择。"

◇◇十六　孟加拉国智库：中国已经展示了其对亚洲投资金融规则的影响能力

孟加拉国智库将亚投行与 TPP 进行比较研究。政策对话研究中心在《缓和 TPP 的影响》① 报告中写道："最近通过的大宗贸易交易——由美国主导的跨太平洋伙伴关系协定（TPP），已经在世界上引起强烈反响。对于 12 个签约国来说，该协定将整合它们之间的贸易。就这些国家而言，该协定解决'21 世纪的贸易问题，例如知识产权保护，数字贸易的权利以及投资者保护'。该协定于 2008 年开始讨论，最终在 2015 年 10 月 5 日签署。其成员包括美国、加拿大、日本、智利、墨西哥、秘鲁、新西兰、澳大利亚、文莱、马来西亚、越南和新加坡，覆盖全球贸易的 40% 以及 1/3 的全球经济。在世界贸易组织（WTO）乌拉圭回合谈判之后，TPP 是有史以来规模最大的贸易协定。通过贸易自由化，TPP 国家'希望这一历史性协定可以促进经济增长，支持更高收入的工作；加强创新、生产力和竞争力；提高生活水平，减少国家贫困；提高透明度，进行良好的治理，加大劳工和环境保护'。一些预估表明这些国家将会获得巨大利益。例如，到 2025 年它可以将成员国的

---

① 作者：法赫米达·可敦（Fahmida Khatun），政策对话研究中心研究主管，目前是纽约哥伦比亚大学地球研究所访问学者。来源：政策对话研究中心（孟加拉国智库），2015 年 10 月 26 日。

经济扩大至 2850 亿美元。越南、马来西亚和新西兰的国内生产总值增长率将会最高。在越南、马来西亚生产和出口的电气设备、纺织、建筑和机械以及日本的运输设备将因这项协议而增加。TPP 的政治意义比贸易自由化更加深入。TPP 根本目的还包括孤立中国并且在美国和中国之间创造更多竞争。随着中国创建亚洲基础设施投资银行，一些大国联合起来遏制中国，因为通过亚投行中国已经展示了其对亚洲投资金融规则的影响能力。对于那些没有加入 TPP 的国家，它们中有些地区已经出现'恐惧'。现在的预估只是在缺少协定细节情况下的初步预估。这个协定仍然是巨大的。中国经济遭受的损失，将从 470 亿美元升至 890 亿美元。印度每年将在出口方面损失 27 亿美元。"

附　录

亚洲基础设施投资银行候任行长
金立群的演讲及答听众问记录稿

因迪克：女士们，先生们，下午好。欢迎来到布鲁金斯学会。我是布鲁金斯学会的执行副总裁马丁·因迪克（Martin Indyk），今天我很高兴有机会向诸位介绍金立群，他是中国亚洲基础设施投资银行（AIIB，以下简称亚投行）的候任行长。这是中国发起的倡议，众所周知，这称得上是近年来最重要的外交倡议。现在已经有近 60 个国家加入亚投行，种种迹象清晰地表明，亚投行将在现有国际金融机构中扮演一个非常重要的、互补的角色。

亚投行将受到来自全世界的严格审视，我想很多人都对亚投行将如何制定自己的规则，以及它将如何区别于布雷顿森林体系感兴趣。全球需要 30 万亿美元的基础设施投资金额，很大一部分需求集中于亚洲，因此我认为亚投行将扮演一个非常重要的角色。在这样的背景下，我们特别高兴能有机会亲自见到候任行长金立群本人。今天有超过 300 人想见到你。我们将网播全部过程，这样就有更多的观众可以看到节目。但这并不是一个惊喜，因为金先生不是因为他的新职位而为大家所熟知，而是因为他之前做的所有工作。

金立群先生曾任中国投资公司（世界上最大的主权财富基金之一）监事会主席、中国国际金融有限公司（世界上最大的投资银行之一）主席和亚洲开发银行副总裁。他也曾担任中国财政部副部长，并在此期间做出杰出的贡献。现在让我们欢迎金立群先生。

金立群：谢谢你，马丁。女士们，先生们，早上好。今天见到你们真是我的荣幸，我将向大家简单地介绍一下亚投行的概念、我们目前已经取得的成就以及我们未来要做些什么，然后，我想为大家预留一些向我提问的时间。中国将创建一种新型发展银行的理念是非常简单的，该银行最终被称为亚洲基础设施投资银行。即通过在亚洲地区进行基础设施投资，来促进该地区经济和社会的发展。亚洲市场，无论是商品市场还是资产市场一直保持分散的状态，部分是由于互通问题，这当然是由低效的基础设施造成的。这些问题已经导致该地区长期贫困和高生育率，穷人在脆弱的环境中绝望地生活，进而导致低水平的教育和环境恶化。

世界银行和亚洲开发银行在过去几十年中为亚洲的减贫事业做出了巨大的贡献，但减贫的目标很难达到，这不仅是因为缺乏资金，更重要的是我们使用的方法不对。我深信，减贫计划本身并不会走得很远。在大多数情况下，需要改进我们所使用的方法。假设有一个偏远的山区，该地区与外界切断了联系，仅依赖于政府和国际捐助者的帮助。贫困地区实际上拥有很丰富的自然资源，但当地人没有办法利用自然优势。

在我看来，唯一的解决办法就是互通。随之而来的经济机遇将缩小人民和外部世界之间的差距。中国的想法来源于自己的经验。回到 20 世纪 80 年代，中国刚刚开始实施改革开放政策时，当麦克纳马拉总统来到中国就中国在国际货币基金组织和世界银行的席位与已故领导人邓小平进行谈话时，你还记得那时候的中国是什么样的吗？当时的中国被列为最贫穷的国家，人均收入只有 270 美元。

这对于一个拥有 5000 年文明历史的国家而言是一种耻辱。我生于 20 世纪 40 年代，经历了这些艰难的岁月。20 世纪六七十年代的中国就像黑白照片一样，那些岁月在我的记忆中永不褪色。世界银行的会员资格迎来了一个重建和发展的时代。中国从世界银行中得到的不仅仅是金融资源，更重要的是，它获得新的发展理念，包括如何有效地利用资源、培训人力资源、提高技术和发展基础设施。

从 20 世纪 90 年代中期开始，中国经济开始飞速发展，现在，中国已经有了一个完全不同的经济局面。早在 20 世纪 80 年代，我们没有高速公路，没有铁路，没有超过 300 兆瓦发电机的发电厂，没有高电压输电线路，没有现代化的机场或港口，我们什么都没有。在基础设施建设方面——基础设施的发展已经为中国经济的发展铺平了道路，在过去的三年里，按照中国的标准，我们已经成功使 6 亿人脱离贫困，如果按照世界银行的标准，那么我们就已经使 5 亿人脱离贫困。我们仍有 7000 万人尚未摆脱贫困，但是使 6 亿人脱离贫困是一个比较艰巨的任务。我认为这是一件简单的事，我们可以很容易地做到。

现在，中国取得了巨大的发展，因此，我们可以为亚洲其他发展中国家提供金融资源，这是我们为亚洲其他地区所做的贡献。当习近平主席与 57 个国家的财政部长和国家领导人在北京共同签署协议时，他曾说过，中国曾受益于世界银行、亚洲开发银行的普遍支持，以及其他双边支持。中国永远不会忘记所有的一切。我们很感激这一切。现在该是我们回馈大家的时候了。

中国的倡议在一开始就受到了质疑。持怀疑态度的人称中国没有创建这样一家银行，并吸引来自亚洲地区支持者的能力，尤其是在中国与其邻国仍有领土争端的背景下。在中国，我们对这些怀疑的声音早有耳闻，我们对这些负面评论并没有过度反应，我们仍然淡然处之。

正如你所看到的，我们可以处理恐惧、敌意及反对中国的背后游说。习近平主席非常坚定地提出这一倡议。即使亚投行最终只有一个国家，只有中国，我们也会运行该机构。中国的盟友会插话说，不，你不会孤单。至少会有 2 个国家。当然，现在已经有超过 2 个国家加入亚投行。我们有 57 个国家的支持。当我被中国领导人指派去筹建亚投行中国工作组时，我的一个很好的朋友曾劝我，他是美国人。那时我是中国国际金融有限公司的董事长。他说，金立群，你在过去 40 年的声誉一直都很好，不要接这份工作。我不想看到你因为这份工作而名誉扫地。随后我告诉他，非常感谢你这么担心我，但我不认为我会名誉扫地。事实上，它会使我变得更好。

我决定完成这个任务，中国领导人打算用 21 世纪的治理理念来打造一个一流的多边发展机构。如果我没有这种信念，我也不会接受这份工作。如果中国想拥有一家银行，比如说以中国的方式开一家中国银行，那就没有任何意义了。我们有许多金融机构。给你提供一些参考，中国的发展银行和进出口银行的海外资产总额为 5000 亿美元。这不是我们建立的资产数额，它实际上是我们想尝试的新方法。我们认为这是非常重要的。预计将有足够数量的亚洲国家加入亚投行。现在的问题是，亚投行是否应该接受其他地区的国家加入，特别是发达国家。

现在有一个合法性的问题，亚投行是否只允许本区域国家成为成员国。还有一个实际问题，亚投行是否会成为一个由其他地区国家加入且具有过度制约性的国际机构。亚洲国家，特别是亚洲的发展中国家担心后者，而中国担心的是前者。中国更关注合法性问题，借款国更关注过度的条件。

中国的政府机构、金融、外交事务、中央银行和其他机构的部长都参与构思新的银行。亚投行将被定位为多边金融机构。我们都同意为所有接受谅解备忘录的国家敞开亚投行的大门，当然随后我们将准备制定章程协议。我们都同意，治理应达到最高的标准。我们也设想亚投行应该获得发展，利用现有新开发银行的经验，而不应该去照搬它们的模式。亚投行应该有其独特的特点，结合新开发银行和那些已成功的私营企业的优点。对谅解备忘录进行谈判的过程是一个在所有未来创始成员国内建立信任的过程，这也是对中国为了达成这一目标而与所有创始成员国合作的一种测试。

你今天所看到的一切，是所有潜在的创始成员共同努力的结果。一种新型的开发银行已粗具规模。现在的世界，政治和经济格局正在迅速发生改变。发展中国家正在努力改变现状，并希望尝试新的发展和减贫的方法。亚投行不是世界银行、亚洲开发银行或任何其他新开发银行的竞争对手。亚投行与这些机构领导的对话一直很顺利，我们很享受目前的这种状态。工作组内的所有人都很努力，希望亚投行也将推进这些机构的改革进程。条款协议和政策文件代表未来的创始成员已达成基本共识。在治理问题上，这体现出多边临时秘书处工作人员的专业性，大部分亚投行员工曾在世界银行和其他多边开发银行任职。

我很自豪地告诉你，我们已经从美国公民的贡献中受益。我非常感谢他们为亚投行所做的一切。引用一段英国诗人安德鲁·马维尔（Andrew Marvell）曾对弥尔顿的《失乐园》的评论，他说："不遗漏任何一个合适的想法，放弃所有不合适的东西。"我将其解释为，亚投行的治理不会抛弃任何一流管制应具备的要素，而任何与多边机构不符的东西，都会被摒弃。

杜大伟：很多人都认为亚投行是在挑战现有的国际秩序，西方世界对亚投行的态度呈两极分化趋势，那么您对于这样"建立另一套国际经济组织"的评价是怎么回应的？

金立群：我想说的是，建立一个多边发展机构的想法实际上是参照现有新开发银行的经验。布雷顿森林体系和其他新开发银行对经济发展、社会发展和减贫做出了重大贡献。你应该知道，世界银行于70年前成立，2016年亚洲开发银行将迎来50周年，欧洲复兴开发银行于25年前成立。上述银行并不能覆盖所有的领域。尽管已经有这些多边开发银行，但是现在仍然需要亚投行。我们认为，即使世界银行做出了巨大的贡献，但仍然不能覆盖所有地区。太平洋和印度洋地区十分辽阔，范围如此之广，完全能够再容纳一个小小的多边开发银行。这没有什么值得担忧的。有人会说这个组织会对世界银行、亚洲开发银行形成激烈竞争。请绝对不要低估世界银行和亚洲开发银行的能力。这个新成立的开发银行是手足同胞，一个小小的新成立的开发银行，如何能一举打败这些成立多年的庞然大物呢？这简直是无稽之谈。我在世界银行工作过，也在亚洲开发银行工作过，我们可以学习它们的经验，但我们集中投资基础设施，而世界银行则关注扶贫、社会活动和环境问题。当然这些事情我们也可以做，但我们用不同的方式来操作，你必须包容发展中国家的不同做法，你必须允许发展中国家建立新的机构。这也是世界上第一个针对亚洲地区的发展银行，大部分亚洲国家已加入亚投行成为股东，共持有 75％的股份，非亚洲国家只持有 25％的股份。

杜大伟：发展中国家是大多数股份的持有者，对吗？

金立群：虽然非亚洲国家只持有 25％的股份，但是它们也热衷于加入亚投行，至少从它们的角度来看，它们相信自己在亚投行会找到属于自己的位置。尽管它们只拥有 1/4 的投票权，但是它们认为，自己可以尽一份力，因为它们相信中国不会一家独大，操纵该机构。我想，这是一种对中国领导的信任投票。我们不会辜负大家的期望，我们不会滥用这个信任投票。

杜大伟：一些人担心亚投行会演变成中国的工具，您认为亚投行和"一带一路"之间是什么关系？印度曾对"一带一路"表示担忧，印度也是亚投行的创始成员国，你们如何处理这种紧张局面呢？

金立群：我十分理解这样的想法。在最开始的时候，人们充满了质疑，他们质疑中国做这件事的目的。因为从一开始，中国就承诺会提供亚投行所需的 50％的资源。而这个承诺遭到误解。只是因为起初，成员国数量尚小时，我们愿意承担最高 50% 的份额，随着新成员的加入，我们的份额不断降低。即使一再解释，还是有很多人不断地说，50%，50%。但你也看到了，我并不担心这一点。因为在谅解备忘录的整个协商过程中，我们也向世界展示了我们将如何建立亚投行，协议规定这个银行将会进行全球采购，所以如果我们按照这样的方式治理，还有什么需要担心的呢？亚投行并不是专门为了"一带一路"倡议而设立的，亚投行由现在的 57 个国家共同所有和创建，旨在服务亚洲所有的发展中国家。当然一些国家也是"一带一路"的成员国，但我们不会忽略其他非"一带一路"成员国的国家。我们有良好的治理，有所有创始成员国共同商讨而成的治理文件。因此你可以完全确信，亚投行将会建立符合 21 世纪要求的高标准治理体系。

杜大伟：一些人认为，亚投行可以帮助中国解决产能过剩的问题，对此我持怀疑态度，您是如何回应的？

金立群：从中国经济来看，产能过剩问题只能靠中国自己才能解决。我不认同这种产能过剩的论调，某些行业存在产能过剩，但并非所有行业都存在这一问题。调整中国经济结构能够解决这个问题。如果是关于所谓的出口产能过剩，请务必记得亚投行采用全球采购。亚投行欢迎全世界各国以竞争的方式参与其中，包括韩国、日本、美国以及欧洲。所以我们的事业是公正恰当的。

杜大伟：亚投行将如何在保持高效的同时，又能够保证环保和廉洁？

金立群：我们依靠治理。对于一个刚起步、正在发展中的机构而言，要保持内部健康并不容易，就好像人体一样，你必须每天去健身才能保持健康。所以作为机构，我们也需要经常去"接受体检"，也就是必须减少冗余职位。如果你今天容忍了一个冗余的职位，接下来就会有第二个、第三个、第四个。一旦大规模出现冗余职位，就难以完全清除。所以我们必须时时注意是否存在冗余的职位。如果亚投行想成为一个一流的机构，对腐败的零容忍是我们取得成功的关键。世界银行进入中国时，我还是世界银行中国副执行董事时，我们管理从世界银行和亚洲开发银行贷款而来的 400 亿美元，在我的领导之下，没有一个员工腐败，没有人因此入狱，只是因为我执行了反腐败政策。关键是执行，而不是一纸文件。处理腐败的方式比较难，你必须以身作则。当我卸任财政部副部长一职而出任亚行副行长时，我的下属对我说："谢谢你，金先生，我们都没有因为腐败问题而入狱。"如果这也算是我的成就，那么我希望这是最小的成就。后来他们跟我说，因为你作为领导不拿一分钱，那么我们作为下属也不敢拿钱。这让我想到了我的外婆，她已经108 岁了，仍然身体健康。35 年前，当她得知我即将供职于世界银行时，要知道我已经在中国工作 10 年了，那时候一个月的工资只有 30 元人民币。我的外婆并没有问我，管理全世界的银行的工资将是多少。她只是跟我说，现在开始，你将会有两个口袋，一个口袋装自己的钱，一个口袋装公家的钱。绝对不要从公家的口袋里挪一分钱到自己的口袋里。此后我再也没有忘记这些话。

提问者：您如何评估最近达成的 TPP 对亚投行未来的整体规划产生的潜在影响？

金立群：中国有兴趣加入 TPP，但出于某些原因，没有加入，无论中国是否加入 TPP，我相信这个问题会得以解决。我认为这不是个问题，因为中国与许多国家都签署过自由贸易协定。我也很希望中国与美国能够签署双边贸易协议，我相信以我与美国政府、公司和企业合作的35 年工作经验来看，这对于中国和美国都很重要。即使因为某些原因，中国可能无法加入 TPP，但我曾告诉美国政府官员，亚投行的大门随时向美国敞开。任何时候，只要给我一个电话，我都会给你最好的业务。也有人问我一个很有趣的问题，为什么即使美国拒绝中国加入 TPP，但是你仍然欢迎美国的加入？答案很简单，我们更大方。

提问者： 您刚刚提到欧洲复兴开发银行，该银行于 25 年前在柏林墙倒塌后成立。我对现在的亚投行很感兴趣。这与政治无关，您可以进一步描述亚投行未来的规划吗？

金立群： 欧洲复兴开发银行是唯一具有非常明确的政治议程的多边开发机构。其他所有的机构都是非政治性的机构，它们基于经济考虑来处理任何贷款或融资项目。我会说，欧洲复兴开发银行做得很好，它成功地帮助了东欧国家。但后来，成立欧洲复兴开发银行的政府认为其任务已完成，所以他们关闭了该机构。但是怎么能关闭一个做得很好的机构呢？所以最后，他们重新调整了欧洲复兴开发银行的职能。我与欧洲复兴开发银行行长祖马有过愉快的谈话，欧洲复兴开发银行也非常热衷于与我们合作。因此，这就是为什么我们认为，我们不应该太过局限于治理和机构的任务上。亚投行将通过基础设施投资，来促进经济和社会的发展。基础设施的定义非常广泛，它可以是能量、电力、发电、分配和运输。它也可以是道路、高速公路、港口、机场、物流、供水、城市发展规则、电气化和其他生产部门。所以，当我们讨论这些时，有些人问我，金先生，你所说的其他生产领域是什么意思？我说，其他生产领域指的是其他生产领域。所以，我们应该很自由。起初，我们专注于实质性的基础设施建设。但当事情向前发展时，为什么不做一些非实质性的事情，如卫生，这可能是一个非常重要的领域。我们没有特别将环境保护作为一个再投资的领域，但你也知道，这一问题已经纳入到我们的政策文件中。基础设施融资必须有利于环境保护。我们不想在环境中留下足迹。我们要推动绿色经济。我们可以边做边学习，我认为我们可以获得改善。但我想强调的是，我们从世界银行、亚洲开发银行和其他机构的运作中得到了许多经验。

提问者：英国和美国对于亚投行的立场不同，您与两国官员谈判时有何感受？

金立群：我看到的是更多相同点。英美都是发达国家，有着高标准的治理和国际化的做法，双方都热衷于帮助亚洲发展中国家，都是国际机构的大股东（包括亚洲开发银行），所以它们有很多相同点。但有一点不同，英国是第一个决定加入亚投行的欧洲国家，美国出于某些原因，有其他事情要处理，我们能理解，像美国这么大的国家，手头有很多事情要处理，我们有耐心，慢慢来，不用急。

提问者：您刚才提到医疗保健，这是您在官方声明中第一次提到这个问题。亚投行将如何优先考虑医疗保健基础设施？毫无疑问，医疗保健与国家的发展有着极为密切的关系。急诊室的设备、医院的建设、医疗卫生的新途径——我们称之为医疗卫生基础设施。

金立群：我们未来的董事会将会批准相关政策。现在首席谈判代表正在讨论和审议这些政策。我已经注意到亚洲的趋势。尽管亚洲国家事实上还很年轻，但人口老龄化也在加重。这一问题被大量的年轻人口所掩盖。不要低估人口老龄化的影响，这是我们应该牢记的一点。甚至在印度，我也看到了一些分析。印度的生育率可能将会下降。中国的生育率下降得很快，我们必须小心。所以，我会把这个问题留给未来的董事会解决。但就目前而言，至少在第一个十年里，我们应该将精力集中在实质性的基础设施建设上。然后，我们会关注其他领域。

提问者：鉴于亚洲对基础设施的需求如此之大，中国应该也希望私营部门可以发挥更大的作用，亚投行在某种程度上是否对促进私营部门投资起到催化的作用？

金立群：这是一个非常重要的问题。世界银行有国际金融中心——与私营部门进行合作。亚洲开发银行有私营业务部门。我们没有独立的私营部门，所以我们要采用不同的方法。因此，我认为我们努力促进私营部门的发展将是我们战略的一个非常重要的组成部分。你需要考虑两件事情：首先，机构能力的水平，在一个特定的历史阶段内，这对于任何国家都是决定性因素。所以，你不能跳过它。因此，你必须与政府机构和公共部门合作，做一些事情。对我们来说，我们必须确保这可能是一个好项目。我认为我们有发展私营部门的能力。所以，我相信，通过与公共部门合作，也可以促进私营企业的制度能力。其次，你不能坐等私营部门能够完全有能力做大型的基础设施项目。这是不可能的。所以，这需要一个过程。早在几年前，我们会在公共部门、主权外债项目做更多的事情。这对我们确保能建立一个良好的金融基础十分重要。当然从评级公司的角度来看，这也会比较舒服。

杜大伟：以您曾在亚洲开发银行工作的经验来看，您有公私合作关系良好的例子吗？因为亚洲开发银行确实有这种灵活性。

金立群：亚洲开发银行肯定一直在做这件事。当我在亚洲开发银行就职时，我的投资组合大部分来自亚洲开发银行的总贷款计划。而私营部门的份额并不是很大，因为它们很关注资源的安全性。奇怪的是，私营部门的业务却为亚洲开发银行的资产负债做了更多贡献。

提问者：能否确认习主席访美时说的，中国将继续支持现有多边金融机构体系，美国承诺不抵制亚投行？您这次访美的目的是什么，未来亚投行是否会支持美国的基建项目，比如高铁？

金立群：我是名普通的中国公民，不太适合来确认我们领导人所说的话。我们很高兴奥巴马总统对于亚投行持积极态度。习近平主席在多个场合表示，中国将通过双边协议等形式继续支持世界银行、亚洲开发银行等国际机构。因为中国是布雷顿森林体系的一员，也是亚洲开发银行的大股东，作为这些机构的成员和国际社会的一员，中国应该展现出负责任的形象。所以设立新的银行，并不意味着我们将减少对现有机构的支持。正如我在开场白中所说的，中国不会忘了世界银行、亚洲开发银行和其他机构对中国的帮助，亚投行并不是专属于中国的银行，大家不用担心。

杜大伟：您此次来美国的目的是什么？

金立群：我收到很多美国政府部门和金融机构的邀请，当然包括国际货币基金组织和世界银行。我以前来过这里（即布鲁金斯学会）大约是 2009 年的时候，我在这里发表演讲，有人就问过，中国是否想在美国造铁路？是否想派人来这里工作？我当时回答道，我们中国人 100 多年前就帮美国人修铁路，这次不会了。如果我们要做贡献，可能会是财政资源，或许还有技术经验。你们自己就有技术，你们不靠任何国家就可以修建铁路，当然我们的成本可能更低。但我们不会送大量中国工人来，别担心，我们不会抢走你们的岗位。但我相信，如果美国升级基建设施，那会为当地创造大量的就业岗位。

提问者：台湾地区未来是否可能加入亚投行？

金立群：台湾地区是否加入亚投行，这是我们自己家里的事情，自己家人来讨论。亚投行的章程里说得很明确，亚投行成员资格向世界银行和亚洲开发银行成员开放。

提问者：亚投行的环境和社会标准的初步草案，可能会为投资项目带来一个非常宽松的环境，这可能会对环境产生负面的影响，像新的燃煤电厂。因此，当大家开始将亚投行与其他机构的标准做比较时，如世界银行，该机构真正限制投资新的燃煤电厂，大家会关注亚投行的标准草案。因此，鉴于中国本身正致力于减少二氧化碳排放，比如关闭燃煤电厂，我想知道亚投行的煤炭政策是什么？我们会在最后的草案中看到更严格的环保标准吗？

金立群：你知道，主要的政策文件正在成型中，我们将于 11 月初去印度尼西亚雅加达同意或批准所有这些政策文件。你提出了一个关于资助燃煤电厂的优点和缺点的问题。我想，这是一个很难处理的敏感问题。从原则上讲，我们致力于促进绿色经济，减少二氧化碳的排放量。这是我们严格坚持的事情。一方面，我们应该尽量减少或应该排除严重破坏环境的重大基础设施项目。另一方面，亚洲有大量的贫困人口需要电力。如何平衡这些？我不能告诉你我们的最终政策是什么，因为我不是一个独裁者。我们未来的董事会会讨论这个问题。不管我们是要资助燃煤电厂项目，还是完全排除它们，我不能马上给你一个答案。举例来说，如果一个贫穷的国家拥有大量的煤资源，却没有天然气，没有外汇，那么你难道会要求这个贫穷国家进口昂贵的天然气，禁止他们建造燃煤电厂吗？或者，你会继续看着这些人挣扎于贫困或黑暗中？这不是一个简单的环境问题，这也是人权问题。这些国家不得不建设自己的燃煤发电厂。这就是现实。不管你喜不喜欢，你必须接受它。

提问者： 对于亚投行而言，一个公正的信用评级是什么？亚投行首批项目倾向哪些国家？

金立群： 亚投行对所有亚洲国家都一视同仁。至于哪些是首批，取决于项目的可行性和可融资性，我们可能会与亚洲开发银行，或欧洲复兴开发银行共同融资，第一批项目可能在明年第二季度完成。就信用评级问题而言，我们有一系列的优势：一是实缴资本占到注册资本的20%，在类似机构中这是最高比例；二是我们有一流的管理层，并从全世界挑选人才，不论他们是否来自亚投行成员国，还是持有哪个国家的护照。这是这类机构成功的基础，虽然亚投行没有过往业绩，但这些管理者都有不错的业绩，对于未来的表现不成问题。希望评级机构可以认真考虑这些问题，公平对待亚投行。当然，即便是在最坏的情况下，我们依然有一个待开发的、巨大的中国市场，一些成员国也愿意支持亚投行，我对此毫无担忧，相信评级机构会做好工作。